복 있는 책

김양재 목사의 큐티강해
요한계시록 5

복 있는 책

지은이 **김양재**

QTM

이 책을 펴내며

저의 요한계시록 큐티강해 시리즈가 이번 다섯 번째 책 발간으로 마무리됩니다. 계시록 큐티강해가 책으로 나오기 위해 앞서 계시록 말씀을 치열하게 묵상하면서 공동체와 나누었던 수년의 기간이 있었습니다. 모두 어려워하거나 무서워하는 계시록 말씀을 성도님들에게 두 번이나 전하게 된 것은 하나님의 지혜였습니다. 이 기간을 통해 우리들교회는 더 연단되었고 더 건강해졌으며 더 성숙해졌습니다. 코로나 팬데믹에 앞서서 영적 실력을 쌓았습니다. 이후 교회는 위기를 말씀으로 통과하면서 더 강해졌고 성도는 오히려 더 늘어나고 사역은 강에서 바다로 나아가게 되었습니다. 계시록을 통하여 받은 복이 가정과 교회에 흘러넘치게 되었습니다. 계시록은 복 있는 책이었습니다.

사도 요한은 마지막까지 누가 복 있는 자인지 알려 줍니다(계 22:7, 14). 그리고 이 책을 읽는 모든 자에게 주 예수의 은혜가 임하기를 구하는 축복의 인사로 말씀을 끝맺습니다. "주 예수의 은혜가 모든 자들에게 있을지어다 아멘"(계 22:21). 온통 재앙 이야기로 도배된 것만 같던 계시록이 "복(福)" 이야기를 하면서 끝난 겁니다. "그러니까 재앙 받지 말고 복 받아!" 하시는 것이 하나님의 본심이었습니다. 계시록은 재앙의 책이 아니라 "복 있는 책"이 맞습니다.

누가 계시록을 무서워합니까? 법을 잘 지키는 사람은 법과 규례가 있어서 안심합니다. 반면에 법을 안 지키는 사람은 늘 불평합니다. "내가 돈 좀 훔친 게 그렇게 큰 죄인가? 사는 게 힘든데 한 번쯤 훔칠 수 있지. 이상한 나라 아니야?" 하면서 법과 규례를 걸림돌처럼 여깁니다.

인간은 악하고 음란하기에 그것에 반하는 설교를 하면 불편해합니다. 제게도 "왜 어려운 계시록 설교를 하느냐"고 불평하는 분들이 있었습니다. 그러나 이것도 나라 법과 마찬가지이지요. 말씀을 잘 지키는 자에게는 하나님 나라가 좋은 나라이고, 계시록은 은혜로운 말씀일 겁니다. 이유도 알 수 없는 힘든 고난이 닥쳐도 하나님이, 성경이 내 편이고 주님이 나를 보호하시리라고 믿습니다. 어느 찬송 가사처럼 성경이 "나의 사랑하는 책"이 되고, 나를 지켜 주는 규례가 됩니다.

계시록은 말씀을 읽고 듣고 지키는 자, 주 안에서 죽는 자, 자기의 부끄러움을 보이지 않는 자, 어린 양의 혼인 잔치에 청함을 받은 자, 첫째 부활에 참여하는 자, 두루마리의 예언의 말씀을 지키는 자, 자기 두루마기를 빠는 자에게 복이 있다고 말합니다. 그런데 이단들은 이런 하늘의 복은 싫고 이 땅의 복만 좋으니까 말씀을 교묘하게 가감합니다. 교주를 숭배하고 헌금을 많이 내면 하늘의 복을 받고, 그러지 않으면 재앙이 임한다고 하면서 진리의 말씀을 호도합니다. 암에 걸리고 부도가 나서 재앙이 아닙니다. 결국 어떤 것도 말씀으로 해석하지 못하기 때문에 재앙인 겁니다. 내가 천국 시민답게 살고 있다면 결코 말씀이 두렵지 않고 주님과 천국이 기다려집니다.

　여러분, 복 있기를 원하시나요? 그러면 복 있는 책을 통해 주님이 처음과 마지막이시라는 것을 알아야 합니다. 이것이 믿음입니다. 우리 인생의 모든 일은 알파이신 하나님이 시작하셨습니다. 그렇기에 오메가이신 하나님이 끝내지 않으시면 누구도 끝낼 수 없습니다. 그러므로 사건이 해결되는 게 복이 아닙니다. 계시록을 통해 내 죄를 보고 내 더러운 두루마기를 빠는 것이 진정한 복입니다. 이제 주님께 손들고 나아오십시오. 나 같은 죄인도 살리시는 주님의 보혈 속으로 풍덩 빠져드십시오. 어떤 상황이 와도 "아멘 주 예수여 오시옵소서" 고백하면서 주님 품에 안기는 여러분이 되기를 축원합니다.

2022년 12월
우리들교회 담임목사 김양재

CONTENTS

PART 3　**속히 오리라**

천년왕국

요한계시록 20장 1~6절

01

하나님 아버지, 진정한 천년왕국을 누리며
내게 보내 주신 사람들도 천년왕국으로 초청하는
우리가 되기 원합니다.
말씀해 주시옵소서, 듣겠습니다.

✧✦✧

우리들교회 한 청년의 이야기입니다. 과거에 청년은 그야말로 살 떨리는(?) 신앙생활을 했습니다. 선지자적인 권위만을 강조하는 어떤 목사님 아래서 말도 못 하게 통제와 억압을 당한 겁니다. 교회 규율이 얼마나 엄격했는지 예배 중에는 고개를 돌리거나 숙여서도 안 됐습니다. 심지어 벌이 쏘아도 절대 몸을 움직여서는 안 되었답니다. 게다가 목사님은 무슨 일이든지 인과응보로만 보고 성도에게 안 좋은 일이 생기면 "순종을 안 해서 그렇다"고 정죄하기 일쑤였습니다. 그러니 청년에게 예수 믿는 기쁨이 있을 리 만무했지요. 주변에서 바른 복음을 전해 주어도 청년에게 하나님은 그저 무서운 분이고 교회 역시 두렵기만 한 곳이었습니다. 그러다 청년은 가족과 함께 교회를 옮기기로 결단했습니다. 목사님은 "교회를 옮기면 하나님이 치실 것"이라면서 끝까지 두려움을 안겨 주었지만 청년과 가족은 담대히 뜻을 결행했습니다.

그런데 이후 큰일이 일어났습니다. 청년의 어머니가 교통사고를 당해 사지가 마비되는 참혹한 일이 벌어진 겁니다. 그로부터 십여 년 동안 청년은 어머니의 손발이 되어 도왔지만, 끝내 어머니는 회복되지 못하고 돌아가셨습니다. 청년이 얼마나 두려웠겠습니까. '정말 하나님이 우리 가족을 치신 것은 아닐까' 날마다 번민하지 않았을까요?

우리의 천국론과 종말론이 건강하지 못하면 이처럼 평생 교회를 다녀도 매사 무섭고 두렵습니다.

하나님은 결코 우리를 억압하거나 압제하는 분이 아닙니다. 오히려 예수를 믿고 따르는 자에게 천년왕국에서 왕 노릇 하는 권세를 주겠다고 약속해 주셨습니다.

"예수를 증언함과 하나님의 말씀 때문에 목 베임을 당한 자들의 영혼들과 또 짐승과 그의 우상에게 경배하지 아니하고 그들의 이마와 손에 그의 표를 받지 아니한 자들이 살아서 그리스도와 더불어 천 년 동안 왕 노릇 하니"(계 20:4).

그런데 어떤 이단은 이 말씀을 빌려 자신들의 교리를 믿으면 천년간 왕과 왕비로 복을 누리게 된다면서 현혹하더군요. 자기들 모임 장소에 떡하니 '왕국'이라는 이름을 가져다 붙이기도 했습니다. 백 년도 아니고 천 년 동안 왕과 왕비로 살게 해 준다니, 누군들 혹하지 않겠습니까? 그러나 천년왕국은 그런 의미가 아닙니다.

천년왕국은 특별한 사람만 아니라 모든 성도가 주인공이 될 수 있는 나라입니다. 그렇다면 우리가 어떻게 천년왕국의 주인공이 될 수 있을까요? 리틀(little) 하늘나라라고 할 수 있는 천년왕국을 경험해 보아야 하나님 나라를 알 터인데, 사탄이 주관하는 세상에서 우리가 어떻게 하나님의 천년왕국을 경험하겠습니까? 요한계시록에서 말하는 천년왕국이란 무엇인지 본문을 통해 알아봅시다.

천년왕국은 십자가 복음으로
사탄이 결박된 왕국입니다

1 또 내가 보매 천사가 무저갱의 열쇠와 큰 쇠사슬을 그의 손에 가지고 하늘로부터 내려와서 2 용을 잡으니 곧 옛 뱀이요 마귀요 사탄이라 잡아서 천 년 동안 결박하여 3 무저갱에 던져 넣어 잠그고 그 위에 인봉하여 천 년이 차도록 다시는 만국을 미혹하지 못하게 하였는데 그 후에는 반드시 잠깐 놓이리라_계 20:1~3

천사가 '하늘'로부터 내려왔다는 것은 그가 하나님이 쓰시는 영이라는 의미입니다. 그런데 요한이 보니 천사가 무저갱의 열쇠와 큰 쇠사슬을 가졌다고 합니다. 딱 보아도 무엇을 가두려 한다는 걸 알 수 있습니다. 과연 2절에 천사가 용을 잡았다고 합니다. 그 용의 정체는 옛 뱀이요 마귀요 사탄인데, 천사가 그를 무저갱에 던져 인봉하고서 천 년 동안 결박합니다. 천사가 가진 열쇠는 무저갱을 여는 데, 쇠사슬은 용을 묶어 감금하는 데 쓰입니다. 특별히 '큰' 쇠사슬이라고 한 걸 보아 사탄이 굉장한 강적이라는 것을 알 수 있습니다. 또한 열쇠를 가진 자가 아니면 누구도 큰 쇠사슬에 묶인 자를 방면할 수 없다는 뜻이기도 합니다.

그러면 어떻게 사탄을 무저갱으로 던져 넣어 쇠사슬로 결박합니까? 물론 이 말씀은 상징입니다. 용은 마귀요 사탄 곧 가장 강한 적을 상징하고, 옛 뱀이라 하는 것은 그가 처음부터 인간을 타락시킨 대적

자요, 참소자라는 뜻입니다. 19장까지 우리는 하나님의 백성을 괴롭히는 각종 원수의 실체를 보았습니다. 사탄의 하수인인 두 짐승, 곧 적그리스도와 거짓 선지자가 유황불 못에 던져지고 이제는 사탄의 본체인 용이 결박될 차례입니다. 사탄이 살아 있는 한 성도의 승리는 완전할 수 없습니다. 이제 마지막이 가까웠습니다. 20장은 용을 무찌르는 영적 전쟁이 가장 크고, 무서운 전쟁인 것을 보여 줍니다.

그런데 하늘로부터 내려온 천사가 무저갱의 열쇠를 가졌다고 하니 연상되는 말씀이 있습니다. 9장에서 본 다섯째 나팔 재앙에서 하늘로부터 땅으로 떨어진 별도 무저갱의 열쇠를 받았다고 하지 않았습니까(계 9:1)? 비슷해 보이지만 본문의 천사는 하나님께 사명을 받은 사자(使者)이고, 9장의 천사는 하늘에서 쫓겨나 사탄이 된 용입니다. 흔히 루시퍼라고 알려진 이 천사는 본래 하나님을 가까이에서 섬기다가 반역하여 땅으로 쫓겨난 존재입니다. 자기 주제를 모르고 하나님 자리를 탐하다가 내쫓긴 겁니다. 하늘에서 놀던 천사가 순식간에 용이 되었습니다.

용의 정체는 가장 강한 사탄이라고 했습니다. 그렇다고 용이 험악한 모습으로 찾아오는 게 아닙니다. 고린도후서에 보면 "사탄도 자기를 광명의 천사로 가장하나니"라고 합니다(고후 11:14). 앞서도 본래 용은 천사였다고 하지 않았습니까? 그러니 얼마나 준수한 모습으로 다가오는지 모릅니다. 왜냐하면 우리를 속여야 하잖아요. 세상 사람들은 광명의 천사로 가장해 우리를 유혹하고 핍박하는 사탄을 분별하지 못합니다. 오직 하늘에서 내려온 천사, 곧 하나님의 사명을 따라

사는 자들만이 사탄을 딱 분별하고 결박합니다.

광명의 천사 같지만 실상 사탄의 하수인 노릇 하는 자가 우리 주변에도 얼마나 많은지 모릅니다. 다윗 시대의 군대장관 요압이 그랬습니다. 사무엘하 3장에 보면 사울의 군사령관이었던 아브넬이 "온 이스라엘을 당신에게 주겠다"고 하면서 다윗을 찾아옵니다(삼하 3:12). 아브넬은 사울이 죽자 사울의 아들 이스보셋을 왕으로 추대하여 다윗에게 맞섰던 자입니다. 그런데 그가 사울의 첩을 취한 일로 이스보셋과 대립하게 되자 사울의 집을 딱 배반하고서 다윗의 편에 서고자 찾아온 겁니다. 이때 요압이 나서서 아브넬을 몰래 처단합니다. 자신이 다윗 왕국에서 제일가는 심복인데 아브넬 때문에 자기 자리가 위태해졌다고 판단한 것이죠.

그러자 다윗이 어떻게 합니까? 요압과 모든 백성에게 "옷을 찢고 굵은 베를 띠고 아브넬 앞에서 애도하라" 명한 뒤 아브넬을 장사해 줍니다(삼하 3:31~32). 나아가 "여호와는 악행한 자에게 그 악한 대로 갚으실지로다" 하고 요압을 저주합니다(삼하 3:39). 여러분은 이런 다윗이 이해가 됩니까? 앞서는 죽기를 기 쓰고 자신을 미워한 사울을 위해서 울더니(삼하 1:11~12), 이번에는 사울의 군사령관 아브넬을 위해서 울라고 합니다. 그런데 이런 다윗의 심령이 이해되어야 우리가 사탄을 결박할 수 있습니다. 다윗이 사람의 눈치를 살펴서 그런 게 아닙니다. 숱한 고난을 겪은 뒤 사람의 마음을 헤아리게 된 다윗입니다. 그래서 아브넬의 상여까지 따라가며 겸손히 울 수 있었습니다. 자기의 부족함을 아는 사람은 구원을 위해 못 할 일이 없습니다. 다윗이 아브넬의 죽음을 슬퍼했다기보다 하나님 나라 때문에, 하나님의 뜻을 이루기에 너무 연약한 자기의 부족함을 보고 운 것입니다. 험한 광야를 지난 다윗이 겸손의 열쇠와 큰 쇠사슬로 강한 사탄을 결박했습니다.

그런데 구속사를 모르는 사람은 "원수 사울을 죽여야지, 대적 아브넬을 당연히 죽여야지! 아니 왜 요압을 저주해?" 합니다. 다윗이 도무지 이해가 안 됩니다. 그러니까 구속사는 정말 방언과 같습니다. 사도행전 2장에 보면 오순절에 성령이 임하여 방언으로 말하는 제자들을 보고 경건한 유대인들이 술에 취하였다고 조롱합니다. 그들이 지질하게 여기던 갈릴리 출신 제자들만이 성령이 하신 일로 깨닫고 기뻐합니다. 우리도 그렇습니다. 배우자가 바람피우는데 어떻게 감사할 수 있습니까? 세속사로는 절대 이해할 수 없습니다. "나의 구원을 위해 배우자가 수고했으니까 감사할 일이다"라고 누가 구속사로 해석해 주어도 기분이 너무 나쁩니다.

그러나 모든 일을 구원의 관점으로 바라보아야 사탄이 결박됩니다. 내 원수는 아브넬이 아니라 그 속의 사탄이고, 더 무서운 원수는 내 속에 있는 사탄입니다. 내 안에서 광명의 천사를 가장하며 딴 똬리를 틀고 있는 사탄이 제일 무서운 적입니다.

저는 어릴 때부터 매사 잘 참았습니다. 이런 저보고 모든 사람이 착하다고 칭찬했지만, 사실은 무섭고 두려우니까 회피한 것이었습니다. 그런데 늘 잘 참다 보니까 내 죄를 보기가 힘들었습니다. 어쩔 수 없어서 참은 것뿐인데도 남들이 천사라고 해 주니까 제 모습에 나도 속고 남도 속았습니다. 무지 교만한데 그런 줄 1도 모르는 사람이 바로 저였습니다. 저 같은 사람은 예수 믿기도 어렵고 큐티하기도 힘듭니다. 스스로 죄가 없다고 생각하기 때문입니다. 다행히 하나님이 저를 엄청 갈궈 주셔서(?) 그나마 제가 광명의 천사를 가장하는 제 속의 사탄을 조금 보게 되었습니다. 제가 어려서부터 인간승리를 한 것 같지만, 주님이 내 힘으로 할 수 없는 일들을 평생 붙여 주셔서 "내가 오늘 약하오니"라는 다윗의 기도가 제 기도가 되었습니다(삼하 3:39). 만일 주님이 저를 손보지 않으셨다면 끝까지 내가 천사인 줄 알고 살다가 지옥에 가지 않았겠습니까.

3절에 용을 "무저갱에 던져 넣어 잠그고 그 위에 인봉하여 천 년이 차도록 다시는 만국을 미혹하지 못하게 하였"다고 합니다. 이 말씀은 곧 사탄의 활동이 제한을 받는다는 의미입니다. 예수님의 십자가 구속 사역으로 말미암아 패배한 사탄은 결코 우리를 해할 수 없습니다.

사탄의 결박은 창세기부터 예고된 사실입니다.

"내가 너로 여자와 원수가 되게 하고 네 후손도 여자의 후손과 원수가 되게 하리니 여자의 후손은 네 머리를 상하게 할 것이요 너는 그의 발꿈치를 상하게 할 것이니라"(창 3:15).

머리가 상하는 것과 발꿈치가 상하는 것 중에 무엇이 더 치명적입니까? 당연히 머리가 상하는 것입니다. 사탄이 우리 발꿈치를 평생 상하게 할 테지만 예수님이 이미 사탄의 머리를 치셨습니다. 그러므로 하나님이 허락하신 열쇠와 큰 쇠사슬을 무기 삼아 사탄을 결박하십시오. 참소와 거짓말, 악독과 시기, 열등감이 사탄의 무기라면 우리의 무기는 무엇입니까? 여자의 후손이신 예수 그리스도의 십자가 복음이 바로 우리의 무기입니다. 하나님이 자신의 독생자를 십자가에 못 박으셨습니다. 죄가 없으신 그리스도께서 죄인과 같이 십자가에 못 박히셨습니다. 얼마든지 이적을 베풀 수 있는 분이 권을 내려놓고 십자가에서 돌아가심으로 진짜 이적을 보여 주셨습니다. 창조주이신 예수님이 죽었다가 살아나심으로 온 세계를 구원하셨습니다.

그런데 우리는 어떻습니까? 십자가 지기 싫어서 날마다 "나는 죄인이 아니야" 부르짖습니다. "네가 잘못했지 내게 무슨 잘못이 있어?", "너희 집이 잘못했지 왜 우리 집이 잘못했어?" 하면서 '나는 죄 없다'고 합니다. 하나님의 아들이신 예수님도 십자가에 달려 돌아가셨는데, 나 잘났다고 몸부림치면 나뿐만 아니라 내 가정도 죽는 겁니다. 예수의 십자가 피와 복음, 성육신(incarnation)이 우리에게 주어진 열쇠와 큰 쇠사슬이요, 사탄을 잡을 수 있는 무기입니다. 즉, 예수가 나에게 체화되어야 한다는 말입니다. 사탄을 결박하려면 그와 반대되는 작전으로 나가야 하지 않겠습니까? 상대의 구원을 위해서 내가 죽어지는 것, 이것이야말로 사탄을 맥없이 무너뜨릴 최고의 작전입니다.

- 광명의 천사로 다가오는 사탄이 나의 밖에 있습니까, 내 안에 있습니까?
- 내 옆의 사탄을 잡을 열쇠와 큰 쇠사슬은 무엇입니까?
- '십자가로 처리된' 희생과 용서와 겸손과 용기가 있습니까? 내 힘으로 희생하고 용서하고 겸손해지려다가 생색만 남지 않았습니까?

'천 년'의 의미가 중요합니다

용을 잡으니 곧 옛 뱀이요 마귀요 사탄이라 잡아서 천 년 동안 결박
하여_계20:2

본문의 '천 년'이 물리적인 시간을 의미하는가, 상징인가로 말씀
의 의미가 달라질 것입니다. 어떤 이단은 계시록에 '이 일 후에'라는
표현이 여섯 번이나 기록되어 있다는 걸 근거 삼아 계시록의 모든 장
이 시간순으로 기록되었다고 주장합니다. 심지어 계시록 말씀을 자
신들이 만든 실상 교리와 일치시켜서 마치 자기들이 말하는 대로 이
루어지는 것처럼 짜 맞춥니다. 말세에 일어날 일을 정확히 아는 자신
들에게만 구원이 있다면서 거짓말로 사람들을 미혹합니다.

그러나 계시록은 일괄적으로 시간 순서에 따라 쓰인 책이 아닙
니다. 19장과 20장 내용만 보아도 알 수 있습니다. 19장에서 예수님의
재림을 상징하는 백마를 탄 자가 등장하며 두 짐승이 유황불 못에 던
져집니다. 그런데 20장 10절에 보면 용과 짐승과 거짓 선지자가 불 못
에 던져지는 이야기가 또다시 나오지요.

2절의 '천 년'도 마찬가지입니다. 지난 17장에서도 언급했지만
계시록의 천년왕국을 두고서 여러 학설이 존재합니다. '전천년설',
'후천년설', '무천년설'이 바로 그것입니다. 전천년설은 천년왕국이
임하기 전에 주님이 재림하신다는 학설입니다. 후천년설은 천년왕국
이 임한 후에 주님이 재림하신다는 학설입니다. 둘 다 천 년을 물리적

인 시간으로 해석한 것입니다.

반면에 무천년설은 천년왕국을 시간적·공간적 개념으로 보지 않습니다. 천 년은 예수님의 초림과 재림 사이를 가리키는 상징적인 개념이며, 그 기간에 지상교회가 주님의 통치를 받아 그리스도와 더불어 왕 노릇 한다는 것이 무천년설의 핵심입니다. 하나님 나라의 현재를 강조하는 것입니다. 이 무천년설을 지지하는 사람들은 성도는 이미 주님의 영적 통치에 동참하는 자이며, 누구든지 진실로 주님을 모시는 자는 그 심령이 천국을 누리게 된다고 주장합니다. 아비 마귀에게서 난 자로 살다가 예수를 믿고 거듭난 후에 주님의 통치를 받게 된다는 겁니다.

간혹 천국을 사탄의 나라 개념으로, 그저 잘 먹고 잘사는 곳으로만 생각하며 이 땅에서 이 악물고 참는 사람들이 있습니다. 이 또한 교묘한 기복신앙입니다. 천국 가려고 이 악물고 산다고 잘 사는 게 아닙니다. 충신과 진실이신 주님의 사랑으로 구원 받고 은혜를 누리고 있다면, 내게 이 땅은 이미 천국이고 나는 천년왕국에 속한 자입니다(계 19:11). 이런 관점으로 볼 때 저는 무천년설이 맞지 않을까 생각합니다.

그동안 십사만 사천, 일곱 인 재앙, 일곱 나팔 재앙, 일곱 대접 재앙 등등 여러 상징이 계시록에 등장했습니다. 그중 유난히 이 '천 년'만은 문자적으로 해석하는 경우를 많이 봅니다. 그런데 주님이 재림하시는 것은 사실이잖아요? 천 년이 물리적인 시간을 의미하든 아니든 하나님만이 아시는 그때에 예수님은 다시 오실 것입니다. 그러므로 그리스도의 재림이나 하나님이 통치하시는 천년왕국을 부정하지 않는다면 모든 주장을 관용할 필요는 있다고 생각합니다.

몇 년 전, 신문에서 충격적인 기사를 보았습니다. 유명 대학에서 신학을 공부하고 주요 교단에 소속되어 목회한 한 목사님이 있었습니다. 외국으로 건너가 이민 목회에도 성공하고, 교계에서도 나름 명망 있는 지도자였습니다. 그런데 이 목사님 부부가 그만 시한부 종말론에 세뇌되어 스스로 목숨을 끊었다는 것입니다.

자세한 이야기는 이렇습니다. "곧 전쟁이 난 후 예수님이 오실 테니 산간지대로 피난 가야 한다"는 한 이단 교주의 말에 현혹된 목사님 부부는 교주를 따라서 한국으로 돌아와 어느 외딴곳에 숨었습니다. 그런데 예고한 날이 지나도 전쟁이 나지 않자 교주는 "기도 덕분에 전쟁을 피했다"며 궤변을 늘어놓았습니다. 함께 산속에 들어간 다른 사람들은 모두 떠났는데, 유독 이 목사님 부부만 끝까지 미련을 버리지 못했습니다. 그러자 귀찮아진 교주가 "예수님이 왜 안 오시는지 나도 모르겠으니 하나님께 물어보라"면서 이 부부를 강변에 버려두고 떠났다는 겁니다. 일종의 자살교사입니다.

이단들은 몇 년도 몇 월 며칠에 전쟁이 발발하리라는 둥 휴거가 일어나리라는 둥 늘 헛된 말을 떠들어 댑니다. 그러다 자신들이 주장한 날에 아무 일이 일어나지 않으면 그동안의 기도 덕분에, 자기들 교리를 믿은 덕분에 살았다면서 딴소리합니다. 처음부터 누울 자리를 보고 발을 펴는 겁니다. 우리가 건강하지 못한 종말론에 빠지면 천국까지도 기복적으로 생각해 돌이킬 수 없는 길로 접어들 수 있습니다. 평생 천국을 가르친 목사님도 사탄의 꼬임에 한순간에 넘어가지 않았습니까? 그뿐만 아니라 대를 이어 이단에 빠지는 경우도 수없이 봅니다. 사탄의 세력이 얼마나 강한지 모릅니다. 그들이 복음을 듣지 못해서 미혹되는 겁니까? 아무리 바른 복음을 전해 주어도 들리지 않는 겁니다. 정말 구속사는 방언입니다.

도덕적이고 윤리적인 설교만 하면 누구도 욕하지 않겠지요. 그렇다고 듣기 좋은 설교만 할 수 있겠습니까? 제가 늘 목숨을 내놓고 구속사를 외치건만 매주 제 설교를 헐뜯고 욕하는 분이 꼭 있습니다. 제게 들도 보도 못한 설교를 한다고 합니다. 강단에서 본문 말씀을 전한 날 아침에도 한 이단 신도로부터 메일을 받았습니다. 제 설교가 잘못됐다면서 조목조목 지적하는 내용이었습니다. 어느 주일에는 한 분이 '이단으로 돌아오라(?)'는 편지를 제게 건네주고 가셨습니다. 이렇게 저를 잡지 못해서 모두 안타까워합니다. 제가 요한계시록 설교를 하면서 한 주도 빠짐없이 이단에 빠진 분들에게 돌아오라고 외쳤는데도 좀체 들리지 않나 봅니다. 그래도 믿음은 들음에서 나기에 계속해서 구속사 말씀을 들려주는 것이 저의 사명이라고 생각합니다. 그분들이 언젠가는 듣고 돌아오기를 바라며 오늘도 저는 간절히 외칩니다. 설혹 이단에 빠진 분이 있다면 부끄러워하지 말고 주변에 도움을 요청하십시오. 그것이 돌이킬 수 있는 비결입니다.

• 오늘 천국을 사는 것이 건강한 종말론입니다. 나의 종말론은 건강합니까?

사탄이 잠깐 놓이는 고난이 있습니다

무저갱에 던져 넣어 잠그고 그 위에 인봉하여 천 년이 차도록 다시
는 만국을 미혹하지 못하게 하였는데 그 후에는 반드시 잠깐 놓이
리라_계 20:3

결박된 사탄이 놓이는 때가 온다고 합니다. 지난 말씀에서 용은
온 천하를 꾀는 자로 모든 사람이 용을 경배한다고 했습니다(계 12:9;
13:4). 그런데 용이 결박됐다가 다시 놓인다니, 점점 용의 야망이 성취
되는 듯 보이기도 합니다. 저는 뉴에이지(New Age) 문화에 경배하는 이
시대가 용이 잠깐 놓이는 환난의 절정기가 아닌가 합니다. 온 세계가
대중 가수에게 열광하고, 축구를 비롯한 여러 스포츠와 유흥거리가
온 천하를 꾑니다. 반면에 예수의 복음은 들으려 하지 않지요.

그러나 "잠깐"일 뿐 용이 영원히 놓이는 것은 아닙니다. 사탄이
완전히 멸망에 이르기 전 최후 발악을 하는 것이죠.

지난 11장에서 "이방인들이 거룩한 성을 마흔두 달 동안 짓밟고,
예수의 두 증인이 굵은 베옷을 입고 천이백육십 일을 예언하리라"고
했습니다(계 11:2~3). 또한 12장에서는 "아이를 해산한 여자가 뱀의 낯
을 피하여 광야에서 한 때와 두 때와 반 때를 양육 받으리라"고 했습니
다(계 12:14). 마흔두 달, 1260일, 한 때와 두 때와 반 때…… 계시록에서
반복해서 나오는 이 표현들은 예루살렘 성전이 파괴된 때부터 종말까
지, 말세의 기간을 의미합니다. 또한 성도들이 하나님의 자녀로 양육

되며 권세를 가지고서 복음을 전하는 때이기도 합니다.

본문의 "잠깐" 또한 마찬가지입니다. 예수를 믿는 자에게 천년왕국에서 왕 노릇 하는 복을 주시지만 성도의 성숙을 위해서 잠깐 사탄을 풀어놓으시겠다는 겁니다. 즉, 우리를 성숙한 하나님 자녀로 빚어 가시고자 잠깐 고난을 허락하신다는 말입니다. 따라서 용이 놓이는 '잠깐' 역시 천국과 고난을 동시에 경험하는 말세의 기간이라고 해석하는 것이 올바른 견해입니다.

천 년과 대조되는 잠깐은 아마겟돈 전쟁을 치르고자 사탄이 방면되는 기간입니다. "생각하건대 현재의 고난은 장차 우리에게 나타날 영광과 비교할 수 없도다"라는 말씀처럼(롬 8:18), 영원한 천국을 주시기 위해 준비된 잠깐입니다. 베드로전서에서는 "그러므로 너희가 이제 여러 가지 시험으로 말미암아 잠깐 근심하게 되지 않을 수 없으나 오히려 크게 기뻐하는도다"라고 했지요(벧전 1:6). 그러므로 사탄의 방면에 대한 성도의 반응은 "기쁨"이어야 합니다. 잠깐 놓인 사탄이 우리를 참소하겠지만 오히려 기뻐해야 합니다. 내 육이 무너지는 것만큼 영이 세워지기에, 생각건대 현재의 고난은 잠깐이고 장차 이루어질 영광과 비교할 수 없기에 "고난은 축복"입니다.

이미 하나님 나라가 임하였으나 아직 임하지 않은 부분이 있듯이, 사탄도 이미 패배했지만 아직 멸망이 완전히 임하지 않았습니다. 사탄이 멸망할 때가 언제일는지 우리는 알지 못합니다. 사탄이 잠깐 놓이는 때가 내 평생일 수도 있습니다. 내가 죽기 전 주님이 재림하실 수도 있지요. 중요한 것은 어느 때를 살아가건 늘 마지막이라 여기며 살라는 겁니다. 잠깐 놓인 사탄 때문에 걱정하지도, 근심하지도 말고 나는 이긴 싸움을 싸우고 있다는 걸 늘 염두에 두라는 것입니다. 내가 하나님의 통치를 받으며 하나님 나라를 확장하면 무엇과도 비교할 수 없는 기쁨이 임합니다. 그 기쁨은 빼앗을 자가 없습니다.

"이제 이 세상에 대한 심판이 이르렀으니 이 세상의 임금이 쫓겨나리라"는 말씀처럼(요 12:31), 예수님이 오심으로 이 세상 임금은 격파됩니다. 그러면 천년왕국이 임하는 것입니다. 요한복음 16장에서도 주님은 이와 같이 말씀하셨습니다.

"보라 너희가 다 각각 제 곳으로 흩어지고 나를 혼자 둘 때가 오나니 벌써 왔도다 그러나 내가 혼자 있는 것이 아니라 아버지께서 나와 함께 계시느니라. 이것을 너희에게 이르는 것은 너희로 내 안에서 평안을 누리게 하려 함이라 세상에서는 너희가 환난을 당하나 담대하라 내가 세상을 이기었노라"(요 16:32~33).

그러므로 내가 예수를 믿는다면 이미 천년왕국을 누리고 있는 겁니다. 예수 믿기 전까지는 내 인생에 사탄이 활개 치지만 예수님을 믿는 순간부터 사탄은 결박됩니다. 그때가 나의 천년왕국이 시작되는 시점입니다. 다만 나를 성숙한 자녀로 훈련하시고자 이후 사탄이 잠깐 놓이는 환난을 허락하신다는 것입니다. 그러니 "예수 믿으면 무조건 지상천국이 이루어진다" 하는 말에 제발 속지 마십시오.

서두의 청년 이야기로 돌아가 보겠습니다. 이 청년이 얼마나 두려웠을까요? 엄격한 교회 아래서 주님 사랑을 모르다가 교회를 나온 후 어머니가 사고를 당했으니 정말 저주 받았다고 여기지 않았겠습니까. 사고 후 몇 년이 흘러도 청년은 도무지 두려움을 떨쳐낼 수 없었답니다. 그러나 하나님은 우리에게 평안을 주시지, 두려움을 주시는 분이 아니잖아요. 해석되어야 해결되는데 이 땅에서 잘사는 것만 축복이라고 생각하니까 문제가 해석이 안 되는 겁니다. 그런데 이 청년이 우리들교회에 와서 비로소 인생이 해석되었답니다. 청년은 이렇게 간증했습니다.

'요나가 물고기 배 속에 갇힌 사건은 반드시 있어야 할 일'이었다는 설교 말씀을 듣는데 꼭 하나님이 저에게 주시는 음성으로 들렸습니다. '이전 교회 목사님과의 시간도 내게 있어야 할 사건이었구나, 목사님만 가해자가 아니라 나 역시 가해자일 수 있겠구나' 깨달아진 것입니다. 우리는 모두 100% 죄인인데, 사실 저는 제가 죄인이라고 생각하지 않았습니다. 그런데 말씀으로 양육 받으면서 권위자에게 순종하지 못하는 교만함과 엄마를 우상처럼 여긴 죄가 보였습니다. 그러자 분노와 원망이 줄고, 엄마의 죽음을 통해서 도리어 천국에 대한 확신을 가질 수 있었습니다. "슬픔을 회피하지 말고 직면하라"는 지체들의 권면을 따라 하나님 앞에서 감정을 솔직히 드러내며 울었더니, 나를 위해 죽으신 주님의 십자가 은혜가 비로소 깨달아졌습니다.

이전까지 청년에게 교회는 엄격한 곳, 무서운 곳이었습니다. 그러다 보니 사람, 미디어 등 의지할 다른 대상을 늘 찾아다녔답니다. 그러나 오히려 그것이 자신을 더욱 불안하게 했노라고 청년은 고백했습니다. 별 인생이 없습니다. 교회가 무섭게 가르친다고 성도들이 거듭납니까? 억지로 시키면 앞에서는 잘 해도 뒤에 가서 딴짓하게 마련입니다. 성도라고 다르지 않습니다. 그런데 청년이 십 년의 병간호라는 잠깐의 고난을 통해 말씀을 붙잡고 인생을 해석하게 됐으니 그야말로 천년왕국을 살게 된 것 아닙니까? 내 인생을 말씀으로 해석하게 되는 때부터 천년왕국이 펼쳐지는 겁니다. '언제 예수님이 오신다더라, 언제 전쟁이 난다더라' 이런 말에 현혹되어 산속에 들어가고, 특별한 데 가고 그러지 마세요. 말씀을 통해 일상생활을 잘 살아 내는 것, 내 삶을 해석하게 되는 것이 이 땅에서도 천국을 누리는 길입니다.

• 내게 사탄이 잠깐 놓인 고난은 무엇입니까? 아직 믿음이 없다면 주님이 나의 신앙을 바로 세우고자 주신 고난일 수 있습니다. 또는 나의 신앙이 성장하라고 주신 고난일 수도 있습니다. 내 믿음의 수준에 맞추어 고난을 주시는 주님의 뜻을 헤아려 회개하고 있습니까?

천년왕국은 그리스도와 더불어
왕 노릇 하는 것입니다

사탄이 무저갱에 결박되었다가 잠깐 놓여 이 땅을 미혹할 테지만, 결국 그는 최후 심판을 맞고 멸망할 것입니다. 그러면 믿음을 지킨 성도들은 어떻게 될까요? 이어서 주님은 천상의 장면을 보여 주십니다.

또 내가 보좌들을 보니 거기에 앉은 자들이 있어 심판하는 권세를
받았더라 또 내가 보니 예수를 증언함과 하나님의 말씀 때문에 목
베임을 당한 자들의 영혼들과 또 짐승과 그의 우상에게 경배하지
아니하고 그들의 이마와 손에 그의 표를 받지 아니한 자들이 살아
서 그리스도와 더불어 천 년 동안 왕 노릇 하니_계 20:4

하나님의 계산은 언제나 정확합니다. 하나님의 말씀 때문에 목
베임을 당한 자들의 영혼들과 짐승과 그의 우상에게 경배하지 않고 그
의 이마와 손에 짐승의 표를 받지 않은 자들을 주님이 기억하신다고
합니다. 믿음을 지킨 자들, 악의 세력에 굴복하지 않는 자들, 순교자들
을 결코 외면하지 않으시고 그들로 천 년 동안 왕 노릇 하게 하십니다.

그런데 그들이 어디서 왕 노릇을 합니까? '하늘' 보좌에 앉아 그
리스도와 더불어 왕 노릇 한다고 합니다. 성도는 지상에 살지만 구속
함을 받은 모든 생명은 하늘에 속해 있습니다. 주님의 십자가 복음으
로 하늘에 속해 왕 노릇을 하는 겁니다. 하늘에 속했기에 누구도, 어떤
환경도 성도의 권세를 막을 수 없습니다.

그렇다면 하늘에 속해 왕 노릇 할 수 있는 자격은 무엇입니까?
오직 구원 받은 자만이 천국에 들어갑니다. 성경도 구원의 책입니다.
그러므로 '내가 죽는 날은 언제일까'가 아니라 '내가 지금 죽는다면
천국에서 눈을 뜰 수 있을까', '나는 구원 받고 천국에 입성할 수 있을
까'가 우리에게 중요한 관건이지요. 그런데 종말을 아무리 열심히 연
구한다고 해도, 목회에 성공했어도 내가 주님을 사랑하지 않으면 갈

수 없는 곳이 천국입니다. 주님을 사랑하지 않는데 어떻게 죽은 후 천국에서 눈뜰 수 있겠습니까. 천국은 중언부언 기도하고 열심히 헌금한다고 갈 수 있는 곳이 아닙니다. 하늘의 언어는 '사랑'입니다. 주님을 사랑하고 이웃을 사랑하는 것입니다. 그러므로 사랑이 하늘에 속해 그리스도와 더불어 왕 노릇 하는 길입니다.

"내가 사람의 방언과 천사의 말을 할지라도 사랑이 없으면 소리나는 구리와 울리는 꽹과리가 되고 내가 예언하는 능력이 있어 모든 비밀과 모든 지식을 알고 또 산을 옮길 만한 모든 믿음이 있을지라도 사랑이 없으면 내가 아무것도 아니요 내가 내게 있는 모든 것으로 구제하고 또 내 몸을 불사르게 내줄지라도 사랑이 없으면 내게 아무 유익이 없느니라"(고전 13:1~3).

평생 종말론을 연구하면 뭐 합니까? 하나님의 참사랑을 모르니까, 사랑이 없으니까 목회자라도 거짓 선지자의 꾐에 빠져 영원한 사망으로 갑니다. 성도는 지상에 살지만 예수님의 십자가 구속 사역으로 말미암아 하늘의 천년왕국에서 왕 노릇 하는 자입니다. 그러므로 주님이 십자가에서 죽어 주셨듯, 우리도 피 흘리기까지 죽어야 하는 일이 있습니다. 주님을 따라 죽기까지 사랑해야 합니다.

(그 나머지 죽은 자들은 그 천 년이 차기까지 살지 못하더라) 이는 첫째 부활이라_계 20:5

첫째 부활은 하나님과의 관계가 회복되는 것을 말합니다. 죄에 대해 죽고 새 생명으로 중생(重生)하는 것입니다. 한마디로 거듭나는 것, 'born again'입니다. 이 첫째 부활에 참여하는 자는 영생을 얻기에 복이 있습니다. 그런데 '그 나머지 죽은 자들' 곧 이 땅에서 예수를 믿지 않는 자들, 회개를 거절하는 자들은 천년왕국에 살지 못한답니다. 그들에게는 영원한 불 못만 기다리고 있습니다. 그러니 어떻게 구원 때문에 애통하지 않을 수 있겠습니까?

> 이 첫째 부활에 참여하는 자들은 복이 있고 거룩하도다 둘째 사망 이 그들을 다스리는 권세가 없고 도리어 그들이 하나님과 그리스도의 제사장이 되어 천 년 동안 그리스도와 더불어 왕 노릇 하리라
> _계 20:6

앞에서도 말했지만 첫째 부활은 예수를 믿고 하나님의 자녀로 거듭나는 것입니다. 요한복음 5장 25절에서 말하는 영적 부활을 의미하지요.

"진실로 진실로 너희에게 이르노니 죽은 자들이 하나님의 아들의 음성을 들을 때가 오나니 곧 이때라 듣는 자는 살아나리라"(요 5:25).

또한 둘째 부활은 예수님이 재림하실 때 그리스도인들에게 임할 육체의 부활을 의미합니다(요 5:28).

그런데 이 '첫째 부활에 참여하는 자'에게 그리스도와 더불어 천년왕국을 통치하는 권세가 주어진다고 합니다. 그러므로 본문에서 반복해 등장하는 '천 년 동안 그리스도와 더불어 왕 노릇 하는 사람

들'의 주체는 곧 예수를 믿는 자들, 모든 성도라고 할 수 있습니다. 4절에 '예수를 증언함과 하나님의 말씀 때문에 목 베임을 당한 자들의 영혼들' 역시 단지 순교자만이 아니라 모든 성도를 가리키는 것입니다.

요한복음 5장 29절에 보면 "선한 일을 행한 자는 생명의 부활로, 악한 일을 행한 자는 심판의 부활로 나오리라"고 합니다. 생명의 부활, 곧 진정한 육체의 부활을 얻을 자는 첫째 부활에 참여한 성도들뿐이라는 것입니다. 쉽게 말하면 내가 예수 믿고 죽으면 설령 시신이 가루가 된다고 할지라도 반드시 육체의 부활이 이루어진다는 말입니다. 영적 전투에 참여한 흔적을 가진 자만이 그리스도와 더불어 영광을 누리게 될 것입니다. 그러니까 이 땅에서 예수 믿는 게 최고입니다.

그런데 우리는 "살아서 왕 노릇 하리라"는 이 말씀에 회의적입니다. 눈앞에 현실이 힘들다 보니까 말씀이 믿어지지 않는 겁니다. 그래서 천년왕국이 곧 지상천국을 의미하는 게 아니라는 겁니다. 천년왕국은 환경이 아니라 죄의 문제와 연관됩니다. 즉, 죄를 이길 때 그리스도와 더불어 왕 노릇 하는 것입니다. 예수를 믿고 죄 사함을 받은 성도에게 천년왕국은 이미 시작됐습니다. 다만 주님이 아직 완성된 새 하늘과 새 땅을 허락하지 않으셨기에 인생에 애통할 일이 있는 겁니다. 그러나 이 역시 두려워할 필요가 없는 것은, 주님이 이미 세상 임금을 이기셨기 때문입니다. 성도는 환경과 다투는 자가 아닙니다. 영생과 진리에 이르기 위해 죄와 싸워야 합니다.

"그들이 하나님과 그리스도의 제사장이 되어 천 년 동안 그리스도와 더불어 왕 노릇 하리라." 이 6절 말씀이 본문의 결론이라고 할 수 있습니다. 주님은 성도를 향해 왕 같은 제사장처럼 살라고 명령하셨습니다(벧전 2:9). 그런데 도리어 결박된 사탄처럼 으르렁대는 사람이 얼마나 많은지 모릅니다. 목자가 "집사님 예수 믿으시라고 남편이 외도로 수고하는 거예요" 하면 "뭐라고요? 당신 외도녀와 한통속 아니에요?" 하고 으르렁댑니다.

어느 주일, 한 분이 제게 편지를 건네시기에 펴 보니 이런 내용이더군요. "목사님은 정말 좋은데, 목장(구역모임)에 가니까 목자들이 처방질을 해서 살 수가 없어요. 이 목장, 저 목장 저 같은 사람이 꽤 있을걸요?" 목장에서 사랑으로 권면해 줘도 구속사가 방언이라서 도무지 들리지 않는 겁니다. 배우자가 바람을 피운다고 하면 세상은 그저 위로해 주기 바쁩니다. 그런다고 문제가 해결됩니까? 장차 이루어질 그리스도의 영광과 비교하면 현재의 고난은 정말 잠깐인데, 목장에서 성령의 해석을 들어야 하지 않겠습니까?

목장이 힘든 분들에게 제가 받은 한 메일을 소개해 드리고 싶습니다. "나도 목사님에게 편지 한번 씁시다!"라는 제목으로 보내 주신 어느 집사님의 고백입니다. 여러분에게 격려가 되기를 바랍니다.

저는 큰 굴곡 없이 애매한 고난을 겪고 우리들교회에 왔습니다. 그래서인지 처음엔 공동체에 잘 섞이지 못했습니다. 열등감과 상처에 싸여 스스로 지질하게 여기고, 죄책감에 눌려 예수님께 마음을 제대로 열지 못했습니다. 저와 같은 지체가 있을 것 같아 이렇게 메일을 씁니다. '나는 왜 이것밖에 안 되는가' 아파하는 나를 주님은 잘 아십니다.

그러니 삶을 포기하지 마세요. 아프더라도 매일매일 큐티 제목이라도 보며 살아 내기를 바랍니다. 특별히 목장 가는 것을 포기하지 않았으면 좋겠습니다. 목장 식구들이 내 마음을 몰라주는 것 같아도 내 죄보는 공동체인 목장에 꼭 가기를 바랍니다. 저도 목장 식구들에게 "이 기적이다", "사랑이 없다" 하면서 얼마나 X랄을 뿜어 댔는지 모릅니다. 그러나 창피해도 목장에서 나의 수치를 토해 내야 우울감이 벗겨지고 죽지 않고 천국에 갈 수 있다는 걸 깨달았습니다. 자신감을 가지세요. 목장에 가는 게 너무 힘들어도 그럴수록 꼭 가야 합니다. 다윗이 "내가 오늘 약하여서"라고 고백하는 오늘 큐티 말씀을 묵상하면서 이 글을 씁니다(삼하 3:39). 할렐루야!

최후의 심판은 예수님이 재림하시는 날까지 미루어져 있습니다. 그때까지 구원을 위해 살기에도 바쁜 인생 아닙니까? 세월을 낭비하지 마십시오. 어떤 환경에서도 천년왕국을 누리기를 바랍니다. 성도의 영은 하늘에 속했기에 그 무엇도 우리를 묶지 못합니다. "나는 힘들어서 예수 안 믿어", "이런 배우자와 어떻게 살아? 이혼할 거야", "사는 게 힘드니 인생을 끝내 버려야겠어" 하는 건 정말 성도의 태도가 아닙니다. 선악과를 먹고 인류에 죄가 들어온 후부터 "나는 옳고 너는 그르다"가 인생의 주제가가 되었습니다. 이것이 인간의 원죄입니다. 매사 옳고 그름으로만 판단하니까 조금만 힘들어도 '못 살겠다', '이혼하겠다' 하는 겁니다.

하나님의 계획과 성경이 말하는 종말은 이미 시작됐습니다. 주님은 이 종말의 때에 하늘 보좌에 앉아 그리스도와 더불어 왕 노릇 하는 복을 성도에게 허락하셨습니다. 단, 심판자가 아니라 제사장으로서 왕 노릇 하라고 말씀하십니다. 왕 같은 제사장이 되어서 다른 사람도 천년왕국으로 이끌라고 하십니다. 이것이 복된 삶입니다. 시한부 종말론에 빠져 들로 산으로 도망가는 것이 아니라, 십자가를 길로 놓고 사소한 일도 주님 때문에 적용한다면 나도 남도 천년왕국으로 이끌게 될 것입니다.

"천년왕국을 산다는 게 과연 이런 것이구나" 보여 준 우리들교회 한 목자님의 나눔입니다.

사업에 문제가 생겨 세무감사를 받게 되었습니다. 자칫 부도를 맞을 위기였기에 담당 회계사가 고비를 넘길 수 있는 이런저런 방법을 알려 주었습니다. 문제는 전부 정직하지 못한 방법이라는 것이었습니다. 회계사는 통상적인 관례라면서 종용했지만 저는 예수를 믿는 사람으로서 차마 실행할 수 없었습니다. "이제 바르게 살라" 하시는 주님의 뜻을 따라 주신 사건이라는 생각이 들었기 때문입니다. 그래서 "빚쟁이는 망해야 하는 게 맞잖아요? 정말 망하더라도 처분을 그대로 받겠습니다"라고 제 뜻을 전했습니다. 또 회계사가 세무조사 담당자를 만나 저녁을 먹으면서 해결해 보겠다는 걸 제가 "술 접대는 절대 안 된다"고 하면서 말렸습니다. 의뢰인이 도리어 딴지 걸고 잔소리하니까 회계사는 이런 경우는 처음이라고 하더군요. 다른 사람들은 돈을 더 써서라도 세금을 덜 내려고 애쓰는데 지금껏 이런 적은 없었다면서 답답해했습니다.

그런데 저의 진심이 통했는지, 세무조사를 받던 날 회계사가 정말 성심껏 저를 변호해 주는 겁니다. 누구보다 청렴한 사업자라고 저를 소개하면서 그동안 세무신고도 착실히 했다고, 이분이 가진 것이 없으니 사정을 봐 달라고 자기 일처럼 저를 대변해 주었습니다. 그러자 세무서 직원이 의아했는지 제게 지금껏 어떻게 살았는지 묻더군요. 저는 있는 그대로 솔직히 대답했습니다.

"그동안 더 열심히 해 보려고, 잘 해 보려고 술 접대도 하고 돈을 헛되이 썼습니다. 그러다 제가 얼마나 잘못 살았는지 비로소 깨닫고 죄를 회개했습니다. 이제는 성실히 살려고 노력하고 있습니다. 회계사님은 집을 팔아서 은행 빚부터 갚고 세금을 맞으라고 했지만 나 살겠다고 죄를 더하고 싶지는 않았습니다. 지은 죄가 있다면 죗값을 치르고 새 마음으로 살겠습니다."

그런데 이후 놀라운 일이 일어났습니다. 묵묵히 듣던 세무서 직원이 "사장님은 절대 망하지 않을 사람"이라고 하면서 "열심히 살라"고 도리어 저를 격려하는 것 아니겠습니까. 게다가 형사처벌도 면해 주고, 세금도 제가 감당할 수 있을 정도로 감면해 주고, 납부금을 내는 방법과 납부 기간을 연장하는 방법까지 알려 주었습니다. 일을 도와준 회계사도 수임료 외에 추가 비용을 더 받아야 하지만 제 사정을 고려하여 소액만 청구했습니다. 저의 연약함을 너무도 잘 아시는 주님이 인분을 쇠똥으로 감해 주신 겁니다(겔 4:15). 할렐루야!

이야말로 천년왕국을 사는 사람의 적용, 십자가를 지는 적용 아니겠습니까. 회계사와 세무서 직원뿐만 아니라 곁에서 모든 과정을 지켜본 목자님의 아들도 감동하여 아버지를 열심히 돕겠다고 했답니다. 부모가 삶을 통해 하나님은 이런 분이라고, 천년왕국을 산다는 건 이런 것이라고 자녀에게 확실히 보여 준 것입니다. 할렐루야!

예수님의 십자가 보혈로 사탄이 결박된 때부터 천년왕국은 시작됐습니다. 예수를 믿기 전에는 사탄이 활개 치기에 내 속에 악과 음란만 가득하지만 내가 예수를 믿는 그 순간부터 사탄은 결박됩니다. 사탄이 잠깐 놓이는 고난이 있겠지만 참성도는 천 년 동안 그리스도와 더불어 왕 노릇 할 것입니다. 우리로 성숙해지라고 주께서 사탄이 잠깐 놓이는 고난을 허락하시는 것입니다.

천년왕국은 환경이나 능력이 아니라 죄와 연관된다고 했습니다. 내가 먼저 죄에 죽어야 다른 사람을 천년왕국으로 초청할 수 있습니다. 이 천년왕국을 지나야 우리가 영원한 천국에 갈 수 있습니다. 그러므로 십자가로 처리된 겸손과 관용, 희생과 용기를 달라고 끊임없이 기도하기 바랍니다. 내 안의 사탄을 보게 해 달라고 기도하십시오.

- 나는 첫째 부활을 경험한 자입니까, "born again" 했습니까? 교회에 다닌다고 모두 거듭나는 것은 아닙니다. 나는 정말 인격적으로 주님을 영접했습니까?

예수 믿기 전까지는
내 인생에 사탄이 활개 치지만
예수님을 믿는 순간부터 사탄은 결박됩니다.
그때가 나의 천년왕국이 시작되는 시점입니다.

우리들 묵상과 적용

불화가 심한 부모님에게서 벗어나고자 캐나다 유학 중에 만난 남편과 결혼했습니다. 남편을 도피성이라 여겼지만 시집살이와 고부갈등을 겪으며 저의 결혼생활 역시 평탄하지 못했습니다. 갈수록 시어머니와 갈등이 심해지자 우리 부부는 도망가듯 미국으로 떠났습니다. 그런데 이때부터 사탄이 잠깐 놓이는 아마겟돈 전쟁이 시작되었습니다(계 20:3). 남편이 바람을 피운 것입니다. 저는 남편의 외도 증거를 찾기 위해 차에 녹음기를 설치해 두었습니다. 외도 현장이 고스란히 녹음된 내용을 들은 저는 남편에게 이혼하자고 했습니다. 그런데 모든 사실을 알게 된 시어머니가 "절대 이혼해서는 안 된다"고, 십자가의 복음으로 사탄을 결박해야 한다며 큐티하는 교회에 와야 한다고 권면하셨습니다. 더불어 "고난이 축복"이라고 하셨는데 저는 '당신이 고난을 줬으면서 그게 무슨 말이야'라고 생각했습니다.

한국에 돌아온 후 남편은 교회에 나갔지만 저는 외도 장면의 녹음 소리가 머릿속에서 떠나지 않아 괴로워하며 친정에서 지냈습니다. 남자들은 바람피울 수 있다며 교회에 가라는 친정아버지의 말씀에 교회에 나가긴 했지만, 시어머니를 흘겨보고 남편을 조롱하며 무시했습니다. 저보다 먼저 첫째 부활에 참여한 남편은 자신이 더러운 죄를 지었으니 쓰레기 분리수거를 하겠다며 교회에서 봉사까지 하고 있었습니다(계 20:6). 하나님이 남편을 목자로 세우셨는데 저는 그 질서에 순종하지 못했습니다. "무심해서 가정 하나 돌보지 못하는 당신이 어떻게 리더를 하고 다른 사람을 체휼하냐"며 목장에서 남편을 참소하며 고발했습니다.

그 후 7년 동안 말씀이 머리에서 가슴으로 내려오지 않아서 남편과 허공을 찌르는 싸움을 계속했습니다. 교회 지체들은 애통해하며 저를 위해 기도해 주었습니다. 그러다 열왕기하 3장 14절 "엘리사가 이르되 내가 여호사밧의 얼굴을 봄이 아니면 당신을 향하지도 보지도 아니하였으리라"는 말씀을 보며 '만일 남편이 외도하지 않았다면 하나님이 나에게 얼굴을 향하지 않으셨겠구나. 하나님이 나를 봐 주신 것이 남편의 얼굴 때문이구나' 깨달아졌습니다. 제 얼굴을 들 수가 없어서 뜨거운 눈물만 흘렸습니다.

이렇게 내 속의 사탄이 결박되니 나의 무시와 핍박과 분노를 참고 인내해 준 남편에게 "바람피워 줘서 고맙다"고, "당신 때문에 내가 구원 받았다"고 눈물로 고백하게 되었습니다. 고부갈등도 회복되었습니다. 옳고 그름만 따지다 죽을 인생이었는데 남편의 외도를 통해 구속사를 깨닫게 하시고 천년왕국을 바라보게 해 주신 하나님, 사랑합니다.

영혼의 기도

하나님 아버지, 예수 그리스도의 피로써 사탄을 결박해 주셔서 감사합니다. 주님의 십자가 보혈로 말미암아 우리가 천년왕국의 주인공이 되었습니다. 다만 우리를 성숙한 자녀로 자라게 하시고자 사탄이 잠깐 놓이는 고난을 허락하겠다고 말씀하십니다. 주님은 '잠깐'이라고 하시는데 우리는 이 고난이 영원할 것만 같아서 여전히 흠칫흠칫 놀랍니다. 혼자 당하는 고난인 것 같아서 무섭고 두렵습니다. 내 힘으로 이 고난을 해결하여 인정받겠다고 광명의 천사같이 자신을 위장하기도 합니다. 그렇게 나도 속고 남도 속입니다. 그러나 환경이 겸손할 뿐이지 이 땅에 겸손한 사람이 누가 있겠습니까? 주님을 믿는 성도로서 천년왕국을 사는 모습을 세상에 보여 주어야 하는데, 스스로 자꾸 광명의 천사를 가장하니까 제대로 보이지 못합니다. 주님, 이런 우리를 불쌍히 여겨 주옵소서.

주님, 천년왕국을 누리는 모습을 온전히 보이는 우리가 되기 원합니다. 십자가로 처리된 희생과 용기, 인내를 통하여 다른 사람들을 주께로 인도하기 원합니다. 그러기 위해 어떤 일에도 놀라지 않게 해 주옵소서. 나의 신랑이신 하나님이 끝까지 나를 붙들고 가시리라는 이 믿음이 흔들리지 않게 도와주옵소서. 하나님 자체가 상급이 되도록 주님, 역사해 주옵소서. 문제 앞에서 핑계하지도, 회피하지도 않게

도와주시고, 잘 직면할 수 있도록 인도해 주옵소서. 주님 발아래 엎드려 나의 실체를 직면하고 주홍같이 붉은 내 죄가 보일 때, 천년왕국의 주인공이 될 줄 믿습니다.

아버지 하나님, 시한부 종말론을 신봉하는 모든 분에게 찾아가셔서 말씀이 들리게 도와주옵소서. 이단에 속한 자들에게 찾아가셔서 바른 복음이 들리도록 역사해 주옵소서. 예수 그리스도 이름으로 기도드리옵나이다. 아멘.

흰 보좌 심판

요한계시록 20장 7~15절

02

하나님 아버지, 누구도 피할 수 없는
흰 보좌 심판에서 구원을
얻는 자가 되기 원합니다.
말씀해 주시옵소서, 듣겠습니다.

$$\diamond\blacklozenge\diamond$$

몇 년 전, 한 과학자의 죽음이 세계의 화제로 올랐습니다. 호주의 생태학자이자 104세 노인인 데이비드 구달(David Goodall) 박사가 바로 그 주인공입니다. 그는 안락사로 자기 생을 마칠 것을 발표하고 실행에 옮겼습니다. 그 모든 과정이 언론을 통해 전 세계에 실시간으로 보도됐지요. 마지막 기자회견에서 구달은 "특정한 나이에 이르면 스스로 생사를 결정할 수 있게 해야 한다"고 강력히 주장했습니다. 그리고 그는 준비된 절차를 따라서 죽음으로 걸어갔습니다. 기사에 의하면 베토벤 교향곡 9번 〈환희의 송가〉를 들으면서 약물을 주입한 주사 밸브를 스스로 열고 생의 출구로 의연히 퇴장했답니다. 구달은 불치병이 아닌 고령을 이유로 스스로 안락사를 선택한 최초의 사례였습니다.

여러분은 어떻게 생각합니까? 하나님은 인간을 창조하시면서 자유의지를 주셨습니다. 그러면 인간에게 스스로 죽음을 선택할 자유도 주어진 것일까요? 아니면 죽음의 시점이나 결정권은 오직 하나님께 속한 영역일까요? 우리에게 죽음을 선택할 권리가 있다고 칩시다. 그것은 죽음 이후 세계가 존재하지 않는다는 가정하에 가능한 일 아니겠습니까?

제가 계시록 설교를 두 번 했는데 이것이 우연은 아니라고 생각합니다. 계시록은 "십자가 복음"이 핵심입니다. 인생의 고통 속에서 죽음이 아니라 십자가 지기로 결단하는 것이 참자유를 누리는 길입니다. 그리고 십자가 지며 인내하는 많은 성도를 위로하시고자 저로 하여금 계시록 말씀을 거듭 전하게 하셨다는 생각이 듭니다.

이 세상을 창조하신 분은 하나님입니다. 그 하나님이 세상을 다스리고 심판하십니다. 하나님의 백성은 물론이요 하늘에 속한 권능들과 선과 악까지, 모든 것이 하나님의 주권 아래 있습니다. 심지어 악의 세력이 벌이는 활동까지도 하나님의 권위 아래서 일어납니다. 우리의 모든 행동과 마음의 동기까지 은밀한 중에 계신 하나님이 다 보시고 정확히 심판하십니다(마 6:18). 특별히 본문에서 하나님이 흰 보좌에 앉아 심판하신다고 합니다(계 20:11). 한 치의 오차도 없는 이 흰 보좌 심판에 대해서 살펴보겠습니다.

곡과 마곡의 전쟁 때
흰 보좌 심판에서 구원이 이루어집니다

성도가 고난을 잘 통과하려면 먼저 예수 그리스도가 누구신지 알아야 합니다. 그래서 계시록 1장은 예수 그리스도에 대해 설명했습니다. 2장과 3장에서는 지상교회를 대표하는 소아시아 일곱 교회를 향해 예수 그리스도가 어떤 분인지 설명했습니다. 이어지는 4장부터 지난 20장 6절까지는 일곱 인 재앙, 나팔 재앙, 일곱 대접 재앙을 통해 예수님 생애의 클라이맥스인 십자가 사건을 보여 주었습니다. 그리고 본문 20장 7절부터 마지막까지는 주님의 재림과 사탄의 멸망, 곧 종말에 관한 내용입니다. 종말 전쟁에 대해서는 간단히 한 번 언급합니다. 과연 종말론은 간단할수록 진리입니다.

지난 계시록 1장에서 "그의 아버지 하나님을 위하여 우리를 나라와 제사장으로 삼으신 그에게 영광과 능력이 세세토록 있기를 원하노라"고 했습니다(계 1:6). 그리고 5장에서는 "그들로 우리 하나님 앞에서 나라와 제사장들을 삼으셨으니 그들이 땅에서 왕 노릇 하리로다"라고 했습니다(계 5:10). 영광과 능력이 세세토록 있는 예수님이 우리를 나라와 제사장 삼으셔서 땅에서 왕 노릇 하게 하셨다고 합니다. 이 말씀들은 곧 이 땅에서 천국을 누려야 진짜 천국도 갈 수 있다는 의미입니다. 이렇게 성경은 오직 두 시대로만 나눕니다. 누군가는 천년 왕국을 제도적인 나라로 둔갑시켜서 세 가지 시대로 나누기도 하는데 그럴 필요가 전혀 없습니다. 지금 천국을 살면 나중에도 천국에서 삽니다. 구달 박사처럼 이 땅이 싫어서 스스로 생을 마감한다고 영원한 끝이라거나 천국이 기다리고 있는 게 아니라는 말입니다.

천 년이 차매 사탄이 그 옥에서 놓여_계 20:7

'천 년이 찼다'는 것은 구원 역사가 시작되어 구원의 백성이 다 찼다는 의미입니다. 다른 말로 하나님이 정하신 기한이 도래했다는 뜻입니다. 그런데 이때 사탄이 옥에서 놓인다고 합니다. 사탄이 세힘으로 탈출하는 것이 아닙니다. '하나님이' 사탄을 잠깐 풀어놓으신다는 사실이 중요합니다.

놓인 사탄이 다시 결박되어 마지막 심판을 맞이하면 세상에 끝이 옵니다. '끝'이란 구체적으로 언제입니까? 마태복음 24장에 보면 "이 천국 복음이 모든 민족에게 증언되기 위하여 온 세상에 전파되리니 그제야 끝이 오리라"고 했습니다(마 24:14). 만민에게 복음이 전파되는 때가 마지막이라는 겁니다.

그러면 이렇게 질문해 볼 수 있지요. '하나님은 왜 사탄을 풀어 놓으시는가? 처음 사탄을 결박했을 때 끝내시면 더 쉽지 않은가?' 하나님이 몰라서 그러시는 게 아닙니다. "환난은 인내를, 인내는 연단을, 연단은 소망을 이루는 줄 앎이로다"라고 했습니다(롬 5:3~4). 성경은 환난이 영적으로 유익하다고 끊임없이 이야기합니다. 실제로 교회사를 돌아보아도 환난의 때에 복음이 더욱 왕성히 전해졌습니다. 제 삶도 그렇습니다. 사탄이 놓이는 환난이 임했을 때 집안에 복음이 더욱 흥왕했습니다. 지난 12장에서 사탄에게도 때가 있다고 했지요(계 12:12). 성도의 유익을 위해 천 년이 찬 후 사탄이 잠시 놓이는 가장 큰 전쟁을 허락하시는 것입니다.

나와서 땅의 사방 백성 곧 곡과 마곡을 미혹하고 모아 싸움을 붙이리니 그 수가 바다의 모래 같으리라_계 20:8

사탄이 놓이자마자 민족들을 속이고 선동합니다. '땅의 사방'은 지난 7장 1절에서도 언급된 표현으로 '온 세상'을 가리킵니다. 그러므로 '땅의 사방 백성'은 곧 온 땅에 흩어져 사는 백성을 말합니다. 또한 에스겔에서도 언급된 곡과 마곡은 적대 세력을 대표합니다(겔 39장). '곡'은 하나님을 대적하는 지도자를, '마곡'은 곡을 추종하는 세력을 가리키지요. 사탄이 미혹하고 자극하니까 땅의 수많은 백성이 하나님을 대적하는 세력이 됩니다.

그런데 많은 사람이 이처럼 사탄에게 쉬이 미혹당하는 이유가 무엇일까요? 여자의 후손이신 그리스도께서 그 머리를 짓이기셨지만(창 3:15), 사탄은 아직 숨이 붙어 있는 상태입니다. 천 년 동안 결박됐어도 사탄은 달라진 것이 없습니다. 그저 숨죽이고 있었을 뿐이죠. 왜, 망해도 감옥에 갔다 와도 죽다 살아났어도 전혀 변화되지 않는 사람이 있지 않습니까? 세상에서 워낙 대단히 누리다 보니까 좀체 뉘우치지를 않는 겁니다. 그래서 부자들이 예수 믿기가 어렵나 봅니다. 사탄이 그렇습니다. 천 년 동안 결박됐다가 풀렸어도 여전히 백성을 미혹하여 싸움 붙이는 일을 계속합니다.

우리들교회만 보아도 이 사탄의 미혹을 이기지 못해서 모두가 몸살입니다. 한 목장 보고서를 읽어 보니 목자님부터 이렇게 나누었더군요.

"저는 주 안에서 진솔해지는 게 소원이지만 시간만 나면 인터넷을 뒤적이며 세상 것들을 탐닉합니다. 유혹을 이기기가 너무 어려워요."

그러자 한 목원이 목자님의 나눔에 공감하며 이렇게 나눴습니다.

"제가 원하는 것은 십자가로 처리된 거룩인데 실상은 내 의(義)만 대단합니다. 그래서 아내에게 얼마나 생색이 나는지 몰라요. 아내는 제가 행여 음란에 빠질까 봐 술자리에 못 가게 합니다. 그럴 때마다 '이 정도 거룩하게 살면 됐지 뭘 더 절제하라는 거야' 하고 제 뜻대로 하기 일쑤입니다."

마음에는 원이로되 육신이 약하여서 이렇게 믿음의 소원을 가졌어도 다 미혹됩니다(마 26:41). 그러니까 사탄도 사탄이지만 사람에게도 문제가 있습니다. 사탄이 갖은 수를 써서 꼬여도 우리가 안 넘어가면 그만 아닙니까? 결국 미혹당하는 것은 우리 자신입니다. 천 년 동안 주님의 의로운 통치를 경험했는데도 어떻게 미혹자가 나타나자마자 홀랑 넘어갑니까? 하나님을 딱 거부하고서 사탄을 맹목적으로 추종합니다. 남의 이야기가 아닙니다. 누가 출세하게 해 준다고 하면 너나없이 그를 쫓아가지 않습니까? 사탄의 미혹에 넘어가는 것이, 사람이 잘못된 길로 빠지는 것이 환경의 문제가 아니라는 걸 다시금 일깨워 주는 말씀입니다.

술 귀신, 마약 귀신, 암 귀신…… 수많은 사탄 세력이 우리 인생을 뒤흔듭니다. 그러나 주님이 예수 이름으로 귀신 쫓을 능력을 우리에게 주셨습니다. 그렇다고 '귀신만 물리치면 돼, 나는 책임 없어' 해서도 안 됩니다. 어떤 무서운 사건이 찾아온대도 사탄의 궤계라는 걸 알고 주를 사랑하기에 더욱 힘써야 합니다. 어떤 일이든지 주와 같이 죽는 순교의 각오로 임한다면 반드시 구원의 때가 이를 것입니다.

안락사를 택한 구달 박사는 평생 숲속에서 자연과 환경을 연구한 생태학자입니다. 66세에 대학에서 퇴직했지만, 은퇴 후에도 오지를 다니며 연구에 몰두하고 백 세까지 논문을 발표하는 등 왕성하게 활동했습니다. 그런데 104세가 된 어느 날 집에서 넘어져 이틀 밤낮을 일어서지 못했답니다. 이후로 그는 '앉아 있는 것 말고는 이제 할 일이 없다'는 절망감에 싸였습니다. 생태학자답게 숲속을 들어가 연구를 계속하고 싶지만 그럴 수 없는 현실이 한탄스러웠습니다. 그러다 그는 더는 불행해지고 싶지 않아서 생을 마감할 날을 스스로 계획했습니다. 불치병에 걸린 것도 아니고, 제힘으로 몸을 가눌 수 없게 됐다는 이유로 안락사를 희망한 것입니다.

그는 "늙는다는 것은 축하할 일이 아니다. 나는 이날까지 살게 된 것을 후회한다"고 했습니다. 또한 안락사를 금지하는 호주의 법을 규탄하면서 "누군가가 스스로 생을 마감하기로 결심한다면 그것으로 충분하다. 누구도 간섭해서는 안 된다"라는 성명문을 발표했습니다. 그리고 스위스로 건너가 자신의 선택대로 생을 마감했습니다. 식구들과는 공항에서 작별하고 떠나기 전날에는 손자들과 치즈 케이크를 먹었다고 합니다. 어찌 이렇게 의연할 수 있습니까. 장례식이나 추모행사도 치르지 말고 시신은 해부용으로 기증해 달라고 했다는데, 언뜻 멋있어 보이기까지 합니다. 세상은 이런 구달보고 "한평생 생태학자로 살아온 사람답게 생태학적인 죽음을 맞았다"라고 칭송했습니다.

"나의 죽음도 결국 나의 삶, 나의 선택이다." 구달의 마지막 말입니다. 세상은 그를 '죽기 위해 떠난 사람'이라 했지만, 저는 내가 왕 노릇 하려는 포스트모더니즘(postmodernism)이 얼마나 악한 조류인지 그가 몸소 보여 주었다고 생각합니다. 그는 모두가 부러워하는 업적을 쌓고도 말년의 잠깐의 고통이 싫어서 자신을 죽였습니다. 누가 뭐래도 내가 인생의 주인인 겁니다. 그러나 성경은 인간은 하나님으로부터 생명을 위임 받은 존재일 뿐 결코 자기 생명에 대한 주권이 없다고 가르칩니다.

내가 살아 있어야 할 이유는 건강해서가 아닙니다. 노년의 부모들은 입버릇처럼 말합니다. "더 살아서 뭐 하나, 자식들만 고생시키지……." 병든 부모를 요양원에 모시는 비용이 아까워서 '이제 그만 돌아가셨으면' 하고 바라는 자녀들도 있습니다. 그러나 병들고 늙었다고 의미 없는 삶이 아닙니다. 그런 삶을 통해 주님이 나에게, 내 가족에게 주시는 메시지가 있습니다.

몇 해 전, 형부가 하나님 곁으로 갔습니다. 형부는 오래도록 정신병을 앓으며 병석에 누워 있다가 소천하셨습니다. 언니는 그런 형부와 함께 살면서 평생 선교를 했습니다. 그런데 그토록 헌신한 언니가 지금 치매를 앓고 있습니다. 저는 그런 언니를 보며 다른 사람의 이야기를 함부로 할 수 없게 됐습니다. 더 나아가 사람을 이해하는 폭이 넓어졌습니다. 선교사님들을 바라보는 지경도 넓어졌습니다. 아프고 힘든 분들을 체휼하게 됐습니다. 이처럼 세상은 절대 이해할 수도, 깨달을 수도 없는 일들을 주님이 구속사로 해석하게 해 주시니까 제가 이혼을 막고, 자살을 막을 수밖에 없습니다.

말할 수 없는 육체적 고통을 겪을지라도 그 속에서 이전엔 알지 못했던 하나님의 은혜와 영광을 경험하게 될지 그 누가 알겠습니까? 그래서 아무것도 할 수 없는 무력한 삶이라도 생명은 존엄합니다. 세속사로 보면 함께 살 수 있는 부부가 몇 쌍이나 됩니까? 너도나도 헤어질 자유를 외치면서 이혼율이 하늘을 치솟는 게 우연이 아닙니다. 세상적으로 너무 똑똑해서 도무지 구속사가 이해가 안 되는 겁니다.

104세 구달 박사 입장에서 생각해 본다면 이해는 됩니다. '내가 아무것도 할 수 없는데 무엇 때문에 더 살아야 하는가?' 한탄할 수 있습니다. 그러나 저는 계속 외칠 것입니다. 구원이 가장 중요하기에, 어떤 삶이든지 우리에게 던지는 구원의 메시지가 있기에 절대 안락사해서는 안 됩니다. 생을 다하고 죽는 것과 스스로 생을 마감하는 것은 하늘과 땅 차이입니다. 구달 박사는 휠체어에 의지해 쓸모없게 된 자신의 모습을 받아들이지 못했습니다. 그것이 그의 평생을 통틀어 가장 필요한 훈련이었는데 그 기회를 버렸습니다.

고통의 의미를 단편적으로만 이해하여 안락사를 택한다면, 아픈 삶을 통해 하나님이 보여 주시려는 섭리와 큰 뜻을 놓치고 맙니다. 사탄이 발꿈치를 무니까 기겁해서 생을 놓아 버리는 것이나 다름없습니다. 발꿈치 상처는 생사와 아무런 상관도 없는데 말입니다.

제 남편에게 구원이 이루어지려 할 때도 하나님이 사탄을 옥에서 놓으셨다고 할 수밖에 없는 일들이 일어났습니다. '너, 이래도 예수 믿을래? 이래도 이혼 안 할래?' 사탄이 밀 까부르듯 얼마나 저를 뒤흔들었는지 모릅니다. 만일 저도 자유를 부르짖었다면 단박에 이혼했을 겁니다. 왜 힘든 결혼생활을 하겠습니까? 그런데 그때마다 이상하게 눈물이 나고 기도하게 되었습니다. 남편이 조금도 밉지 않았습니다. 이혼이 저와 상관없는 일로 여겨졌습니다. 성령으로 충만해져 제가 모든 일을 감당할 만한 때가 된 겁니다. 이때가 하나님이 사탄을 풀어 두시는 때입니다. 아무 때나 풀지 않으십니다. 그래서 남편이 힘들게 해도 저는 계속 전도했고, 마침내 구원의 역사가 일어났습니다.

물론 저도 처음에 견디기 어려울 때는 '더는 고난 받기 싫어, 휴거나 됐으면', '주님과 함께 나도 이 땅을 떠났으면……' 하고 바라기도 했습니다. 이럴 때 우리가 시한부 종말론에 미혹되기 쉽지요. 그러나 주님을 깊이 알아 갈수록 고난을 바라보는 눈이 달라졌습니다. 급기야 남편이 성경책을 찢어도 '의를 위하여 박해를 받으면 상이 크다고 하셨는데 내게 왜 이런 황송한 고난을 주시나' 했습니다. 그렇게 제가 이 땅에서 천년왕국을 누렸기에 힘든 현실에서 뛰쳐나가지 않고 순종할 수 있었습니다.

곡과 마곡의 전쟁이 아무리 힘들다고 해도 우리는 이미 승리했습니다. 전쟁의 주인은 하나님이시고, 하나님은 어떤 경우에도 당신의 백성을 지키십니다. 반면에 대적은 발악할수록 그 속의 악의 세력이 더욱 발각되어서 결국 최후 심판을 맞을 것입니다.

제게도 천 년이 차니까 가장 무서운 사탄의 세력이 놓였습니다. 하루아침에 남편에게 사망의 그림자가 드리운 겁니다. 사망이 옥에서 놓여 전열을 가다듬고 제게 싸움을 걸어왔습니다. 그러나 "사망아 네가 쏘는 것이 어디 있느냐"라는 말씀처럼 저는 사망에 패하지 않았습니다(고전 15:55). 첫째 부활인 중생을 경험했기에, 죄에 대해 죽고 생명에 대해 살았기에 지금이 남편이 구원 받을 때라는 걸, 하늘로서는 구원자의 수가 한 사람 더 차는 사건이라는 걸 알았습니다. 그러나 저의 영적 전쟁은 아직 끝나지 않았습니다. 여전히 내 속에 광명의 천사를 가장하는 악이 죽지 않아서 사탄이 놓이는 일이 끊임없이 일어납니다.

- 나는 안락사를 어떻게 생각합니까? 스스로 죽음을 선택하는 것을 자유라고 오해하지는 않습니까?
- 곡과 마곡의 전쟁이 일어나는 때가 죽을 때가 아니라 구원의 때라고 믿습니까?

흰 보좌 심판은 악인에게는 영벌의 심판입니다

> 그들이 지면에 널리 퍼져 성도들의 진과 사랑하시는 성을 두르매 하늘에서 불이 내려와 그들을 태워버리고_계 20:9

곡과 마곡 세력에 대항하여 성도가 전쟁을 치르겠지만 성경은 그 모습을 자세히 기록하지 않습니다. 단지 바다의 모래 같은 많은 불신 세력이 성도를 포위한 광경과 하늘에서 불이 내려와 그들을 태워버리는 장면만을 기록합니다. 전쟁하는 내용이 너무 간단합니다. 본격적으로 싸움을 시작하기도 전에 적이 소멸됩니다.

성도는 하나님이 사랑하시는 성(城)입니다. 그러므로 사탄이 나를 두르는 것도 하나님의 섭리 가운데 일어나는 일입니다. 사람의 매와 인생의 채찍으로 성전인 나를 보호하시려는 것이죠(삼하 7:14).

또 그들을 미혹하는 마귀가 불과 유황 못에 던져지니 거기는 그 짐승 과 거짓 선지자도 있어 세세토록 밤낮 괴로움을 받으리라_계 20:10

곡과 마곡의 전쟁은 엄청난 싸움이지만 성도는 걱정할 필요가 없습니다. 앞서 하늘에서 불이 내려와 적을 태웠는데, 10절에는 마귀가 불과 유황 못에 던져진다고 합니다. 하나님께서 완전한 승리를 거두시리라는 것입니다. 외부에서 교회를 박해하는 적그리스도와 교회 내부에서 성도를 미혹하는 거짓 선지자, 그리고 이 두 세력을 지휘하는 악의 우두머리 사탄이 전부 불 못에 던져집니다.

계시록은 불신 세력이 신자들을 포위하여 마치 교회가 땅에서 사라지는 것 같은 때가 오리라고 거듭 강조합니다. 과연 말씀대로, 최근 동성애자들이 공개적으로 퀴어 축제를 벌이며 기독교를 조롱하는 일이 있었습니다. 몇 년 전만 해도 상상하지 못한 일들이 요즘엔 버젓이 벌어집니다. 그러나 이처럼 성도덕이 무너지고 사탄이 더욱 발악할수록 오히려 교회에 유익이 되는 걸 봅니다. 동성애 축제가 있던 날 이를 반대하는 집회에 더 많은 성도가 모였다고 합니다. 이렇게 믿는 자들이 한마음으로 기도하는 움직임도 일어납니다. 사탄이 교회를 에워싸도 우리가 깨어서 기도한다면 언젠가 하나님께서 악의 근원을 모조리 제거해 버리실 줄 믿습니다.

남편이 하루 만에 천국에 간 사건은 저에게 그야말로 사탄이 총궐기한, 가장 무서운 전쟁이었습니다. 곡과 마곡의 전쟁이요, 아마겟돈 전쟁이었습니다. 예수를 부인하게 하려는 남편 속의 사탄이 마지막까지 발악했지만, 하나님께서 모든 악을 소멸하셨습니다. 자칫 사망으로 떨어질 수 있는 일촉즉발의 위기 속에서 남편이 예수를 영접함으로 사탄은 불 못에 던져졌습니다. 더 나아가 이 일은 제 속의 사탄을 물리치고, 가고 오는 모든 교회에 유익을 끼치는 사건이 되었습니다. 만일 남편 속에 사탄이 궐기하지 않았다면 오늘날 제가 여러분에게 주고 갈 유익이 하나도 없을 뻔했습니다.

사탄이 난리 치면 칠수록 흰 보좌 심판만 앞당기는 겁니다. 짐승과 거짓 선지자는 불 못에 던져집니다. 법정 형벌로 치자면 최고형입니다. 이들이 이처럼 큰 괴로움을 당하는 이유가 무엇입니까? 권력을 가지고서 사람들을 영육 간에 잘못 인도했기 때문입니다. 하나님의 일에 쓰라고 주신 권세를 자기를 위해서 사용한 결론으로 세세토록 밤낮 괴로움을 받는답니다.

잠언 16장 4절에서 "여호와께서 온갖 것을 그 쓰임에 적당하게 지으셨나니 악인도 악한 날에 적당하게 하셨느니라"고 합니다. 예수님이 십자가 길을 가시는 데 가룟 유다의 배신이 결정적 역할을 했습니다. 무저갱에서 놓여 마지막으로 세상을 미혹하는 사탄이 바로 그런 역할입니다. 그런데 이들의 결론이 무엇입니까? 가룟 유다는 예수님을 판 죄로 비참한 최후를 맞았습니다. 옥에서 놓여 세상을 미혹하는 사탄도 결국 불 못에 던져집니다. 악인의 말로는 '멸망'입니다. 앗수르와 바벨론도 이스라엘을 징계하는 도구로만 쓰임 받다가 하나님의 심판을 받고서 멸망의 길로 갔습니다. 이왕에 주의 일을 하는 것, 선한 역할로 쓰임 받아야 하지 않겠습니까? 여러분이 악한 역할로 쓰임 받지 않기를 바랍니다.

그러면 악인과 선인은 어떻게 분별합니까? 도덕적·윤리적 기준으로만 선과 악을 판단해서는 안 됩니다. 고린도전서에 보면 "내가 사람의 방언과 천사의 말을 할지라도 사랑이 없으면 소리 나는 구리와 울리는 꽹과리가 된다"고 합니다(고전 13:1). 착하다고 무조건 선인은 아닙니다. 사랑이 없는 회개는 독(毒)일 수 있습니다.

인간의 선악을 판단하는 대표로서 법관을 들 수 있겠지요. 몇 년 전 한 신문에서 〈대한민국 판사, 당신은 누구인가〉라는 제목의 기사를 읽었습니다. 그 일부를 인용하고자 합니다. 글을 쓴 기자는 "법관들은 한 사람, 한 사람이 독립된 헌법기관이기에 진정한 사법개혁의 첫걸음은 판사들을 이해하는 것"이라고 말합니다. 그러면 21세기 대한민국의 법관들은 어떤 사람들일까요? 판사의 평균적인 프로필을 살펴보자면 이렇습니다. 그들 대부분 서울대 법과대학 3, 4학년 때 합격률 3%인 사법시험에 합격한답니다. 또한 수재 천여 명이 모인 사법연수원에서 못해도 100등 안팎의 성적을 거두는데, 그들에게 공부를 잘한다는 것은 연수원 1등에서 10등 정도의 성적을 의미한답니다. 수석은 대법원장상, 차석은 법무부장관상, 삼석은 대한변호사협회장상…… 이렇게 10등까지 사법연수원장상을 받는답니다. 그런데 이처럼 공부로는 타의 추종을 불허하는 사람들이 모여서 나누는 대화 주제가 주로 '성적'이라는 겁니다. 기자는 "사오십 대 어른이 동료의 성적을 기억하고, 그걸로 상대를 판단하는 곳은 판사 집단이 대한민국에서 거의 유일할 것"이라고 했습니다.

그들은 절망을 모르는 자부심과 그 이면에 칭찬과 인정을 향한 강한 욕망을 가졌는데 이것이 일상과 법정에서도 나타난답니다. 한 예로, 사법행정권 남용 사건 문건을 보면 '해외연수 선발을 미끼로 판사를 구슬린다'는 계획이 나온다는 겁니다. 법원 밖에 사람들은 '판사에게 해외연수가 뭐 그리 중요할까' 생각할 수 있지만, 핵심은 '해외'가 아니라 '선발'이라고 합니다. 연수든, 휴가든 그 절차가 선발이라면 탈락해서는 안 되는 사람들이 판사들이랍니다. 기자는 "만약 해외연수가 추첨으로 정해졌다면 판사들이 그렇게까지 목을 매지는 않았을 것이다"라고 덧붙였습니다.

이처럼 이기고 또 이기는 것에만 집착하는 이들이 과연 상처로 얼룩진 사람들의 선악을 제대로 판단할 수 있을까요? 물론 수많은 법조문을 외우려면 열심히 공부해야 하지요. 하지만 단지 법조문을 잘 안다고 훌륭한 판결을 내리는 것은 아닙니다. 학식과 지식이 대단한 사람이라도 선과 악을 정확히 판단하지는 못합니다. 오직 하나님만이 공의로운 재판장이십니다. 그분이 좌정하시는 흰 보좌 심판에는 오심도, 오판도 없습니다.

• 오판이라고 여겨지는 결정은 무엇입니까? 이혼입니까, 별거입니까, 동업입니까? 미움과 시기, 질투도 나의 잘못된 판단에서 비롯된 감정이라는 것을 압니까?

선악 간 심판은 무엇입니까?

11 또 내가 크고 흰 보좌와 그 위에 앉으신 이를 보니 땅과 하늘이
그 앞에서 피하여 간데없더라 12 또 내가 보니 죽은 자들이 큰 자나
작은 자나 그 보좌 앞에 서 있는데 책들이 펴 있고 또 다른 책이 펴
졌으니 곧 생명책이라 죽은 자들이 자기 행위를 따라 책들에 기록
된 대로 심판을 받으니 13 바다가 그 가운데에서 죽은 자들을 내주
고 또 사망과 음부도 그 가운데에서 죽은 자들을 내주매 각 사람이
자기의 행위대로 심판을 받고_계 20:11~13

'크고 흰 보좌'에서 흰색은 절대적인 순결, 죄가 전혀 개입되지
않은 상태를 말합니다. 반대로 '땅과 하늘'은 인간의 범죄로 인해 타락
한 모든 부분을 말합니다. 그런데 흰 보좌에 앉으신 이 앞에서 "땅과
하늘이 간데없더라"고 합니다. 이 말씀은 곧 심판이 임하여 타락한 옛
질서가 사라졌다는 의미입니다. 새롭게 하기 위해 옛 질서 속 땅과 하
늘을 무너뜨리겠다는 겁니다. 이처럼 흰 보좌 심판은 하늘도 땅도, 그
누구도 피할 수 없는 심판입니다. 예수를 믿든지, 믿지 않든지 육신의
죽음을 맞은 모든 자는 예외 없이 흰 보좌 앞에 서게 될 것입니다.

흰 보좌 위에 앉아 심판하시는 이는 누구십니까? 바로 세세토록
살아 계시는 하나님 아버지입니다(계 4:9; 5:7; 19:4). 그 하나님이 앉으신
흰 보좌 심판대 앞에 두 종류의 책이 펼쳐져 있습니다. 하나는 구속 받
은 하나님 백성들의 이름이 기록된 생명책이고, 다른 하나는 죄인들

의 행위가 기록된 죄의 기록부입니다.

생명책에는 죄의 행적이 기록돼 있지 않습니다. 예수 그리스도를 믿어 죄 사함을 받은 자는 죄에 대한 어떤 기록도 남지 않습니다. "너희의 죄가 주홍 같을지라도 눈과 같이 희어질 것이요 진홍같이 붉을지라도 양털같이 희게 되리라"고 주께서 약속하셨기 때문입니다(사 1:18).

반면에 이 땅에서 예수 그리스도의 대속의 은혜를 거부하고 죄된 삶을 산 자들은 자기 행위가 기록된 책을 근거로 심판을 받습니다. 흰 보좌 심판대 앞에서 죄의 기록부가 펼쳐지면 누구도 "나는 무죄하다"라고 말할 수 없습니다. "기록된 바 의인은 없나니 하나도 없으며…… 율법의 행위로는 그의 앞에 의롭다 하심을 얻을 육체가 없다"고 하지 않았습니까(롬 3:10, 20)? 그러므로 우리가 구원 받는 유일한 길은 죄를 회개하고 예수 그리스도를 통해 주시는 대속의 은혜를 믿음으로 받아들이는 것뿐입니다. 예수 그리스도를 믿을 때 의롭다 함을 얻고 하늘 생명책에 이름이 기록됩니다.

"한 번 죽는 것은 사람에게 정해진 것이요 그 후에는 심판이 있으리니"라고 했습니다(히 9:27). 바로 이것이 흰 보좌 심판입니다. 예수를 믿고 죽은 자는 영원한 생명을 얻습니다. 반면에 예수를 믿지 않고 죽은 자에게 주어지는 운명은 둘째 사망, 영원한 불 못입니다.

14 사망과 음부도 불못에 던져지니 이것은 둘째 사망 곧 불못이라 15 누구든지 생명책에 기록되지 못한 자는 불못에 던져지더라_계 20:14~15

사망과 음부는 범죄한 인류에게 내려진 형벌입니다. 예수를 믿는 자는 사망과 음부가 없는 새 하늘과 새 땅을 누리지만, 믿지 않는 자는 둘째 사망 곧 불 못에 던져져 영원한 고통에 처하게 될 것입니다. 예수를 믿든지 안 믿든지 누구나 첫째 사망을 겪습니다. 그러나 둘째 사망은 불신자에게만 해당하는 형벌입니다. 그러므로 우리는 기억해야 합니다. '훗날 내가 천국 백성이 될 것인가, 지옥 백성이 될 것인가'는 이 땅에서 결정됩니다. 이 땅에서 예수님을 믿어야 합니다.

그런데 단순히 교회에 다닌다고 신앙이 있는 건 아닙니다. 지난 계시록 14장에서 "또 내가 들으니 하늘에서 음성이 나서 이르되 기록하라 지금 이후로 주 안에서 죽는 자들은 복이 있도다 하시매 성령이 이르시되 그러하다 그들이 수고를 그치고 쉬리니 이는 그들의 행한 일이 따름이라 하시더라"고 했습니다(계 14:13). 주 안에서 죽는 자는 수고를 그치고 쉬는 복이 주어진답니다. 신앙생활은 그야말로 '수고하는 것'이라고 할 수 있습니다. 일평생 사탄과 대적자에게 고난당하는 수고가 따릅니다. 예수께서 곧 길이요 진리요 생명이신데도 생명을 낳고 진리를 지키는 일에는 실패가 잇따릅니다. 그래서 믿는 자는 늘 인내하고 기다려야 합니다. 눈물과 회개를 그칠 수가 없습니다. 그러나 그 수고하는 길 끝에 쉼이 있다고, 승리가 기다리고 있다고 주님이 약속해 주셨습니다.

"사망아 너의 승리가 어디 있느냐 사망아 네가 쏘는 것이 어디 있느냐. 사망이 쏘는 것은 죄요 죄의 권능은 율법이라. 우리 주 예수 그리스도로 말미암아 우리에게 승리를 주시는 하나님께 감사하노니.

그러므로 내 사랑하는 형제들아 견실하며 흔들리지 말고 항상 주의 일에 더욱 힘쓰는 자들이 되라 이는 너희 수고가 주 안에서 헛되지 않은 줄 앎이라"(고전 15:55~58).

더는 갈등과 실패가 없고 넘어지지 않는 것만이 승리가 아닙니다. 사망이 쏘는 그때 진정한 승리가 나타납니다. 예수님은 팔복(八福)을 설명하시면서 "심령이 가난한 자에게 복이 있다"고 말씀하셨습니다(마 5:3). 복이 있는 자의 자세가 마음이 가난한 것이랍니다. 이는 곧 자신이 구제할 길 없는 죄인임을 인정한다는 말입니다. 그러므로 구원을 얻은 자는 회개할 수밖에 없습니다. 심령이 가난하고, 애통하고, 의에 주리고 목마르고, 의를 위해 박해 받고…… 이 모든 것이 참성도에게 나타나는 공통된 모습인데, 사실 이것이 얼마나 지질해 보입니까? 그러나 가난해도, 애통할 일뿐이라도 우리는 주 안에 있는 자이기에, 생명책에 기록된 자이기에 우리의 모든 고통과 수고가 결코 헛되지 않습니다.

사망이 쏘는 것과 같은 고통 가운데서 믿음의 수고를 하시는 우리들교회 한 목자님의 나눔입니다.

모태신앙인인 딸은 삼십 대까지는 교회를 잘 다니다가 어느 날부터 신앙에 소홀해졌습니다. 이 딸을 보노라면 애통, 절통이 절로 됩니다. 나름 유학파에다 석사학위까지 받은 딸인데 지금은 전공과는 전혀 다른 애견 미용 일을 하는 데다 그마저 비정규직입니다. 집에서 키우는 두 마리 강아지가 딸이 유일하게 애정을 품고 소통하는 대상입니다.

어려서부터 친구가 별로 없어서 강아지라도 키우면 딸의 사회성이 나아질까 해서 데려왔는데, 지금은 집 안이 온통 강아지 천지가 되었습니다. 하루는 딸이 닭가슴살에 온갖 야채를 섞어서 정성스레 강아지 밥을 만들고 있더군요. 강아지가 사료를 먹지 않아서 그런답니다. 자신은 라면을 먹으면서 강아지는 애지중지하는 모습이 한없이 철없어 보여 제 가슴이 미어졌습니다.

그러나 "카타콤에서 살던 그리스도인들처럼 내 생전에 구원의 열매를 보지 못하고 죽을 수 있다" 하신 목사님의 설교 말씀을 듣고서 은혜와 평강을 누리게 되었습니다. 딸에게는 저에게 없는 꼼꼼하고 섬세한 면이 있습니다. 그런 딸을 나와 다르다고 틀렸다며 낙인찍고 부정하는 제가 더 큰 죄인 아니겠습니까. 요즘은 주님 앞에 죄짓는 딸을 바라보며 날마다 인내를 배웁니다. 딸을 있는 그대로 받아들이는 것이 신기한 능력이라고 날마다 주님이 가르쳐 주십니다(벤후 1:3). 그럼에도 '이제 딸도 결혼해야 할 텐데, 남들처럼 남편도 자식도 있어야 할 텐데……' 하는 인간적인 연민은 막을 수 없더군요. 정말 말씀이 아니고는 피할 길이 없습니다.

얼마 전 우리들교회에서 함께 신앙생활 했던 친구가 하나님 품으로 떠났습니다. 이 친구도 속 썩이는 큰딸 덕분에 하나님을 만났습니다. 그런데 친구가 소천한 후 그 큰딸이 교회에 나와서 양육을 받는다는 소식을 들었습니다. 큰딸이 우리들교회에 나와 목장에 속하는 것이 친구의 평생소원이었는데 죽은 뒤에 이루어진 것입니다. 그러니 내 딸 역시 제가 죽은 후에라도 구원해 주시겠지요? 그럴 걸 믿지만 왜 이리 이 여정이 길게 느껴지는지 모르겠습니다.

자신의 부족함을 보며 쏟아 내는 목자님의 눈물과 회개가 우리를 겸손케 합니다. 이야말로 생명책에 올라간 자의 태도 아니겠습니까. 주님은 이것이 바로 믿음의 행위라고 말씀하십니다.

본문 12절과 13절에 '자기 행위대로 심판을 받으리라'고 두 번이나 강조합니다. 그렇다고 성도의 행위를 따라 심판하신다는 의미는 아닙니다. 마지막 때에 사탄과 큰 전쟁을 치러야 하는데 이 싸움이 너무 힘들잖아요. 내 힘으로는 치를 수 없는 싸움입니다. 그러니까 행위와 은혜 중에서 은혜를 붙잡으라고, 그것이 너의 행위라고 말씀하시는 것입니다. 물론 믿음에는 행위가 따르게 마련입니다. '믿음 따로, 행위 따로'가 아니라 일원론입니다. 다만 예수를 믿었는가, 안 믿었는가 이것이 심판의 핵심이라는 말입니다. 예수는 믿지 않는데 행위만 번지르르하다고 천국 가는 게 아닙니다.

세계적인 생태학자인 구달 박사는 스스로 죽음을 택했습니다. 아무리 열심히 자연을 연구하고 대단한 업적을 쌓으면 뭐 합니까? 자기 죄를 몰라서 스스로 사망의 길을 갔습니다. 이는 천년왕국을 누리느냐, 누리지 못하느냐는 환경의 문제가 아니라 죄의 문제라는 걸 다시금 일깨워 준 사건이었습니다. 자기 죄를 깨닫고 회개하는 자만이 천년왕국을 누립니다.

우리는 곡과 마곡의 전쟁, 아마겟돈 전쟁이 곳곳에서 펼쳐지는 영적으로 혼탁한 시대를 살아가고 있습니다. 그러나 아무리 사망 원수가 활개 쳐도 하나님이 막아 주십니다. 우리에게 관건은 '주님이 잠깐 풀어 두신 사탄을 영적 훈련을 위한 존재로 보느냐, 나의 친구로 삼느냐'입니다. 사탄과 친구 되어 살아가는 자는 절대로 다른 사람을 불편하게 하지 않습니다. 그러니 삶에 별 갈등도, 문제도 없습니다. 그러나 천국은 눈물 없이는 갈 수 없는 곳입니다.

따져 보면 저 같은 사람이 남을 불편하게 하는 자 아닙니까? 정말 저는 화기애애하게 하는 지도자는 못 되는 것 같습니다. 세상의 눈으로 보면 오히려 무서운 지도자일 겁니다. 종교다원주의를 부르짖는 이 시대에 "가정은 지킬 만한 가치가 있다"고 하면 누가 듣겠습니까. 웬 케케묵은 소리냐 하겠지요. 실제로 제 설교와 기도가 법정에서 비방거리가 된 일도 있었습니다. 그럼에도 "가정을 지켜야 한다", "나쁜 부모라도 나를 예수 믿게 해 주면 최고의 부모다"라고 공개적으로 말할 수 있는 것은 고통 속에 신음하는 가정들을 제가 정말 사랑하기 때문입니다. 동성애를 반대하는 것도 동성애자들을 정말 사랑하기 때문입니다. 이해타산적인 관점으로는 정말 할 수 없는 일입니다. 죽음을 감수하지 않으면 할 수 없는 일입니다. 비난 받고 욕먹기 일쑤입니다. 정말 "내일 일은 난 몰라요 하루하루 살아요" 하는 삶입니다. 그러나 화기애애만 부르짖는 지도자는 공동체를 멸망으로 이끕니다. 성도에게 싫은 소리만 하더라도 저는 끊임없이 절차탁마(切磋琢磨)하는 지도자, 옥과 돌을 끌로 다듬어 빛을 내는 지도자, 사랑으로 다가가는 지도자가 되기를 원합니다.

그런데 이런 저의 간절한 바람이 통한 것일까요? 제가 듣기 싫어

하는 진리를 외치면 욕하는 분도 있지만, 감사하게도 살아나는 성도가 끊임없이 생깁니다. 우리들교회의 한 집사님이 재판에 휘말려 몇십억의 추징금을 내라는 구형을 받았습니다. 보통 사람이라면 정말 숨이 쉬어지지 않을 상황인데, 소속 목자님이 이야기하길 목장 식구 중에 이 한 분만 깨어 있다는 겁니다. 이 집사님은 그동안 많은 고난을 지났어도 진실하게 한번 산 적이 없는데 이 사건을 계기로 처음으로 회개하게 되었답니다. 앞으로는 성실하게 살겠다고 마음먹고 지금은 대리운전 일을 하고 있습니다. 얼마 전에는 난생처음 땀 흘려 번 돈을 한 푼도 속이지 않고 아내 집사님에게 가져다주었답니다. 집사님은 이 일은 반드시 있어야 할 사건이라고, 자신을 어린 양의 혼인잔치에 청하신 사건이라고 고백했습니다. 앞으로도 요동함 없이 십자가 잘 지게 해 달라고 중보 요청도 했습니다. 아내 집사님도 최악의 상황이지만 결혼한 이래 가장 행복한 때를 보내고 있다고 이야기하시더군요. 죗값을 정직히 갚고자 노력하는 남편이 자랑스럽다고, 두렵고 떨리지만 이제는 말씀을 따라 살겠노라고 고백했습니다.

세상에서는 죄의 기록부에 적힌 인생이지만, 무서운 사건 속에서도 집사님 부부가 천년왕국을 누리고 계시니 그 이름이 영생의 생명책에 기록된 줄 믿습니다. 모든 성도가 사탄과의 싸움에서 이렇게 승리하기를 바랍니다.

보이는 세상이 영원한 집은 아닙니다. 언젠가는 떠나야 합니다. 심판은 반드시 있습니다. 그러므로 날마다, 숨 쉬는 순간마다 깨어서 최후의 날을 준비해야 합니다. 오늘이 마지막인 것처럼 살며 최후의 날을 최고의 날로 만들 준비를 해야 합니다. 바로 앞에 새 하늘과 새 땅이 있는데, 이를 거절하여 영원한 멸망의 나라로 떨어지면 어떡합니까. 지금 예수를 믿기로 결단하십시오. 생명책에 올라가는 구원은 내 행위가 아니라 하나님의 은혜로 받는 것입니다. 누구도 흰 보좌 심판을 피할 수 없지만 나를 위해 죽어 주신 어린 양 예수를 붙드는 자, 나의 부족함을 눈물로 회개하는 자가 한 치의 오차 없는 주님의 심판에서 구원을 얻을 줄 믿습니다.

- 나는 생명책에 기록될 인생입니까, 죄의 기록부에 기록될 인생입니까? 심판대 앞에 섰을 때 내 이름은 어느 책에 기록되어 있을까요?
- 주 안에서 하는 수고는 결코 헛되지 않다고 하십니다. 이 말씀을 의지하여 내가 치러야 할 구원의 수고는 무엇입니까?

말할 수 없는 육체적 고통을 겪을지라도
그 속에서 이전엔 알지 못했던 하나님의
은혜와 영광을 경험하게 될지 그 누가 알겠습니까?
그래서 아무것도 할 수 없는 무력한 삶이라도
생명은 존엄합니다.

우리들 묵상과 적용

모태신앙인인 딸이 삼십 대까지 잘 다니던 교회를 어느 날부터 나가지 않고 있습니다. 딸은 유학하여 석사학위까지 받았으나 지금은 비정규직 애견 미용 일을 하고 있습니다. 집에서 키우는 강아지 두 마리가 딸의 유일한 애정의 대상이자 소통의 대상입니다. 어려서부터 친구가 별로 없던 딸에게 소통하는 걸 배우라고 강아지를 키우도록 허락했는데 지금은 집 안이 온통 강아지 천지가 되었습니다.

어느 날입니다. 딸이 강아지가 사료를 먹지 않는다며 닭가슴살에 온갖 채소를 섞어 강아지 밥을 정성스럽게 만들고 있었습니다. 자신은 라면을 먹으면서 강아지에게는 헌신을 다하는 딸의 모습을 보고 있자니 제 마음이 고통스러웠습니다. 내 평생 딸이 구원 받지 못하는 것은 아닌지 초조하고 불안했습니다. 그러다 카타콤에 살던 그리스도인에 관한 설교 말씀을 들으며 은혜와 평강을 누리게 되었습니다. 사울의 집안처럼 부족함이 없는 환경에서 살아온 저는 꼼꼼하고 섬세한 딸임에도 나와 다르다며 부족하게 여겼습니다. 나의 기준으로 비교하며 딸을 받아들이기 힘들어하는 내가 더 죄인임을 깨달았습니다. 지금은 주님과 딸 앞에서 저의 죄를 보며 주님의 인내를 배우고 있습니다.

이렇듯 내 죄만 보려고 노력하지만 아직 결혼 못 한 딸을 보면

'남들처럼 남편도 자식도 있어야 하지 않을까'라는 염려가 듭니다. 그러나 날마다 주시는 말씀과 목장 식구들과의 나눔을 통해 힘을 얻고 나아갑니다. 기막힌 사연을 가진 지체들을 섬기고 그들과 함께 말씀과 삶을 나누면서 내가 얼마나 욕심이 많은지 내 죄를 보고 은혜와 평강을 누리게 됩니다.

저와 같이 교회를 다니던 친구가 있습니다. 신앙생활을 열심히 하던 친구는 딸이 속 썩여서 교회에 오게 되었습니다. 늘 딸이 구원 받는 것이 평생소원이라고 말하곤 했습니다. 얼마 전 그 친구가 하나님의 부르심을 받았습니다. 그런데 그 후 친구의 딸이 교회에서 양육까지 받으며 잘 정착했다는 소식을 들었습니다. 친구의 평생소원이 죽은 뒤에 이루어진 것입니다. 그것을 보며 제가 세상을 떠난 후에라도 주님이 딸을 구원해 주실 것이라는 믿음이 생겼습니다. 제 딸이 주님의 생명책에 그 이름이 기록될 것을 믿음으로 바라보며 현재의 연민과 고통을 주님의 십자가 앞에 내려놓습니다(계 20:12). 참으로 긴 인내의 싸움이지만, 주님이 함께해 주실 줄 믿으며 나아갑니다.

영혼의 기도

하나님 아버지, 천년왕국이 차서 사탄이 잠깐 놓이는 때가 온다고 말씀하십니다. 우리 인생에도 마치 사탄이 총궐기한 것 같은 사건이 얼마나 많은지 모릅니다. 그러나 이 고난들을 통해 더욱 주 예수를 붙듦으로 내가 복을 받고 내 가정이, 내 후손이 복을 받게 하옵소서.

주님, 모든 권(權)도 구원을 위해 쓰라고 주셨다는 걸 우리가 알기 원합니다. 우리는 내가 권을 쓸 수 있다고 생각합니다. 그래서 이혼할 권리가 있다고, 심지어 죽을 권리도 있다고 외칩니다. 그러나 생명은 하나님께 속한 것임을 알게 하옵소서.

주님이 그 머리를 밟으셨지만 아직 사탄이 완전히 죽지 않아서 우리 삶에 두렵고 떨리는 일들이 끊임없이 찾아옵니다. 날마다 눈물을 흘릴 일이 많습니다. 그런데 주님은 그 눈물이 믿음의 행위라고 말씀해 주십니다. 우리의 수고를 안다고 말씀해 주십니다. 나는 할 수 없지만 주님을 바라보면서 끝까지 견디기를 원합니다. "생각하건대 현재의 고난은 장차 우리에게 나타날 영광과 비교할 수 없도다" 하신 말씀을 붙들면서 믿음의 경주를 끝까지 달리게 하옵소서(롬 8:18). 흰 보좌 심판에서 구원으로 나아갈 수 있는 모두가 되도록 은혜를 내려 주옵소서.

특별히 이 땅에서 선악을 판단하는 법조인들을 위해서 기도합니다. 그들이 구속사의 시각을 가지고 모든 판결을 할 수 있도록 은혜와 능력과 지혜를 허락하여 주옵소서. 또한 힘든 성도들, 아픈 성도들을 위해서 기도합니다. 그 고통과 눈물을 주님 다 아시오니, 그들이 사탄의 큰 휘두름 속에서도 낙망하지 않고 끝까지 살아 낼 수 있도록 도와주옵소서. 고통 속에서도 주어진 삶을 끝까지 살아 내는 것이 얼마나 많은 사람을 살리는 일인지 알고, 모두에게 유익을 끼치는 우리가 될 수 있도록 인도해 주옵소서. 신기한 능력으로 경건에 속한 자가 될 수 있도록 은혜 내려 주옵소서. 예수님 이름으로 기도드립니다. 아멘.

새 하늘과 새 땅

요한계시록 21장 1~4절

03

하나님 아버지, 새 하늘과 새 땅에
입성하는 우리가 되기 원합니다.
말씀해 주시옵소서, 듣겠습니다.

신앙생활을 위해 미국 영주권을 포기한 한 분이 계십니다. 당시 자신의 간증을 전하며 "미국 영주권보다 천국 시민권이 훨씬 소중하고 값지다"고백하던 그분의 모습이 아직도 제 기억에 생생하게 남아 있습니다. 그로부터 오랜 시간이 지났어도 일말의 후회나 미련도 없고 참잘한 선택이라 여겨지신답니다. 미국 하늘땅보다 더 좋은 새 하늘 새 땅을 만났기에 이분이 이런 선택을 할 수 있었던 것 아니겠습니까?

모든 환난이 끝나고 주의 재림과 흰 보좌 심판이 있은 후 계시록 21장과 22장에 새 하늘과 새 땅 이야기가 짧게 나옵니다. 당시 로마 압제하에 있던 믿음의 식구들에게 천국의 모습을 구체적으로 알려주신 것은 이 본문이 처음입니다. 그러면 새 하늘과 새 땅은 어떤 나라일까요?

새 하늘과 새 땅은
처음 하늘과 처음 땅이 없어진 나라입니다

또 내가 새 하늘과 새 땅을 보니 처음 하늘과 처음 땅이 없어졌고 바다도 다시 있지 않더라_계 21:1

아마겟돈, 곡과 마곡 등등 계시록을 이와 같이 상징적인 언어로 쓴 것은 당시 기독교를 압제하던 로마가 알아듣지 못하게 하기 위해서라고 했습니다. 아마겟돈 전쟁이나 곡과 마곡 전쟁은 사실 같은 말씀으로, 가장 힘든 전쟁을 뜻합니다. 그런데 이 곡과 마곡의 전쟁 후 처음 하늘과 처음 땅이 사라지고 새 하늘과 새 땅이 임한다고 합니다. 베드로후서 3장에도 같은 말씀이 있습니다.

"하나님의 날이 임하기를 바라보고 간절히 사모하라 그날에 하늘이 불에 타서 풀어지고 물질이 뜨거운 불에 녹아지려니와 우리는 그의 약속대로 의가 있는 곳인 새 하늘과 새 땅을 바라보도다"(벧후 3:12~13).

마지막 때가 이르면 처음 하늘과 처음 땅은 뜨거운 불에 타서 풀어지고 지금까지 경험하지 못한 새 하늘과 새 땅이 펼쳐진답니다.

"처녀가 잉태하여 아들을 낳으리라"는 이사야 선지자의 예언이 700년 뒤에 이루어져 이 땅에 예수님이 오셨습니다(사 7:14). 그러므로 주님의 재림도 반드시 이루어질 사실입니다. 우리 가운데 예수님이 초림하심으로 새 하늘과 새 땅은 이미 시작되었습니다. 훗날 주님이 재림하시면 새 하늘과 새 땅이 완성될 것입니다. 이 시대에 예수님이 재림하실 수도 있겠지만, 우리에게는 죽음이 종말이니까 인생 가운데 주님의 초림과 재림이 모두 이루어진다고도 볼 수 있습니다.

주님의 초림과 재림은 천지가 개벽하는 일입니다. 이전에는 전혀 알지 못한 새 하늘과 새 땅을 보게 되는 사건입니다. 새 하늘과 새 땅은 미래의 어느 날 성도들에게 주어질 새로운 장소, 새로운 공간을 의미하지만 성경은 가시적인 역사 속에도, 처음 하늘과 처음 땅에도 이미 새 하늘과 새 땅이 도래했다고 이야기합니다. 본문에서 '새'로 번역된 헬라어 '카이노스(καινός)'는 시간적 측면이 아니라 질적 측면에서 완전히 다른 것을 의미합니다. 인간의 죄로 말미암아 오염된 처음 하늘과 처음 땅을 불로 태우시고, 전혀 다른 새 하늘과 새 땅을 지으신다는 의미입니다. 그런데 이것은 소멸보다는 '갱신'을 뜻합니다. 첫 창조 세계를 버리고 지금의 우주와 다른 차원의 것을 지으시겠다는 뜻이 아니라, 이전 세계와 연속성을 가지면서도 질적으로 완전히 새롭게 하시겠다는 말입니다. 이를 갱신설이라고도 합니다. "악은 어떤 모양이라도 버리라"고 했는데(살전 5:22), 이 땅의 악이 전부 소멸되고 나면 악에서 건짐 받은 부분은 회복시키시겠다는 의미이죠.

마지막 날 하나님이 거하시는 하늘과 인간이 거하는 땅이 연합되고, 하늘과 땅과 바다에 존재하던 모든 악의 세력은 다시는 발붙이지 못하고 사라지게 될 것입니다. 이 이야기는 곧 내게 구원이 확실해지면 더는 세상이 나를 흔들지 못한다는 의미라고도 볼 수 있습니다. 이 세상의 모든 것은 나를 훈련시키는 존재 그 이상, 그 이하도 아닙니다. 아무리 대단한 하늘과 땅과 바다라도 사라질 것에 불과합니다. 우리가 이걸 모르니까 부러운 것도, 두려운 것도 많은 겁니다.

본문 말씀을 더 쉽게 생각해 보겠습니다. 전도서 1장에서 솔로몬은 이렇게 말합니다.

"모든 만물이 피곤하다는 것을 사람이 말로 다 말할 수는 없나니 눈은 보아도 족함이 없고 귀는 들어도 가득 차지 아니하도다. 이미 있던 것이 후에 다시 있겠고 이미 한 일을 후에 다시 할지라 해 아래에는 새것이 없나니. 무엇을 가리켜 이르기를 보라 이것이 새것이라 할 것이 있으랴 우리가 있기 오래전 세대들에도 이미 있었느니라"(전 1:8~10).

　　이 세상에 새로운 것은 없습니다. 그렇다고 불교나 도교에서 주장하는 순환론적 역사관(인류의 역사가 비슷한 유형들의 사건이 반복되고 다시 출발점으로 회귀하는 형식으로 전개된다고 주장하는 사관)이 옳다는 것은 아닙니다. 모든 인간은 내면에 죄악이 잠재해 있는 죄인입니다. 모두가 본성을 따라 죄를 낳고, 현세대는 이전 세대들의 죄악을 반복하며 살아갑니다. 즉, 이 땅 역사는 새로운 것 하나 없는, 죄악이 반복되는 역사라는 말입니다. 그 속에서 우리는 자신의 거짓된 모습을 인정할 수밖에 없습니다. 그러나 주님이 인 재앙, 나팔 재앙, 대접 재앙을 통해 우리를 회개하여 성숙에 이르도록 이끄십니다. 인 재앙으로 사분의 일을 치시고, 나팔 재앙으로 삼분의 일을, 대접 재앙으로 남은 부분을 치셔서 우리를 회개하게 하십니다. 그러다 마지막 큰 전쟁을 통해 비로소 세상을 다 내려놓게 하셔서 새 하늘과 새 땅에 입성하게 하신다는 것이 본문 말씀의 골자입니다.

　　인간이 복되게 살지 못하는 이유가 무엇입니까? 돈이 없어서가 아닙니다. 병 때문도 아닙니다. 무엇을 소유하지 못해서도 아닙니다. 바로 죄 때문입니다. 성경은 죄가 들어온 세상은 멸망하리라고 줄기차게 이야기합니다. 죄에 오염된 세상에서 누구도 영원히 살 수 없습니다. 그런데 어리석게도 이 땅에서 영원히 살리라 착각하고 죄를 먹고 마시는 사람이 허다합니다. 죄가 곳곳에 침투해 가정도, 나라도, 심지어 교회도 소망이 사라졌다 말을 듣는 시대를 우리가 살고 있습니다.

새 하늘과 새 땅은 죄가 없는 곳입니다. 주님 앞에 죄를 회개하여 구속의 은혜를 얻은 자들이 새 하늘과 새 땅의 주인공입니다. 그런데 스스로 죄를 보는 게 가장 어렵습니다. 인간의 힘으로는 자기 죄를 볼 수 없습니다. 오죽하면 '자기 죄를 보는 것이 죽은 자를 일으키는 것보다 위대하다'고 말하겠습니까. 자기 죄를 보는 건 그야말로 난공불락의 성입니다. 입으로는 죄를 쉽게 고백해도 진정한 회개로 나아가기가 너무 어렵습니다. 그래서 곡과 마곡의 전쟁이 필요합니다. 주님이 내게 죄를 보라고 허락하신 전쟁입니다.

열심히 교회 다니고 날마다 큐티해도 그렇습니다. 스스로 죄인이라고 인정하기가 가장 어렵습니다. 그러나 정말 의로워지기를 원한다면 자기 자신에 대해 절망하는 자리까지 가야 합니다. 바로 그 자리가 새 하늘과 새 땅입니다.

하나님의 형상대로 지음 받은 인간에게 죄가 들어왔습니다. 우리는 한 사람도 빠짐없이 다 죄인입니다. 죄인이 되었다는 것은 하나님의 영광의 수준에서 땅으로 떨어졌다는 걸 의미합니다. 하나님의 영광 수준까지 올라갈 자는 단 한 사람도 없습니다. 그런데 우리는 어떻습니까? 내가 얼마나 부족한지 깨닫고 은혜를 구하라고 주님이 율법을 주셨는데, 도리어 우리는 율법을 행하면서 자기를 높입니다. 하나님을 찾지 않습니다. 공부 못하는 자녀에게 "문제집 열 장 풀라"고 했더니 딱 열 장 풀고서 잘난 척하는 격입니다. 사실 십만 권, 백만 권을 풀어도 부족한 수준인데 열 장 풀고서 '내가 이렇게 대단해!' 하는 겁니다. 하늘에 계신 자가 보고 웃으십니다. 열심히 성경을 보아도 자기 죄를 못 보면 도리어 나를 드높이며 생색만 충천한 교만 덩어리가 되는 겁니다. 우리는 결코 하나님의 수준에 도달할 수 없습니다. 그래서 내가 죄인이고 아무것도 할 수 없는 존재임을 아는 게 최고의 지식입니다.

주님은 나 같은 죄인을 구원하고자 이 땅에 오셨습니다. 죄인을 설득하러 오신 게 아니라 죄인을 위해 죽으러 오셨습니다. 원죄의 심판을 받아 마땅한 우리이지만 하나님이 우리를 불쌍히 여기셔서, 사랑하고 택하셔서 죄에서 구원하고자 구속자를 보내셨습니다. 이것이 깨달아지는 곳이 새 하늘과 새 땅입니다. 더 쉽게 말하면 새 하늘과 새 땅은 내 죄가 보이는 나라입니다.

그런데 이단들은 자기네 교주를 믿어야 새 하늘 새 땅에 입성한다고 떠들어 댑니다. 또 자기 교회를 제외한 이 땅의 모든 교회가 없어질 처음 하늘과 처음 땅이라고 주장합니다. 이런 이상한 천국론에 심취한 사람이 너무 많습니다. 비단 이단만이 아닙니다. 하나님과 올바른 관계를 맺기 위해서는 물불을 안 가려도 된다는 잘못된 열심 때문에 가정과 사회생활이 엉망인 교인도 많습니다. 그래서 부부생활에 조금만 문제가 생겨도 이혼을 들먹입니다. 부모 형제가 모두 신자인데도 "주위에 이혼해서 잘된 경우를 많이 보았다"고 하면서 스스럼없이 이혼을 권유합니다. 처음 하늘과 처음 땅의 가치관에 사로잡혀 교회를 다녀도 좀체 변하지 않습니다.

하나님은 거룩하시기에 우리도 거룩을 위해 살며 순종하고 죽어 저야 하는데, 그게 싫다고 내 알량한 지식을, 율법을 들이대면서 불의로 진리를 막는 일을 합니다(롬 1:18). 내 가족, 목장 식구, 교회가 안 변하는 것은 섬김이 없기 때문입니다. 자기 약점을 인정하지 않고 가르치려는 사람만 많기 때문입니다. 어느 공동체나 자기 죄를 보며 겸손히 섬기는 한 사람이 모두를 살립니다. 그 한 사람이 곡과 마곡의 전쟁을 거쳐 새 하늘과 새 땅에 거하는 사람입니다. 처음 하늘과 땅, 바다의 권세를 물리쳤기 때문입니다. 꼭 목자가 아니어도 괜찮습니다. 여러분이 이런 한 사람이 되기를 축원합니다.

제 이야기를 좀 하겠습니다. 제가 청상과부가 되었지만 목숨 걸고 말씀 사역을 하면서 나름 가정도 잘 지키고, 자녀들 큐티도 열심히 시켰다고 생각했습니다. 그런데 딸은 이런 엄마가 고난이라서 주님을 만났답니다. 제가 자기 눈높이에서 큐티해 주지 않고 가르쳤다는 겁니다. 어릴 적 엄마 하면 "너는 큐티하면서 그것도 모르냐" 타박하고, 큐티하느라 학교에 늦게 보내던 모습부터 떠오른답니다. 자기는 사회생활과 기본 규칙을 잘 가르치는 것이 큐티의 중요한 뜻이라고 생각한답니다. 속 썩인 아들과 달리 딸은 말을 잘 듣고 말씀도 잘 깨달아서 동역자라고 좋아했는데…… 딸은 이런 걸 기억했습니다.

돌아보면 정말 제게 죄가 많습니다. 말씀 사역 한다고 비가 와도 자녀들을 데리러 가 본 적 없고, 학부모 참관수업에도 참석해 본 적이 없습니다. 그래도 자녀들과 큐티만큼은 잘 해 왔다고 생각했는데, 딸이 지적하니까 자꾸 변명이 나오고 인정하기가 어려웠습니다. 그런데 딸을 통해 이런 말을 들은 게 우연은 아니라고 생각합니다. 딸의 말이 맞습니다. 제가 한 부분 쓰임 받는 것은 분명하지만 안되는 부분도 너무 많습니다. 제가 최선을 다하면 뭐 하겠습니까? 자녀를 위한 큐티를 하지 않고 자녀가 인정하지 않는, 나를 위한 큐티를 했는데요. 정말 회개해야 할 일이 끝이 없습니다. 뼈아프지만 딸의 말이 인정되었습니다. 그래서 딸에게 진심으로 용서를 구했습니다.

"엄마가 너무 무지해서 말을 해 주어야 알아들어. 이렇게 이야기해 주어서 고맙다."

딸도 진심으로 고백했습니다.

"그렇다고 그때 큐티한 게 헛것이라는 말은 아니에요. 그냥 같이 큐티한 그 자체를 하나님이 귀하게 보셨다고 생각해요. 하나님의 말씀을 들으려 한 것이니까 주님이 잊지 않으시는 것 같아요."

이렇게 서로 깨닫게 하시니 얼마나 감사한지 모르겠습니다. 우리 너무 수준이 높은가요? 바로 이런 것이 새 하늘과 새 땅의 가치관입니다.

- 여러분은 새 하늘과 새 땅에 거하고 있습니까? 즉, 자기 죄를 보고 인정합니까?
- 사건마다 늘 변명하지는 않습니까? 곧바로 내 죄를 보고 회개합니까? 내가 변명하는 빈도는 몇 프로입니까?

새 하늘과 새 땅은 공동체로 단장하는 나라입니다

2 또 내가 보매 거룩한 성 새 예루살렘이 하나님께로부터 하늘에서 내려오니 그 준비한 것이 신부가 남편을 위하여 단장한 것 같더라 3 내가 들으니 보좌에서 큰 음성이 나서 이르되 보라 하나님의 장막이 사람들과 함께 있으매 하나님이 그들과 함께 계시리니 그들은 하나님의 백성이 되고 하나님은 친히 그들과 함께 계셔서_계 21:2~3

천국을 가시적으로 보여 주는 것이 바로 교회 공동체입니다. 그러면 새 하늘과 새 땅의 공동체는 어떤 공동체일까요? 두 가지 특징이 있습니다.

첫째, 같은 말씀을 보고 듣는 '말씀 공동체'입니다.

2절에 "내가 보매"라 하고, 3절에는 "내가 들으니"라고 합니다. 말씀과 공동체가 없다면 우리는 죄를 볼 수 없습니다. 계시록이 기록된 당시는 로마의 기독교 핍박이 절정에 달한 때였습니다. 그래서 첫 장부터 "예언의 말씀을 읽고, 듣고, 지키는 자에게 복이 있다"고 강조합니다(계 1:3). 또한 절마다 '보고 들으라'고 말하지요. 하나님 보좌의 말씀이 보고 들리지 않으면 새 하늘과 새 땅이 보이지 않기 때문입니다. 날마다 말씀을 보고 들으며 세상 가치관에서 하나님 나라 가치관으로 옮겨 가야 합니다. 그러지 않으면 새 하늘과 새 땅이 임하다가 도로 가고 맙니다. 보고 들은 말씀으로 하나님께 아뢰고, 기도하고, 공동체와 나누며 가는 것이 새 하늘, 새 땅 시민권을 얻는 최고 비결입니다.

우리들교회는 온 성도가 날마다 같은 말씀으로 큐티합니다. 아무리 바빠도 그날 말씀을 보고 들으려는 훈련이 비교적 잘 돼 있습니다. 그러다 보니까 성도 모두가 목장 인도면 인도, 기도면 기도, 찬양이면 찬양, 상담이면 상담 전부 잘합니다.

몇 해 전, 청년들이 강원도 삼척으로 아웃리치를 다녀왔습니다. 그런데 떠나기 며칠 전 아웃리치 소식을 들으신 현지 교회 한 사모님이 자신의 교회에도 우리들교회 청년 목자를 보내 달라고 요청하셨습니다. 자신의 삶을 말씀으로 해석하여 내놓는 우리들교회 청년들을 보고 너무 놀랐다는 겁니다. 목사님이 안 오셔도 좋으니 청년 목자 아무나 보내 달라고 하시기에, 급히 팀을 편성하여 그 교회로 보냈습니다. 말씀을 보고 듣는 것이 이렇게 위력적입니다. 정말 우리는 말씀 안에서 친구 맞습니다.

그런가 하면 한 권찰님이 "목자인 남편이 성경과 담임목사님 저서를 읽게 해 달라"는 기도 제목을 내놓은 걸 보았습니다. 이 남편 집사님은 어떻게 목자를 하는지 모르겠습니다. 정말 은혜입니다. 아무리 목자여도 말씀을 보고 듣지 않는다면 새 하늘과 새 땅이 임할 수 없습니다.

사무엘하 6장에 보면 다윗이 블레셋에 빼앗긴 언약궤를 찾아오는 길에 웃사가 죽습니다. 삼만 명이 동원된 어마어마한 이벤트가 벌어진 와중에 이해 안 되는 일이 생겼습니다. 더구나 하나님의 언약궤를 찾아오는 선한 일이잖아요. 그런데 사람이 죽다니요. 그러나 이해

안 되는 일도 성경을 보고 들으면 답이 있습니다. 민수기를 보면 하나님은 이렇게 명령하셨습니다.

"진영을 떠날 때에 아론과 그의 아들들이 성소와 성소의 모든 기구 덮는 일을 마치거든 고핫 자손들이 와서 멜 것이니라 그러나 성물은 만지지 말라 그들이 죽으리라 회막 물건 중에서 이것들은 고핫 자손이 멜 것이며"(민 4:15).

성물을 가지고 이동할 때는 반드시 레위 지파의 고핫 자손이 메어야 하고 다른 사람이 만지면 죽으리라고 하셨습니다. 이스라엘 백성은 두 가지 실수를 했습니다. 고핫 자손이 언약궤를 메지 않고 수레에 실어 온 데다가 소들이 날뛰어 수레가 흔들리자 웃사가 언약궤를 붙들었습니다. 문제는 하나님은 이 실수를 크게 보시는데 이스라엘은 '그까짓 것' 한다는 겁니다. 그들이 도무지 깨닫지 못하니까 하나님이 하는 수 없이 웃사를 죽이셨습니다.

이스라엘이 왜 이런 지경이 된 겁니까? 엘리 제사장 시대에 이스라엘 백성이 언약궤를 부적처럼 여기고 블레셋과의 전투에 보냈다가 빼앗겼습니다(삼상 4장). 이후 언약궤는 물질문명이 판치는 블레셋의 우상 가운데서 일곱 달간 머물러 있다가 기럇여아림으로 옮겨져 이십 년 동안 있었습니다. 그런데 이제 언약궤를 가지고 오려 하니까 이스라엘 백성에게 우상 때, 세상 때가 너무 많이 묻어 있는 겁니다. 이스라엘 중에 블레셋 방식대로 궤를 수레에 싣는 것을 틀렸다고 생각하는 사람이 아무도 없었습니다. 다윗부터 그랬습니다. 행여 누가 알았다고 해도 어마어마한 행진을 준비하는 다윗에게 무슨 수로 그것을 가르쳤겠습니까. 이스라엘이 말씀 공동체 같지만, 실상 말씀이 없었습니다. 블레셋에 패하고, 사울이 죽고 온갖 일을 당했어도 깨닫지 못합니다.

오래 교회를 다녀도 성경에 무지한 사람이 많습니다. 그래서 자꾸 인간적인 답만 찾아다닙니다. 그런데 우리들교회에는 수많은 전쟁에서 말씀을 붙들고 회개하여 살아난 분이 얼마나 많은지 모릅니다. 날마다 말씀을 읽고 보고 들으니까 비록 육은 망했어도 영이 살아났습니다.

이처럼 새 하늘, 새 땅 공동체는 말씀을 같이 보고 듣는 공동체입니다. 어떤 일도 말씀을 통해 구체적으로 인도 받을 때 가정이 살고, 나라가 살고, 교회가 살고, 내가 삽니다.

직통 계시의 시대는 지났습니다. 특별 계시인 성경에서 모든 것을 보고 들을 수 있습니다. 화려하고 거창한 이벤트를 벌이지 않아도, 성경 토씨 하나 놓치지 않으려는 그 마음을 하나님은 기뻐하십니다. 치열하게 말씀 듣고 가는 게 어리석어 보이지만, 어떤 일에도 성령의 의도를 무시하지 않을 때 큰일도 감당할 수 있습니다. 신앙생활에 '대충'이라는 건 없습니다. 거의 합격은 불합격입니다. 천국 시험에 합격하려면 작고 사소한 일부터 말씀대로 원칙을 지켜야 합니다.

하나님은 부족해도 저를 믿음의 모델로 세우셨습니다. 집에서 살림하고 큐티한 것밖에 없는데, 말씀 묵상 하나 열심히 했더니 이 자리로까지 인도해 주셨습니다. 작은 일에도 말씀을 지켰더니 이제는 흘러 흘러 강에서 바다로 나아가게 하십니다.

- 나는 일일이 말씀의 인도를 받습니까, 아니면 대충 받습니까? 어린아이처럼 날마다 말씀으로 인도 받는 습관을 가져야 합니다.

둘째, 하나님이 함께하시는 '삶 공동체'입니다.

2절에 요한이 거룩한 성 새 예루살렘이 하나님께로부터 하늘에서 내려오는 장면을 봅니다. 앞서 요한은 처음 하늘과 처음 땅, 처음 바다가 사라진 장면을 보았습니다. 이로써 거룩한 성 새 예루살렘이 하나님께로부터 내려오는 그때가 처음 하늘과 처음 땅이 사라지는 때라는 걸 알 수 있습니다. 거룩한 성 새 예루살렘은 '어린 양의 아내' 곧 그리스도의 신부 된 교회를 가리킵니다. 주님과 함께하는 새로운 공동체입니다.

교회는 지상에 있으면서 동시에 하늘에 있습니다. 이 세상에서 종말론적 축복과 주님의 임재를 경험하는 곳은 오직 교회 공동체밖에 없습니다. 우리가 주님의 말씀을 보고 들어야 하는 이유는 '공동체와 함께' 구원의 은혜를 누리기 위해서입니다. 우리가 거기까지 나아가야 합니다. 구원 여정은 나 혼자 갈 수 없는 길입니다. 개인 구원이지만 공동체와 함께하지 않는다면 처음 하늘과 땅과 바다는 사라지지 않습니다. 저도 말씀이 왕 노릇 하는 예수 공동체에 있은 후부터 두려움이나 부러운 감정이 많이 사라졌습니다. 그래서 환경이 변하지 않아도 기쁘게 살아갑니다.

요한은 거룩한 성 새 예루살렘을 남편을 위해 단장한 신부에 비유합니다. 신부가 아름다운 것은 예쁘게 화장해서가 아니라 신부를 도와줄 낭군이 있기 때문입니다. 그러므로 '하나님 나라를 누리느냐, 누리지 못하느냐'의 관건은 환경의 어떠함이 아니라 관계에 달렸습니다. 주님과 함께 하나님의 장막에서 살아가는 것, 곧 믿음의 공동체 안에서 죄를 고백하며 말씀대로 믿고 살고 누리는 것이 새 하늘 새 땅에 함께하는 축복입니다. 주님이 계신 공동체가 곧 하나님 나라입니다.

3절에서 하나님이 "그들과 함께" 계신다는 말씀이 세 번이나 나옵니다. '하나님이 함께하시리라'는 임마누엘의 약속이 온전히 성취되리라는 말씀입니다(마 1:23). '함께'한다는 것은 어마어마한 축복입니다. 교회 공동체에 들어오지 않는 사람은 이 '함께'의 축복을 받을 수 없습니다.

그런데 요즘은 '함께'보다는 '홀로'를 더 중요시하는 세태입니다. 특별히 요즘 한국 사회가 함께의 축복에서 멀어지는 것 같아서 너무 안타깝습니다. 최근 우리나라 합계출산율이 가임여성 한 명당 0.81명이랍니다(2021년 통계청 조사 기준). 아이를 한 명도 낳지 않는 가정이 허다하다는 겁니다. 이는 OECD 회원국 가운데 최저치로 통계 작성 시작 연도인 1970년 출산율에 비하면 육분의 일 수준으로 떨어졌답니다. 왜 이런 일이 일어나겠습니까? 이기고 또 이기려 하는 야망, 자기밖에 모르는 이기심이 세계 1위이기 때문입니다. 이처럼 자기 욕심만 채우려 한다면 사라질 처음 하늘과 처음 땅과 함께 멸망하고 말 것입니다.

동물들도 공동생활을 합니다. 서로 협력해야만 야생에서 살아남을 수 있기 때문입니다. 그런데 세계적인 영장류학자인 프란스 드 발(Frans De Waal)은 이런 동물의 사회적 본능에서 도덕이 시작되었다고 말합니다. 개인이 무리 안에서 생존하기 위해서는 타인을 잘 헤아려야 합니다. 타인을 이해하고 배려하는 태도가 필요하지요. 그러지 않으면 무리에서 소외되고 말 것입니다. 따라서 인간이 남을 돕고 배려하는 것은 고귀한 이타심의 발로라기보다 무리 속에서 내가 살아남고 평온하게 지내기 위한 방편이라고 말할 수 있습니다.

하나님의 공동체도 이해와 배려가 필요합니다. 그런데 세상에서 제일가는 배려왕이라도 자기 죄를 모르면 '꽝'인 사람입니다. 점수를 줄 것이 없습니다. 하나님 없이 행하는 모든 것은 자기를 위한 것이기 때문입니다. 앞서 말했듯 남을 위해서가 아니라 내가 살아남기 위해서 배려하는 겁니다. 하나님 없이는 이것도 저것도 다 헛된 것입니다. 하늘과 땅과 바다가 얼마나 대단합니까? 그런데 그것도 없어질 것이랍니다. 그러니 나의 알량한 착함이 무슨 유익을 가져오겠습니까? 우리를 새 예루살렘에 서게 할 분은 오직 하나님뿐입니다. 이 하나님의 은혜를 깨닫고, 하나님 때문에 배려하고 섬기는 것이 신부인 우리 성도가 남편이신 예수 그리스도를 위해 할 수 있는 최고의 단장입니다.

베드로전서에 보면 "너희의 단장은 머리를 꾸미고 금을 차고 아름다운 옷을 입는 외모로 하지 말고, 오직 마음에 숨은 사람을 온유하고 안정한 심령의 썩지 아니할 것으로 하라 이는 하나님 앞에 값진 것이니라"고 합니다(벧전 3:3~4). 내가 하나님의 은혜로 공동체를 위해 준비되는 것이야말로 온유하고 안정한 심령의 썩지 아니할 것으로 단장하는 삶입니다. 내가 받은 은혜로 나의 지체들을 살려야 합니다. 형제끼리 우애가 깊으면 부모가 가장 기뻐하지 않습니까? 마찬가지로 하나님이 피로 값 주고 사신 교회 공동체 안에서 서로 화목한 것이 주를 위해 하는 최고의 단장입니다. 천국을 가시적으로 보여 주는 겁니다.

저도 그렇습니다. 성도들끼리, 목장 식구들끼리 잘 지내는 걸 보면 제일 기쁩니다. 우리가 주 앞에서 아름답게 단장할 때, 서로의 음성을 하나님의 음성으로 들을 때 구원의 역사가 일어나고 새 하늘 새 땅에 살게 됩니다. 특별히 온유하고 안정한 심령을 가지려면 기다림이 최고 덕목입니다. 따라서 서로 기다려 주는 것만큼 공동체를 위한 아름다운 단장이 없습니다. 이것이 하나님 앞에 값진 것입니다.

우리들교회 한 집사님이 나누어 주신 이야기입니다. 이분의 사위가 결혼 전 이단에 빠졌다가 나왔습니다. 그런데 그곳에서 나올 때 "네 어머니가 암으로 돌아가신 건 네가 배교했기 때문"이라는 악담을 들었다는 겁니다. 이 일이 채 해석되지 않았는데 최근 손주까지 종양 제거 수술을 받자 사위가 두려워서 어쩔 줄 몰라 합니다. 이 사위는 우리들교회에 속해 말씀을 듣고 있습니다. 그런데 여전히 말씀이 들리지 않습니다. 제가 계시록을 전하며 이단들이 얼마나 잘못된 종말론과 천국론에 빠져 있는지 수없이 이야기했는데도, 글쎄 이분이 이단에서 들었던 교리가 더 설득력이 있다고 했다는 겁니다. 오히려 이단 공동체가 더 매너도 좋고 봉사도 많이 한다나요. 이단으로 다시 돌아가고 싶지만 배교자라 받아 주지 않을 거라면서, 이단에서 배척당한 아픔을 체휼해 줄 수 있는 리더를 만나야 양육이 될 것 같다고 했답니다. 정말 이런 이야기를 들으면 기가 막힙니다.

이처럼 제가 아무리 설교해도 말씀이 안 들리는 사람이 있습니다. 이단들은 오히려 저보고 돌아오라고 합니다. 로마 황제처럼 모든 걸 갖춘 사람이 계시록 말씀을 못 알아들었잖아요. 자기가 곡과 마곡인지도 몰랐습니다. 오늘날 그런 교인이 너무 많습니다. 낫 놓고 기역 자를 가르쳐도 못 알아듣습니다. 기가 막히지만 기다려야지 어떻게 하겠습니까? 지금은 안 들려도 인내하고 기다리면 반드시 돌아올 줄 믿습니다.

반대로 이런 예도 있습니다. 낮이고 밤이고 저와 교회를 비판하던 한 남자 집사님이 계십니다. 이분이 제 설교에 예화로 네 번이나 등장했습니다. 그 덕분인지 이분이 교회 온 지 십 년 만에 부목자로 임명되었습니다. 그런데 글쎄, 이분이 양육을 받으면서『날마다 큐티하는 여자』를 읽고 제게 반했다는 겁니다. 제일가는 안티에서 제일가는 팬으로 바뀌어 이제는 저를 존경한답니다. 목사님을 좋아하게 되니 말씀도 잘 들린답니다. 그러니까 십 년 동안 제 책을 안 읽었다는 말 아닙니까? 이분을 십 년 기다렸습니다. 십 년이 짧은가요, 긴가요? 제가 이분만 생각하면 안타까워서 네 번이나 설교에서 언급했더니 하나님이 그 기도를 들으셨나 봅니다. 그러니 제 설교에 등장하는 분들은 다 변화될 줄 믿습니다. 앞에서 이야기한 사위 분도 반드시 바뀔 줄 믿습니다. 함께 기도해 주십시오.

실제 신랑, 신부에게 최고의 단장도 '공동체'입니다. 교회 공동체를 우습게 여기고 그저 "나만 바라보리"고 서로 강요하면 결혼생활이 오래 못 갑니다. 우리들교회의 결혼한 많은 커플이 이혼하지 않고 잘

사는 이유는 부부목장에 가서 열렬히 싸우기 때문입니다. 목장에 가는 것이 최고의 혼수이고 최고의 단장입니다.

- 나는 믿음의 공동체에 속하는 것으로 주 앞에서 단장하고 있습니까? 머리를 꾸미고 아름다운 옷을 입으며 외모만 단장하고 있지는 않습니까?
- 결혼하여 부부목장에 가기로 결단합니까? 부부가 함께 말씀 공동체에 속하여 각자 내 죄를 보며 가기로 결단합니까?

새 하늘과 새 땅은
닦아 주실 눈물이 있는 나라입니다

모든 눈물을 그 눈에서 닦아 주시니 다시는 사망이 없고 애통하는 것이나 곡하는 것이나 아픈 것이 다시 있지 아니하리니 처음 것들이 다 지나갔음이러라_계 21:4

새 하늘과 새 땅에 거하려면 하나님이 닦아 주실 눈물이 있어야 합니다. 여기서 '눈물'은 어떤 일에 실패하여 흘리는 후회의 눈물이 아닙니다. 성도들이 이 땅에서 믿음을 지키고 사명 감당하면서 흘리는 눈물입니다. 예수님은 "애통하는 자는 복이 있나니 그들이 위로를 받을 것임이라"고 말씀하셨습니다(마 5:4). 시편 126편에서도 "눈물을 흘리며 씨를 뿌리는 자는 기쁨으로 거두리로다"라고 했습니다(시 126:5).

구약의 대표적인 선지자인 예레미야는 '눈물의 선지자'로 불리기도 했습니다.

어떤 분들은 저더러 왜 강단에서 눈물을 보이냐고 힐난합니다. 정말 구속사를 몰라서 하는 말입니다. 이 땅에서 믿음을 지키고 사명을 감당하려면 흘려야 하는 눈물이 있습니다. 그런데 새 예루살렘에 들어가면 하나님이 그 눈물을 친히 닦아 주신다는 겁니다.

성경은 성도가 누릴 영광보다 십자가 고난을 더 많이 이야기합니다. 우리는 연약하기에 영광만 이야기하면 이 땅에서 겪는 고난을 견디기가 힘듭니다. 새 하늘과 새 땅의 영광만 강조하면 누가 이 땅에서 오래 살고 싶어 하겠습니까. 모두 빨리 죽어서 천국에 가려 하지 않을까요? 그러나 십자가 고난 없이는 영광도 없습니다. 하물며 좋은 대학에 가려고 해도 수고해야 하잖아요. 내 시간과 노력을 들여 열심히 공부해야 합니다. 십자가 지기 싫다고 공부를 내팽개치면 합격의 영광을 누릴 수 없습니다. 나중에 누릴 영광은 지금은 몰라도 됩니다. 사망과 애통하는 것, 곡하는 것, 아픈 것 때문에 새 하늘과 새 땅을 바라보는 데까지 나아가야 합니다. 자녀가 대학에 떨어져서, 돈 잃고 망해서, 분하고 원통해서 흘리는 눈물은 주님이 닦아 주지 않으십니다. 그 아픔을 통해 하나님께 나아가야 합니다.

다윗의 눈물을 묵상해 보았습니다. 다윗은 자신이 밧세바를 취한 일을 감추고자 그의 남편 우리아를 죽음으로 몰아넣었습니다. 그런데 다윗에게 우리아 한 사람 죽게 한 일이 무슨 큰 죄이겠습니까. 당시 왕은 사람의 목숨까지도 좌지우지하는 최고 권력자였잖아요. 그러나 하나님은 다윗의 죄를 엄하게 물으셨습니다. 왜 그러셨을까요?

우리아는 다윗에게 충성하다가 억울하게 죽었지만 지금까지 하나님 나라의 충신으로 기억됩니다. 그의 죽음은 그에게 상이고 축복이 되었습니다. 반면에 하나님은 다윗을 살리셔서 천 배, 만 배 벌을 내리셨습니다. 왜냐하면 인간의 죄성을 보여 주셔야 했기 때문입니다. 우리는 우리아 같지 않습니다. 우리는 다윗과 같은 성정을 가진 자들입니다. 그래서 하나님은 다윗을 모델로 삼으셨습니다.

나단 선지자에게 죄를 책망 받은 후 회개한 다윗은 시편 6편에서 이와 같이 고백합니다.

"내가 탄식함으로 피곤하여 밤마다 눈물로 내 침상을 띄우며 내 요를 적시나이다"(시 6:6).

하도 울어서 침대가 눈물 위를 둥둥 떠다닐 정도랍니다. 더 나아가 시편 51편에서는 이렇게 고백합니다.

"우슬초로 나를 정결하게 하소서 내가 정하리이다 나의 죄를 씻어 주소서 내가 눈보다 희리이다"(시 51:7).

당시 우슬초는 나병환자들의 정결 의식에 쓰이던 식물입니다(레 14:4). 그러므로 '우슬초로 나를 다스려 달라'는 것은 자신의 범죄가 나병과 다를 바 없다는 처절한 죄 고백입니다. 우리도 어떤 환경에 있든지 이런 죄 고백이 나와야 합니다. 평강은 내 죄를 인정할 때 찾아옵니다. 다윗이 나단의 경고를 듣고 분수령적인 회개를 하여 새 하늘, 새 땅에 입성했습니다.

천국 갈 때까지 눈물 마를 날 없는 것이 성도의 인생입니다. 새 하늘과 새 땅이 이미 이르렀지만 아직 이르지 못한 부분이 있습니다. 그 남은 부분을 죽을 때까지 이루다 가는 것이죠. 주님이 재림하실 때 그 모든 눈물을 닦아 주실 것입니다. "예수만 믿으면 됐지, 뭘 자꾸 울라고 해!" 말하는 분도 있을지 모르겠습니다. 그러나 새 하늘과 새 땅은 내 죄를 보는 나라입니다. 성도라면 내 죄를 볼 수밖에 없고, 내 죄가 보이면 울 수밖에 없습니다. "이만큼 죄 봤으니 이제는 죄 없어, 울 일 없어" 말할 수 있는 사람은 아무도 없습니다. 다윗의 생애만 보아도 알 수 있습니다.

우리들교회 초등부 아이가 큐티캠프에서 나누어 준 간증입니다.

저는 교회를 열심히 섬기던 아빠와 엄마 사이에서 태어나 늘 교회에서 생활했어요. 일곱 살 때까지는 교회를 즐겁게 다녔죠. 그런데 엄마가 한 남자 집사님과 가깝게 지내시면서부터 부모님은 자주 싸우셨어요. 몇 시간씩 방에서 다투실 때면 저는 거실에서 싸움이 멈추길 기다리다가 잠이 들고는 했어요. 그래도 엄마가 저를 늘 사랑해 주었기 때문에 엄마가 사라지리라는 생각은 하지 못했어요.
그런데 어느 날 아빠가 엄마를 집에서 쫓아내셨어요. 엄마는 형과 저를 안아 주고 집을 나가셨어요. 그 후 아빠가 형과 저를 데리고 우리들교회 예배에 나가기 시작하셨어요. 두 달 후 엄마가 다시 돌아와 함께 교회에 나갔지만, 그때부터 저는 부모님이 싸울까 봐 늘 두렵고 엄마가 다시 집을 나가지는 않으실까 걱정되었어요. 그런데 제 걱정대로 어느 날 부모님이 심하게 다투시더니 엄마가 또 사라졌어요. 저는 엄마가 나를 버리고 간 것 같아서 무척 슬펐어요. 엄마가 너무 보고 싶지만, 아빠가 슬퍼할까 봐 아빠에게는 말하지 못하고 하나님께만 보고 싶다고 말했어요.

엄마가 사라지시고 난 뒤부터 아빠랑 형아, 그리고 저는 매일 밤 함께 큐티 나눔을 하면서 "엄마가 어디에 있든지 구원 받게 해 달라"고 기도했어요. 저는 아빠 몰래 "엄마가 집으로 돌아오게 해 달라"고 기도했지요. 그러자 하나님이 저의 기도에 응답해 주셔서 엄마가 집을 나가신 지 일 년 만에 돌아오셨어요. 이후로 엄마, 아빠는 매일 큐티를 하고 교회와 목장을 열심히 다니세요. 사이도 좋아지고 싸움도 없어졌어요.

그런데 이제 부모님이 싸우지 않을 거라고 생각하니까 큐티도 하기 싫고 기도도 하지 않는 날이 많아졌어요. 그래서일까요? 얼마 전 엄마, 아빠가 또다시 심하게 싸우셨어요. 저는 엄마가 또 집을 나가실까 봐 두려웠어요. 하나님이 제 기도를 들어주셔서 엄마가 집에 돌아왔는데도 저는 옛날 생각에 두렵고 슬펐어요. 다윗이 왕이 되었지만 내가 오늘 약하다고 고백한 것처럼(삼하 3:39), 부모님이 다시 싸우시더라도 두려워하지 않고 매일 큐티하며 하나님께 기도하며 살고 싶어요.

이 아이만큼 교회를 사모하는 아이가 있을까요? 우리는 처음 하늘과 처음 땅의 가치관으로 '이런 집은 틀렸고, 저런 집은 맞다'고 판단합니다. 그러나 그런 건 없습니다. 예배를 사모하는 것이 최고의 복인데 이 어린아이가 얼마나 교회를 사모합니까. 또 연약한 엄마를 아이가 너무 사랑하잖아요. 다 큰 우리는 부모가 잘나도 사랑하지 않습니다. '이래서 저래서 맘에 안 들어' 하며 다 삐뚤어져 있습니다. 그런데 아무리 못난 부모라도 아이는 자기 엄마, 아빠밖에 모릅니다. 이 아이가 엄마가 돌아오기를 날마다 기도했다고 하지 않습니까? 그래서 절대로 이혼하면 안 됩니다.

제가 늘 이야기하지만 문제가 있는 게 문제가 아니라 문제가 없는 게 문제입니다. 이 집에 육적인 문제가 생기니까 영적인 문제가 사라졌습니다. 보통 이런 일이 생기면 다들 교회를 떠나지 않습니까? 그러나 이 부부는 곡과 마곡의 전쟁을 지나 지금은 둘 다 목자로 섬기고 있습니다. 온 가족이 예배가 회복되어 새 하늘, 새 땅을 누리고 있습니다.

어떻게 새 하늘, 새 땅을 누릴 수 있습니까? 배우자가 바람 안 피우고 잘 먹고 잘산다고 우리 예배가 회복될까요? 자녀들이 열심히 교회에 나옵니까? 곡과 마곡의 전쟁을 거치며 내 죄를 깨달아야만, 하나님을 붙들어야만 새 하늘, 새 땅이 임합니다. 이것이 이해되세요? 이 아이의 간증이 이 진리를 확실히 보여 준다고 생각합니다.

새 하늘과 새 땅은 처음 하늘과 처음 땅이 없어진 나라입니다. 같은 말씀을 보고 듣는 말씀 공동체, 하나님과 함께하는 삶 공동체에 속하는 것이 예수의 신부로 단장되는 길입니다. 하나님께서 나를 부르시는 날, '과연 공동체를 위해 살았는가, 다른 사람을 살렸는가'로 내가 얼마나 단장된 신부인지 판단하실 것입니다.

새 하늘과 새 땅은 닦아 주실 눈물이 있는 나라입니다. 그러므로 어떤 경우에도 내 죄를 인정하는 것이 새 하늘, 새 땅에 거하는 자의 태도입니다. 아내가 바람을 피웠는데 어떻게 남편이 내 죄를 보겠습니까? 남편이 돈을 못 버는데 어떻게 아내가 내 죄를 인정하겠습니까? 그러나 새 하늘, 새 땅의 가치관은 그 속에서도 내 죄가 보이는 것입니다. 내 죄를 깨닫고 영혼이 은총 입지 않으면 우리는 천국을 알 수 없습니다.

- 나는 눈물을 흘립니까? 지금까지 몇 번의 눈물을 흘려 봤습니까? 영적 안구건조증은 아닙니까?
- 나는 무엇 때문에 눈물을 흘립니까? 내 야망이 이루어지지 않아서 억울해서 웁니까? 내 죄 때문에 슬퍼합니까? 주님이 닦아 주실 눈물이 있는 인생을 살고 있습니까?

새 하늘과 새 땅은 내 죄를 보는 나라입니다.
성도라면 내 죄를 볼 수밖에 없고,
내 죄가 보이면 울 수밖에 없습니다.
"이만큼 죄 봤으니 이제는 죄 없어, 울 일 없어"
말할 수 있는 사람은 아무도 없습니다.

우리들 묵상과 적용

결혼생활 3년 만에 태어난 첫아들이 선천성 거대모반이라는 질병을 가지고 태어났습니다. 배를 제외한 상체 모든 부위를 검은 점이 아이를 뒤덮고 있었습니다. 아들은 생후 3주부터 여러 병원을 전전하며 5번의 큰 수술과 7번의 레이저 수술을 받았습니다. 곡과 마곡의 전쟁은 내 죄를 보기 위해 온다고 하셨는데 저는 같이 말씀을 보고 듣고 나누는 공동체가 없으니 "제가 무슨 죄를 지어서 아이에게 이토록 가혹하세요"라며 하나님께 분노를 쏟았습니다(계 21:2~3).

수술 후에도 남아 있는 모반은 저를 다른 사람들의 시선과 말에 예민해지게 했습니다. 그래서 사람들을 피해 인적이 드문 곳으로만 다녔습니다. 조롱하는 시선을 받으며 처음 만나는 사람들에게 아들의 병명을 설명하는 처지가 된 삶이 기가 막혀 매일 밤 울었습니다. 아들이 특별하게 태어났으니 남다르게 키워 내리라는 열심으로 좋은 교육 기관에 보내고 아들의 어떤 요구도 거절하지 않았습니다. 그러나 저희 부부가 아들을 위해 더 할 수 있는 것이 없다는 것을 깨달았을 때, 언니의 권유로 믿음의 공동체로 인도되었습니다. 새 하늘과 새 땅인 목장 공동체에서 말씀을 보고 듣고 나누다 보니 도덕과 윤리의 잣대로 정죄하고 무시하는 교만한 저의 죄가 보였습니다. 내가 외모로 사람을 차별하고 무시하던 사람이기에 내 아이가 외모로 판단 받고 무시 받는 것이 인정되었습니다. 예수님이 이 땅에서 인정받지 못한 초라한 모습으로 오신 것처럼 저와 가족의 구원을 위해 내 아이가 초라한 모습으로 왔음이 깨달아졌습니다.

이전에는 아들의 점 때문에 무시 받지 않기 위해 애썼습니다. 그러나 이제는 죄를 회개하는 인생이 되게 해 달라고 기도하며 구원을 위한 애통함으로 울게 되었습니다. 아들과 함께 큐티하면서 점 이야기를 하는 것도 자연스러워졌습니다. 아들은 하나님이 자신을 특별히 사랑하셔서 점을 많이 주셨다고 자기 삶을 해석하며 하나님께 함께해 달라고 기도합니다. 구원의 통로가 된 아들 덕분에 온 가족이 한 말씀을 듣는 복을 누리게 되었습니다. 저 역시 내 생각에 갇혀 나와 내 가족의 안위와 행복만 좇는 것이 아니라 아픈 아이를 둔 다른 가족의 구원에도 애통함을 갖게 되었습니다. 그럼에도 제 안에는 아직 새 하늘과 새 땅에 이르지 못한 부분이 있습니다. 우슬초로 정결하게 해 달라는 다윗의 고백처럼(시 51:7), 주님이 저의 안 되는 부분들을 다스려 주시고 제 눈물을 닦아 주시길 기도합니다(계 21:4). 나같이 비천한 자를 구원하시기 위해 죽으러 오신 예수님의 십자가 사랑으로 하루하루 감당할 힘을 주시는 하나님, 사랑합니다.

영혼의 기도

하나님 아버지, 처음 하늘과 처음 땅이 다 없어지고 새 하늘과 새 땅이 임했다고 말씀하십니다. 이처럼 새 하늘과 새 땅이 이미 우리에게 이루어졌지만, 아직 이루어지지 않은 부분이 있습니다. 음녀의 세력이 우리 속에 똬리를 틀고 있습니다. 그래서 부러운 것도 두려운 것도 많고, 피해의식에 젖어 있기도 합니다. 날마다 내 죄를 보아야 하는데 어떤 부분에는 무뎌져서 나와 상관없다고 생각하기도 합니다. 이런 우리를 불쌍히 여겨 주옵소서.

목사라고 해서 지위가 내 믿음을 보장하는 것이 아닌데 제가 착각할 때가 있습니다. 나도 속고 남도 속이는 믿음이 되지 않기를 간절히 바랍니다. 하나님이 인정하시는 믿음이 되게 해 주옵소서. 천국에 가는 그날까지 끊임없이 내 죄를 직면하게 하옵소서. 그렇게 제가 먼저 새 하늘과 새 땅을 누릴 때 성도들도 저절로 죄를 보게 될 줄 믿습니다.

주님, 문제없는 가정이 없습니다. 각 가정에 문제가 끊이지 않습니다. 모두가 "이것 때문에 산다, 못 산다" 외치고 누군가는 가정을 깨기도 합니다. 이런 우리의 가치관이 세상 나라에서 하나님의 아들의 나라로 옮겨 가도록 인도해 주옵소서. 새 하늘과 새 땅의 가치관을 가질 수 있도록 도와주옵소서. 제 설교에 등장하신 모든 분에게 하나님이 상 주셔서, 모든 식구가 구원되게 해 주옵소서. 주님, 불쌍히 여겨 주시고 피 묻은 손으로 그 가정을 안수하여 주옵소서. 예수 그리스도 이름으로 기도드리옵나이다. 아멘.

새롭게 하시는 나라

요한계시록 21장 5~8절

04

하나님 아버지, 날마다 새롭게 하시는
은혜를 경험하기 원합니다.
말씀해 주시옵소서, 듣겠습니다.

◇ ✦ ◇

지난 2018년 월드컵에서 프랑스가 우승컵을 차지했습니다. 당시 프랑스 축구 대표팀 선수 중 90%가 이민자였습니다. 프랑스는 오래전부터 다문화 사회를 이룬 나라이지만 여전히 이주민에 대한 편견이 대단하다고 합니다. 그런데 그들이 차별하는 이민자들의 공로로 그토록 소원하던 월드컵 우승을 따낸 겁니다. 이민자 선수로서는 그만큼 절실했기에 사력을 다해 경기에 임했겠지요. 국적까지 변경해 가며 모든 걸 이루었는데 그렇다면 그들은 새롭게 되는 나라에 입성한 걸까요?

"새롭다"는 말의 사전적 의미는 '지금까지 있은 적이 없다', '매우 절실하게 필요하거나 아쉽다'입니다. 본문 말씀 제목을 이와 연관 지어 본다면 "새롭게 하시는 나라"는 "이 땅에 지금까지 있은 적 없지만, 매우 절실하게 필요하고 아쉬워서 하나님이 세우실 나라"라고 할 수 있습니다.

하나님만이 이 땅을 새롭게 하실 수 있습니다. 복권에 당첨된다고 새로운 나라가 펼쳐지는 게 아닙니다. 도리어 그로 인해 인생을 망치는 경우를 더 많이 보았습니다. 본문은 새 하늘과 새 땅을 하나님이 '새롭게 하시는 나라'라고 더 구체적으로 표현합니다. 어떻게 새롭게 하실까요? 새롭게 하시는 나라는 과연 어떤 나라인지 함께 살펴보겠습니다.

신실하고 참된 말씀으로
새롭게 하시는 나라입니다

보좌에 앉으신 이가 이르시되 보라 내가 만물을 새롭게 하노라 하시고 또 이르시되 이 말은 신실하고 참되니 기록하라 하시고_계 21:5

보좌에 앉으신 이, 곧 하나님께서 만물을 새롭게 하겠다고 말씀하십니다. 만물은 본래 하나님의 소유입니다.

"이는 만물이 주에게서 나오고 주로 말미암고 주에게로 돌아감이라 그에게 영광이 세세에 있을지어다 아멘"(롬 11:36).

흔히들 세상을 변화시킬 수 있다고 생각하지만 그것은 인간의 노력으로 되는 일이 아닙니다. 창조주이신 하나님의 사역을 통해서만 만물은 새로워질 수 있습니다. "새롭게" 하시겠다는 것은 처음 하늘과 처음 땅이 없어지는 것보다도 더욱 혁신적인 변화입니다. 세상을 갱신하시되 질적으로 완전히 변화시키시겠다는 의미입니다.

본문을 자세히 보면 '이르시되'라는 말이 두 번 나옵니다. 원어로 보면 첫 번째 '이르시되' 곧 보좌에 앉으신 이가 말씀하신 것을 표현할 때는 부정과거형으로 쓰였고, 두 번째 '이르시되'는 현재형으로 쓰였습니다. 시제가 다릅니다. 이로 보아 두 번째는 하나님이 이르신 말씀이 아니라는 걸 짐작할 수 있습니다. 요한이 너무 놀라 기록하는 것마저 잊어버리자 천사가 그에게 말씀을 기록하라고 상기시키는 음성이라고 이해할 수 있습니다(계 14:13; 19:9). 하나님의 말씀을 잘 듣는 자는 천사의 말도 잘 듣습니다. 하나님의 말씀에 감동하는 자는 말씀을 전해 주는 사람에게도 감동합니다. 이원론이 아닙니다. 괜히 한 절에 '이르시되'가 두 번 나오는 것이 아니지요. 긴장하고 잘 듣기 바랍니다.

그러면 천사는 왜 기록하라고 합니까? 보좌에 앉으신 이의 말씀은 "신실하고 참되"기에 기록하라고 합니다. 즉, 하나님의 말씀은 거짓이 없고 반드시 이루어진다는 것입니다. 본문 말씀은 요한이 환상 중에 들은 예언이요, 약속입니다. 그러므로 그 자체로 성취를 보장하고 있습니다. 약속할 때 중요한 것은 약속한 사람의 신실성입니다. 다시 말하면 누가 약속했는지가 중요하다는 겁니다. 지난 1절 말씀, 곧 요한이 본 새 하늘과 새 땅에 대한 증언보다 "내가 만물을 새롭게 하노라"는 본문 말씀이 더욱 권위를 갖는 것은 하나님이 직접 약속하셨기 때문입니다. 물론 계시록의 모든 말씀은 하나님이 기록하게 하신 것입니다. 그러나 특별히 1장 8절과 본문 말씀만 '주 하나님이 이르셨다'고 밝히고 있습니다. 그렇기에 더 권위가 있습니다.

간혹 "계시록은 예언인데 왜 목사님은 맨날 구속사만 언급하느냐"고 말하는 분도 계시더군요. 예언과 구속사도 다른 게 아닙니다. 계시록은 십자가가 핵심입니다. 4장부터 20장 6절까지의 말씀은 예수님이 십자가의 극심한 고통 가운데서 죽으시고 장사된 3일의 기간을 다룬 것이라고 할 수 있습니다. 그런데 사람들은 계시록을 읽으면서 내가 종말을 끝까지 견뎌서 주님이 공중 재림하실 때 들림 받느냐, 안 받느냐에만 집착합니다. 종말은 그런 게 아닙니다. 십자가의 구속사가 최고의 예언이요, 부활의 근거입니다.

여기저기 공부하러 다닌다고 레위기나 계시록처럼 어려운 성경을 쉽게 설교할까요? 제가 어떤 말씀이든지 오늘 나에게 주신 말씀으로 듣다 보니까 말씀이 쉽게 다가오고 여러분에게 전할 수도 있게 되었습니다. 이렇게 주의 말씀을 나에게 주신 말씀으로 듣고 기록을 남겨 후대에 전한 것이 지금의 성경입니다. 우리도 날마다 묵상한 말씀을 기록으로 남기다 보면 새롭게 하시는 나라를 경험하게 됩니다. 날마다 말씀을 묵상하면 날마다 새로워지는 것을 느낍니다.

더 쉽게 설명해 보겠습니다. 결혼생활이 힘들어도 새로운 가치관으로 살면 건강해집니다. 질병, 이혼, 부도, 바람…… 아픔과 상처로 얼룩진 인생일지라도 신실하고 참된 말씀으로 만물을 새롭게 하시는 하나님을 만나면 새살이 돋아나서 기쁨이 생깁니다. 이것이 새롭게 하시는 나라입니다.

어떤 성도님이 자신은 암 수술 받은 것 외에는 건강하다고 말씀하시더군요. 혈압도 정상이고 심장도 튼튼하답니다. 저도 그렇습니다. 그저 암 수술 한 번 받았을 뿐, 성인병 하나 없이 건강합니다. 암 수술 후 건강염려증에 사로잡혀 오히려 몸과 마음을 더 해치는 사람도 보았습니다. 그런데 제가 이렇게 새로운 가치관으로 이야기하니까 점점 더 건강해지는 것을 느낍니다. 암을 치료하는 동안 규칙적으로 먹고 걸었더니 이전보다 훨씬 몸이 좋아졌습니다. 위장병도 나아지고요. 전에는 배가 자주 아파서 잘 먹지 못했는데 요새는 배앓이가 줄었습니다.

성경은 구속사 이야기이기에 창세기나 계시록이나 말씀은 똑같습니다. 그러나 같은 말씀이라도 하나님의 창조를 경험한 사람은 늘 새롭게 듣습니다. 반면에 거듭나지 않은 사람은 '아유, 또 똑같은 소리 하네' 하면서 지겨워합니다. 저는 30년 전이나 지금이나 똑같은 말씀을 전합니다. 창세기 설교나 계시록 설교나 메시지는 같습니다. 제게 확신이 없다면 그럴 수 있겠습니까? 그저 공부해서 전하는 것이라면 실력이 미비해서 '옛날에는 내가 틀렸다' 했겠지요. 적용은 다를 수 있지만 모든 말씀의 근본은 위로부터 내려오시는 하나님의 역사이기에 정말 구속사는 다 똑같습니다.

- 신실하고 참된 주님의 말씀이 나를 새롭게 하리라고 믿으며 날마다 큐티 합니까? 큐티는 나 몰라라 하면서 '하나님이 새롭게 해 주시겠지' 바라고만 있지는 않습니까?

하나님이 처음과 나중이시기 때문에 '이루었도다'의 나라입니다

또 내게 말씀하시되 이루었도다 나는 알파와 오메가요 처음과 마지막이라 내가 생명수 샘물을 목마른 자에게 값없이 주리니_계 21:6

천국은 원하는 자에게 값없이 주어지는 나라입니다. 그런데 모두가 원하지 않아서 못 받습니다. 이 땅에서 끝까지 잘 살리라고 착각하고 천국 대신 지상을 선택하는 것입니다. C.S. 루이스(C.S. Lewis)는 『천국과 지옥의 이혼』이라는 책에서 이와 같이 말합니다.

"천국 대신 지상을 선택한 사람은 지상이 처음부터 지옥의 한 구역이었음을 알게 될 것이다. 지상을 천국 다음 자리에 놓는 사람은 이 지상이 천국의 일부였음을 알게 될 것이다."

여러분은 어떻습니까? 지상 대신 천국을 선택하고 있습니까? 천지를 창조하신 하나님은 마지막 때도 새롭게 창조하십니다. 주 안에서 날마다 새로워지며 지상에서도 천국을 맛보고 있습니까?

하나님은 "이루었도다" 말씀하십니다. 이렇게 말씀하실 수 있는 근거가 무엇입니까? 하나님이 "알파와 오메가요, 처음과 마지막"이시기 때문입니다. 알파 앞에 글자가 없고, 오메가 뒤에 글자가 없습니다. 모든 것의 처음과 마지막은 하나님이십니다. 그러므로 천지가 개벽할 만큼 힘들고 슬픈 일이 많아도 우리는 "이루었도다" 할 수 있습니다. 알파 되시는 하나님이 시작하셨기에 오메가가 되시는 하나님이 끝내지 않으시면 끝낼 자가 없잖아요. 하나님이 시작하신 일을 하나님이 끝내시기까지 우리는 순종만 하면 됩니다.

"이 일이 어떻게 된 거야?", "도대체 어디서부터 비롯된 일이지?" 일의 원인을 찾으려 아무리 골몰하고 회의를 해도, 하나님이 근원이시라는 사실을 모르면 답을 알 수 없습니다. 그러나 하나님이 처음과 마지막임을 깨달은 자는 모든 것이 하나님의 장중에서 그분의 섭리를 따라 이루어지는 일임을 알기에 늘 감사하며 천국을 누립니다.

물론 하나님의 장중에 있는 삶은 녹록지 않습니다. 날마다 힘겹습니다. 그럴 때 우리가 살 수 있는 비결은 "생명수 샘물"을 마시는 것입니다. 주님은 목마른 자에게 생명수 샘물을 값없이 주리라고 약속하십니다. 이 생명수 샘물, 곧 말씀으로 살아난 증인이 바로 저 아니겠습니까? 남편이 집 밖에 못 나가게 하고 힘들게 해도 "살아 있고 활력이 있어 좌우에 날 선 어떤 검보다도 예리하여 혼과 영과 및 관절과 골수를 찔러 쪼개기까지" 하는 말씀을 의지하므로 제가 살아났습니다(히 4:12). 저는 은혜 받기 위해서가 아니라 살기 위해서 성경을 읽었습니다. 처음과 마지막이 하나님이시니까 하나님의 말씀을 들어야 살잖아요. 그렇게 말씀에 목이 마르고, 말씀을 듣고 깨닫는 기쁨이 날마다 제게 넘치니까 환경이 변하지 않아도 "다 이루었다" 고백할 수 있었습니다.

예수님도 십자가 위에서 "다 이루었다"고 말씀하셨습니다. 예수님의 십자가 수난 역시 하나님의 장중에서 이루어진 사건입니다. 말씀이 성취된 사건입니다. 천국은 다름 아닌 말씀이 성취되는 곳입니다. 그러므로 말씀을 믿고 나아가는 자가 곧 하나님의 장중에 있는 자이고, 지상에서도 천국을 사는 자입니다. 하나님이 그 인생을 책임지십니다.

그런데 돈을 준다고 말씀이 깨달아집니까? 여기저기 성경공부 하러 다닌다고 깨달아집니까? 말씀은 정말 값없이 깨달아지는 것이잖아요. 말씀이 나를 살리는 생명수 샘물인 걸 알게 된 후로, 말씀을 통해 값으로 환산할 수 없는 것들을 깨달은 후로 저는 날마다 감사했습니다. 믿음이 성숙하려면 내 죄를 보는 것에서 더 나아가 목마른 자에게 값없이 주시는 말씀이 내게 생명수가 되고 꿀송이처럼 여겨져야 합니다.

여러분은 어디에 목이 마릅니까? 성공입니까, 돈입니까? 도박, 술, 사랑에 목이 말라 끊임없이 갈구합니까? 아니면 사회정의나 도덕, 지식에 목이 말라 있습니까? 이 세상 어떤 것도 우리의 갈증을 해소해 줄 수 없습니다. 오직 말씀만이 영원히 목마르지 않는 생명수 샘물입니다(요 4:14). 자기 죄를 보고 말씀에 목이 말라야 합니다. 말씀을 사모해야 합니다. 그런데 이것이 억지로 안 되지요. 저도 잘 압니다.

우리들교회 한 형제의 이야기입니다. 유복한 환경에서 자란 데다 성품까지 좋은 형제는 고난이 별로 없다 보니까 특별히 목마른 것도 없었습니다. 그런데 골프 프로 테스트에 번번이 낙방하고, 설상가상 결혼 반대에 부딪히면서 목마른 일이 생겼습니다. 교회 안에서 만난 자매와 오래 교제했는데 자매의 부모님이 결혼을 좀체 허락해 주지 않는 겁니다.

이 형제가 목자까지 지냈지만 믿음보다는 인본주의가 강하다는 걸 제가 알았습니다. 형제를 볼 때마다 인본주의를 고치라고 제가 얼마나 지적했는지 모릅니다. 좋은 소리는 아니기에 매번 듣기가 힘들었을 겁니다. 그런데도 형제는 한결같이 예배팀을 섬기면서 주일예배 때마다 저를 수행하는 역할에 충실했습니다. 또 상대 부모의 반대를 묵묵히 인내하면서 여자 친구를 오래 기다렸습니다. 그 모습이 참 예뻐 보였습니다. 그래서 제가 설교 시간에 "이 정도면 믿음 있는 형제 아니냐" 하며 상대 부모님을 향해 공개적으로 결혼을 촉구했습니다. 덕분에 형제는 결혼에 골인해 예쁜 딸까지 낳았습니다. 그런데 이

후에 제가 목장보고서를 읽다가 이 형제의 나눔을 보게 된 겁니다. 여러분도 한번 잘 읽어 보십시오.

나는 바라던 프로가 되고 결혼했을 때 가장 큰 은혜를 경험했다. 프로가 된 날이 수요일이라 수요예배를 갔다. 그런데 예배가 시작되자마자 앞자리에 앉아 자 버렸다. 뭔가 이룬 것 같으니 바로 졸음이 쏟아졌다. 또한 결혼식 날 교회 지체들이 축가로 <하나님의 은혜> 찬송을 불러 주었는데 지루했다. 다른 청년이 결혼할 때는 내가 부르면서도 은혜 받아서 울었는데, 막상 내 결혼식 때는 듣고 있기가 지루했다. 정말 이상했다. 은혜가 딱 떨어졌다. '결혼에 성공했구나' 느낀 순간 은혜가 떨어진 것이다. 요즘은 큐티도 안 하고 큐티 본문이 뭔지도 모른다. 기도도 안 한다. 언제부터 안 했는지 모르겠다. 결혼한 후로 간절함이 사라졌다. 특별히 힘든 일도 없다. 예배 시간에 졸지는 않지만 말씀이 안 들어오니 조는 것이나 다름없다. 행복하니까 목장에 가는 것도 귀찮다. 힘든 게 없으니까 목장에 가서 나눌 이야기가 없다. 딸이 곧 유아세례를 앞두고 있는데 내 영적 상태가 이렇다 보니 세례 받기도 싫다.

이 나눔을 읽고 제가 너무 놀라 자빠질 지경이었습니다. 인간적으로 저를 참 좋아하는 형제인데, 인간적인 것만으로는 안 되는 모양입니다. 정말 신결혼이 어렵다는 생각이 듭니다. 예배에 열심히 참여해도 자기 죄를 보며 말씀에 목마르지 않으면 술에 목마른 자와 다를

게 없습니다. 그러면 세상에서 아무리 이루어도 새롭게 하시는 나라에는 들어가지 못합니다.

그래도 들은 말씀이 있는 형제이기에 언젠가 끊임없는 죄의 요구에 절망하는 날이 오리라고 믿습니다. 내 속의 죄의 요구가 화산처럼 폭발하면 나 자신이 아무것도 할 수 없는 존재라는 걸 알게 될 것입니다. 겉보기에 신사다운 형제인데 다른 나눔을 보니까 가끔 분노가 폭발할 때가 있다고 하더군요. 그런 모습이 있는 줄 정말 몰랐습니다. 새롭게 하시는 나라는 자기 죄에 대해 아파하고 생명수 샘물에 목마른 자가 주인공입니다. 형제가 내 죄를 보고 말씀에 목말라서 생명수 샘물을 마시게 되면 좋겠습니다. 우리가 자기 죄를 보며 생명수 샘물을 마실 때 주님이 죄를 처리해 주십니다. 값없이 주시는 생명수 샘물을 마시는 자에게 복이 있습니다.

형제는 나름 청년부에서 오래 목자로 섬겼고 목자 리더까지 지냈습니다. 그래도 형제가 솔직히 나누어 주어서 참 감사하고 그래서 소망이 있다고 생각합니다. 제가 늘 불꽃같은 눈으로 목장보고서를 읽는데, 꼭 목사님 보라고 형제가 이런 이야기를 나눈 것 같아서 만천하에 공포합니다. 이 형제 집사만 연약한 게 아닙니다. 아내 집사는 뭐라고 나눔을 했는가 보니, 딸이 못생겨서 걱정이라는 겁니다. 참고로 아내 집사도 청년부 목자 출신입니다. 이 부부가 결혼 허락을 받기까지 7년을 기다렸는데 지금 보니 둘이 똑같습니다.

지난 말씀에서 우리들교회에서 만나 결혼한 부부들이 괜찮아서 잘 사는 게 아니라고 했습니다. 주의 신부로서 최고의 단장은 말씀과 공동체라고 했습니다. 이 부부도 연약하지만 부부목장에서 부족한 모습을 솔직히 나누면서 갑니다. 이렇게 각양각색의 부부들이 목장에 모여 말씀을 토대로 자기 이야기를 마음껏 나누고, 동병상련을 느끼며 울고 웃다 보니까 위태로운 가정도 화합되는 것 아니겠습니까? 우리들교회 청년들이 잘나서 이혼 안 하는 게 아니라 말씀과 공동체가 있기 때문이라는 것, 이제 잘 아시겠죠?

다른 사람이었다면 제가 이런 이야기를 하지 못했을 텐데 형제는 목자 리더 출신이니까 혼이 나야 합니다. 청년 시절 형제가 믿음 좋아 보였지만 실상은 결혼에 목마르고 골프 프로에 목말랐던 겁니다. 그렇게 예배를 사모하더니 프로가 되고 결혼하니까 말씀이 하나도 안 들어온다고 하잖아요. 물론 저는 속지 않았습니다. 그래서 "너는 인본주의가 강해, 고난이 없는데 말씀이 어떻게 잘 깨달아지겠니?" 날마다 형제를 훈계했습니다. 그래도 어쩝니까. 형제가 7년을 기다리고 있는데 결혼을 도와주어야지요. 이렇게 공개적으로 혼냈어도 형제는 우리들 공동체에 잘 붙어 있으리라고 믿습니다. 하나님이 형제를 어떻게 다루어 가실지 기대해 봅니다.

성경 어디를 보아도 하나님의 뜻대로 이루어지지 않은 일은 없습니다. 하나님의 뜻은 반드시 성취됩니다. 다윗이 자기가 노력해서 예수님의 조상이 되었습니까? "그 날에 이새의 뿌리에서 한 싹이 나서 만민의 기치로 설 것이요 열방이 그에게로 돌아오리니 그가 거한 곳이 영화로우리라" 말씀하신 하나님의 뜻이 이루어진 것입니다 (사 11:10). 이 뜻을 성취하시고자 다윗에게 눈물과 사망, 애통하는 것과 곡하는 것을 경험하게 하셨습니다(계 21:4). 다윗이 우리아를 죽이고 밧세바를 취한 일로 나단 선지자에게 책망 받고 분수령적인 회개를 했지만 하나님은 그에게 죗값을 치르게 하셨습니다(삼하 12장). 이후로도 다윗은 죄성이 펄펄 살아서 실수하고 또 실수합니다. 압살롬이 암논을 살해했을 때도 암논의 죽음은 슬퍼하지 않고 도망간 압살롬을 위해서만 슬퍼했습니다(삼하 13장). 자녀를 편애하며 객관성을 잃었습니다. 자녀도 외모로 취하는 것입니다. 앞서 아내 집사님처럼 말이지요.

주의 이름을 위하여 자녀도 객관적으로 보는 것이 새로운 가치관입니다. 예수님도 "내 이름을 위하여 집이나 형제나 자매나 부모나 자식이나 전토를 버린 자마다 여러 배를 받고 또 영생을 상속하리라"고 말씀하셨습니다(마 19:29). 그런데 우리는 영생보다 이 땅에서 보이는 것에 목숨을 겁니다. 그저 내 자식이 성공하기만 바랍니다. 자식을 오직 정(情)으로 대하며 분별하지 못합니다. 주님은 자녀들을 하나님 자녀로 키워 내라 하시는데 도무지 순종하지 못합니다. 그래서 다윗에게 옷을 찢는 일이 계속됐습니다. 통곡하고 슬퍼할 일이 계속 찾아왔습니다. 다윗이 통일왕국의 왕이 되어 다 이룬 듯 보여도 그때부터 어떻게 할 수 없는 자녀 문제가 끊임없이 찾아왔습니다. 이것은 다윗을 예수님의 조상 되게 하려는 시련이었습니다.

근본적으로 내가 죄에서 태어났고 죄에서 벗어날 자가 없다는 걸 알면, 오늘 내가 처한 문제에서 할 말이 없어집니다. 그것이 자녀 문제이든지 질병이나 경제적 문제이든지 그저 옷을 찢고 통곡하며 살아갈 수밖에 없습니다. 그런 인생을 살아가도 다윗처럼 축복인 겁니다. 예수 믿고 잘되는 것만 영광이 아니기 때문입니다. 도리어 되는 일이 없어도 나의 부족함과 죄를 드러내는 삶이 하나님께 참영광을 돌리는 인생입니다. 다윗의 운명은 정해져 있었지만, 눈물과 애통을 통해 그는 "이루었도다"의 인생이 되었습니다. 다윗 인생의 시작도, 마지막도 하나님이셨습니다.

- 나는 하나님이 알파와 오메가요, 처음과 마지막이신 것을 믿습니까? 남편, 아내, 자녀가 내 인생의 처음이요 마지막이라고 생각하지는 않습니까?
- 하나님의 장중에 있는 삶을 끝까지 살아 내기 위해 생명수 샘물인 말씀을 날마다 찾습니까?

날마다 죄성을 이기는 훈련을 하는 나라입니다

이기는 자는 이것들을 상속으로 받으리라 나는 그의 하나님이 되고 그는 내 아들이 되리라_계 21:7

교회만 다니면 저절로 이기고 새롭게 되는 것이 아닙니다. 이 땅에 잠깐 사는 동안 유혹을 이기면 하나님이 새 하늘과 새 땅을 상속으로 주시는데, 이기는 자가 얼마 안 됩니다. 날마다 내 속의 안일함과 시기, 질투를 이기는 연습을 하는 자가 새 하늘, 새 땅을 상속 받습니다. 그렇다고 이 악물고 끝까지 견디라는 뜻은 아닙니다. 천국은 인간적인 노력으로 얻는 나라가 아닙니다. 아무나 들어갈 수 있는 곳도 아닙니다.

그런데 잘못된 종말론에 빠진 자들은 천국을 믿음에 대한 보상쯤으로 여기고 공연히 집착합니다. 주님이 오실 때 나도 공중 들림을 받겠다면서 이를 악물고 이 땅의 삶을 버팁니다. 교회 일을 할 때도 열심이 하늘을 찌릅니다. 또한 어떤 사람들은 '천국이 있느냐, 없느냐' 하는 문제보다 성경대로 올바로 사는 것이 제일 중요하다고 말합니다. 이것도 틀린 생각입니다. 절대 치우쳐서는 안 됩니다. 이보다 자신의 연약함과 욕심, 내가 자랑으로 여기는 것까지도 공동체에 솔직히 내놓는 사람이 천국에 합당한 자입니다. 앞에서 이야기한 형제도 청년부에서 끊임없이 자기 죄를 내놓는 훈련을 받았기 때문에 결혼해서도 솔직한 나눔을 할 수 있는 겁니다. 내가 안되는 부분들을 진솔하게 나누지 않았습니까? 그러니까 아무리 예수님을 힘차게 부르짖어도 눈살 찌푸리게 하는 행동을 하는 사람은 새롭게 되지 못한 겁니다. 이 악물고 "내가 천국 가야 해", "들림 받아야 해" 하는 건 정말 건강하지 못한 종말론입니다. 새롭게 하시는 나라에 들어가는가, 아닌가는 현재의 삶에 근거하여 결정됩니다.

성경에는 실패로 보이는 일이 부지기수입니다. 다윗이 사탄의 유혹에 넘어간 것도 실패한 사건 같습니다. 노아 시대의 홍수 심판도 그렇습니다. 하나님이 창조하신 세상을 손수 물로 쓸어버리셨으니 꼭 실패하신 것만 같습니다. 구속사를 이해하기가 참 어렵습니다. 그런데 하나님은 6절에서 "이루었도다" 하시고, 7절에서는 이기는 자에게 새 하늘과 새 땅을 상속하겠다고 말씀하십니다. 그렇다면 이루고 이겼다는 건 무엇일까요? 세상 시선으로 보면 성경의 많은 역사가 꼭 실패한 것 같지만 하나님은 그런 실패를 통하여 "나는 그의 하나님이 되고 그는 내 아들이 되"기를 끊임없이 원하셨습니다. 전쟁도, 고통도 없는 곳에서 하나님의 백성을 만들어 내시는 것이 아닙니다. 흔히 "고통 없는 곳에서 편히 쉬라"며 평안을 빌지만 그게 아니라는 겁니다. 눈물과 사망과 애통과 곡의 나라에서 나의 욕심을 가지치기하며 하나님의 아들 되기를 자원하는 사람이 이기는 자이고, 새롭게 하시는 나라에 입성하는 자입니다.

처음 하늘과 바다, 곧 이 세상을 좋아하는 사람은 죄성을 이길 수 없습니다. 죄성을 가지치기해서 이겨 내야 사명을 감당합니다. 이미 우리 가운데 새 하늘과 새 땅이 임했지만 아직 이루어지지 못한 부분이 있기에 가지치기해야 할 것이 끊임없이 있습니다.

우리들교회 목자님 중에 유명 대학에서 유아교육학을 가르치는 교수님이 계십니다. 이분이 기독교 유아교육 수련회에서 "인생의 목적은 행복이 아니라 거룩이다"라는 설교 말씀을 "인생의 목적은 행복이 아니라 성숙이다"라고 바꾸어서 강의를 하셨더군요. 이분 표현대로 거룩이라는 말을 세상 사람들이 알아듣기 쉽게 성숙이라고 고쳐 써도 좋겠습니다. 주의 성숙한 자녀가 되기 위해 천국 가는 그날까지 아프고 힘든 일들이 찾아올 수밖에 없습니다. 정말 되었다 함이 없는 인생입니다.

우리들교회 한 목자님의 나눔입니다.

얼마 전, 집사람에게 호되게 당했습니다. 우리 집에서 목장예배를 드린 날이었습니다. 예배 중에 한 목원이 갑자기 일이 생겨 회사로 갔습니다. 그런데 예배를 마치고 보니 그분 아내 집사님의 귀갓길이 참 험난하겠다는 생각이 들더군요. 한 아이를 등에 업고 다른 아이의 손을 잡고 힘겹게 문을 나서는 겁니다. '내가 데려다줘야겠다' 마음먹고 아내에게 의중을 물었습니다. 그러자 아내는 종일 목장예배를 치르느라 힘드니 그 집사님은 택시를 태워 보내고 집 안 청소나 도우라더군요. 알겠다고 했습니다.

그런데 아내가 이른 대로 하려고 보니 밖에 비까지 오는 겁니다. 택시 타고 가시라는 말이 도무지 입 밖으로 나오지 않았습니다. 하는 수 없이 집사님을 데려다주었죠. 집으로 돌아오며 한 소리 듣겠다는 생각은 했지만 아내의 반응은 예상보다 더 강력했습니다.

"이 XX야, 내가 무수리야? 목원은 귀하고 나는 개고생해도 되냐!"

아내는 갖은 쌍시옷 욕을 날리며 제게 화를 뿜었습니다. 울컥했지만 일단 참았다가 새벽에 차를 끌고 북한강 변으로 나갔습니다. 강을 바라보며 울려고 폼을 잡으니 별생각이 다 들더군요.

'내가 아직 직장에 다니고 돈을 많이 벌었다면 집사람이 내게 그랬을까?'

요즘 들어 저는 두 가지 생각이 자주 듭니다. 하나는 내가 몸져누우면 아내가 얼마나 더 치고 들어올까 하는 걱정에 건강하게 오래 살아야겠다는 것입니다. 다른 하나는 내가 마지막까지 돈을 꼭 쥐고 있어야겠다는 것입니다. 남편을 개똥 같게 여기는 아내가 무슨 목자이고, 또 이런 아내 한 명 견디지 못하는 나 역시 목자가 맞는지…… 더는 목자 자격이 없는 것만 같아서 집에 들어가고 싶지 않았습니다. 그런데 하필 그날 목원과 우리 집에서 상담하기로 약속을 잡은 겁니다. 어쩔 수 없이 집에 들어갔습니다.

돌아와 약속한 목원과 만났는데, 마침 다른 목자님과 장로님 부부도 함께 오셔서 전날 아내와 싸운 일을 나누었습니다. 그러자 모두가 벌 떼처럼 달려들어 우리 부부에게 권면해 주시더군요. 덕분에 집사람과 그 자리에서 화해했습니다.

이래서 공동체가 중요합니다. 목자님과 장로님이 말씀으로 권면해 주지 않으셨다면 우리 부부는 빨리 화해하지 못했을 겁니다. 목자 부부라도 우리는 여전히 치열하게 싸웁니다. 그래도 공동체가 있어서 새롭게 하시는 하나님을 맛보며 갑니다.

할렐루야! 예수를 믿어도 아이나 어른이나 싸우는 게 전공입니다. 이분의 고백을 읽고 '목자가 어쩜 이래' 하는 분도 있겠지요. 그러나 목자들도 정말 힘들어요. 목원이든 목자든 잘난 사람 하나 없습니다. 그저 말씀과 공동체가 있기에 살아가는 겁니다. 새롭게 하시는 나라를 경험하려면 날마다 죄성을 이기는 훈련을 해야 하는데, 그 최고 무기가 바로 큐티와 공동체입니다.

- 우리의 지식과 힘으로는 육신의 정욕과 안목의 정욕, 이생의 자랑을 이길 수 없습니다. 나는 이 셋 중에 무엇에 약합니까? 말씀과 공동체를 의지하

여 나의 죄와 욕심을 가지치기하고 있습니까?

새롭게 하시는 나라에
참여하지 못하는 자가 있습니다

그러나 두려워하는 자들과 믿지 아니하는 자들과 흉악한 자들과 살
인자들과 음행하는 자들과 점술가들과 우상 숭배자들과 거짓말하
는 모든 자들은 불과 유황으로 타는 못에 던져지리니 이것이 둘째
사망이라_계 21:8

1절부터 7절까지 새 하늘 새 땅에 대해 길게 이야기했습니다. 반
면에 새 하늘과 새 땅에 들어가지 못하는 자는 딱 한 절로만 언급합니
다. 이것은 죄가 많아도 돌이키면 된다는, 한 절에 불과한 죄니까 돌아
오기만 하라는 하나님의 안타까운 호소입니다. 이 하나님의 사랑이
느껴집니까? 그러면 어떤 사람이 천국에 못 들어갈까요?

첫째, 두려워하는 자들입니다.

이들은 하나님보다 세상과 사람을 더 두려워하는 자들입니다. 세
상을 떠나지 못하는 자들입니다. 이 세상에서 잘살고자 하는 순간부터
두려움이 고개를 듭니다. 오죽하면 성경에 "두려워하지 말라"는 말씀
이 365번 나오겠습니까. 날마다 두렵습니다. 죽을 때까지 두렵습니다.
특별히 우리는 죽음을 두려워합니다. 그 이유는 바로 죄 때문입

니다. 죽은 후 하나님 앞에 서는 게 두려워서 죽음이 끔찍한 심판으로 여겨지는 것입니다. 그러나 하나님은 인과응보적인 심판자가 아닙니다. 물론 하나님은 죄를 심판하시지만 우리가 죄에서 구원 받을 길을 열어 주셨습니다. "사망아 너의 승리가 어디 있느냐 사망아 네가 쏘는 것이 어디 있느냐"는 말씀처럼(고전 15:55), 독생자 예수 그리스도를 십자가에 내주심으로 우리를 죽음에서 승리하게 하셨습니다. 그래서 예수님을 믿어야 합니다.

둘째, 믿지 아니하는 자들입니다.

죽음을 진노의 심판이라 여기고 두려워하면 주어진 삶을 충실하게 살지 못합니다. 또한 세상과 사람을 두려워하면 "나는 예수 믿는 사람이다", "예수 그리스도는 하나님의 아들이시요, 나의 구세주이시다" 떳떳하게 고백하지 못합니다. 이렇게 두려운 것이 많은 자는 결국 예수를 믿지 못하고 복음을 거부하게 됩니다. 당연히 하나님의 명령도 거부하지요. 그러나 기쁜 소식인 복음을 거부하면 슬픈 소식인 고통과 동행할 수밖에 없습니다.

셋째, 흉악한 자들입니다.

복음을 거부하고 믿지 않으면 자기 생각에 가득 차게 됩니다. 인간의 자기 생각이 얼마나 흉악한지 모릅니다. 말씀을 떠나 사는 자는 자기도 모르게 흉악한 자가 되는 겁니다. 흉악한 자의 특징은 마음대로 권세를 휘두른다는 것입니다.

터키(현 튀르키예)의 에르도안(Recep Tayyip Erdogan) 대통령은 유명한 독재자입니다. 그런데 몇 년 전 터키계 독일인이자 독일의 국가대표 축구선수인 외질(Mesut Ozil)이 에르도안과 함께 사진을 찍었다는 이유로 독일 국민에게 뭇매를 맞았습니다. '어떻게 독재자를 지지할 수 있는가', '그는 독일 국민이 아니다', '그를 대표팀에서 내보내야 한다' 온갖 여론이 들끓었습니다. 비난에 시달리던 외질은 결국 대표팀을 은퇴했습니다.

그런데 생각해 보세요. 솔직히 말해 대통령이 사진 찍자고 하면 거절할 사람 있습니까? 독재자도 흉악하지만 자기 생각만 내세우는 국민도 참 흉악한 것 같습니다.

넷째, 살인자들입니다.

성경은 "형제를 미워하는 자마다 살인하는 자니"라고 합니다(요일 3:15). 그러므로 본문의 살인자는 문자 그대로 타인을 살해한 사람을 넘어서 끊임없이 타인을 미워하는 사람까지 포함합니다.

다섯째, 침상을 더럽히는 자들, 음행하는 자들입니다.

한 교사가 자기를 좋아한다는 약점을 이용해 4년간 학생을 성폭행했다는 기사를 보았습니다. 성폭행당한 학생과 그 부모도, 범죄를 저지른 교사도 참 불쌍하다는 생각이 들었습니다. 교사가 되기까지 수고했을 텐데 음행에 빠져 학생은 물론 자신의 인생까지 어둠으로 몰아넣었습니다. 그런데 우리라고 다르겠습니까? 많은 사람이 자신을 위로해 줄 것들을 찾아 헤매며 중독에 빠져듭니다. 죄가 일순간에 우리 삶을 망가뜨립니다.

『다시 집으로』라는 책을 읽었습니다. 이 책은 마약과 동성애에 빠져 집을 떠난 탕자 아들과 그로 인해 삶이 무너져 내린 엄마의 이야기를 담아냈습니다. 저자인 크리스토퍼 위안(Christopher Yuan)과 안젤라 위안(Angela Yuan)의 실제 삶을 담은 책이기도 합니다.

크리스토퍼는 치의과대학원을 다니는 촉망 받는 학생이었습니다. 그러나 어릴 적부터 성 정체성 문제로 괴로워하다가 결국 동성애에 빠져들고 말았습니다. 나아가 그는 마약에까지 손을 댔습니다. 크리스토퍼의 표현에 따르면 마약은 동성애의 쾌락과는 비교할 수 없는 환락의 극치라고 합니다. 결국 그는 마약에 중독돼 체포되고 에이즈에까지 감염되어 미래를 꿈꿀 수 없는 지경이 되었습니다. 주님을 만난 뒤 회복되었지만 이전까지 그는 마치 낭떠러지에 매달려 있는 듯 위태한 인생이었습니다.

우리가 다 그렇습니다. 쾌락을 찾아서, 위로의 대상을 찾아서 중독에 빠져듭니다. 누구에게는 그것이 성(性)이라면 누구에게는 책이고, 누구에게는 운동입니다. 종류만 다를 뿐입니다. '나는 음행하는 자들과는 달라!' 할 자는 아무도 없습니다.

여섯째, 점술가들입니다.

귀신의 힘을 의지하여 미래를 점치려는 것은 귀신의 역사를 두려워하기 때문입니다. 성도는 귀신을 다스려야 할 자들입니다. 그런데 예수를 믿어도 귀신을 무서워하면서 점술가나 박수무당을 찾아다니는 자들이 얼마나 많은지 모릅니다.

일곱째, 우상숭배자들입니다.

우리가 하나님 자리에 두는 모든 것이 우상입니다. 돈, 권력, 학벌, 명예, 쾌락, 이성, 배우자, 자녀 등등 하나님보다 우선시하는 그것이 바로 나의 우상입니다. 계시록에서 사탄의 하수인인 짐승은 일곱 머리와 열 뿔을 가지고 머리에 열 왕관을 썼다고 했습니다. 쉽게 말하면 지위와 권세, 각종 스펙과 유명 메이커로 자기를 치장한 겁니다. 그런데 짐승이 이런 모든 것을 가지고 하는 일이 하나님을 모독하는 것이랍니다(계 13:1). 그런데도 우리는 세상 것들을 얼마나 좋아하고 우상처럼 섬기는지 모릅니다.

앞에서 이야기한 『다시 집으로』라는 책에 보면, 동성애자 커뮤니티에서는 에이즈에 걸린 것을 별 하나 달았다고 여긴답니다. 훈장처럼 여기는 것이죠. 이들은 일반 사람을 따분하게 본답니다. '무슨 재미로 사나' 생각한답니다. 이들에게는 쾌락이 우상입니다. 그래서 쾌락의 끝이라는 동성애에 빠지고, 거기서도 더한 쾌락을 찾아 마약으로까지 빠져드는 겁니다.

여덟째, 거짓말하는 모든 자들입니다.

여기서 거짓말이란 예수가 그리스도이심을 부인하는 것을 말합니다.

"너희는 너희 아비 마귀에게서 났으니 너희 아비의 욕심대로 너희도 행하고자 하느니라 그는 처음부터 살인한 자요 진리가 그 속에 없으므로 진리에 서지 못하고 거짓을 말할 때마다 제 것으로 말하나니 이는 그가 거짓말쟁이요 거짓의 아비가 되었음이라"(요 8:44).

마귀의 주요 무기가 거짓말입니다. 우리가 다 아비 마귀에게서 난 자인데, 수많은 거짓 속에서 내 말은 진리라고 누가 확신할 수 있겠습니까? "너를 영원히 사랑할게"라고 약속하지만 죄인인 우리가 어떻게 변하지 않는 사랑을 하겠습니까? "나는 자신 없지만 하나님을 믿기에 그분의 약속에 의거해 사랑한다"라는 고백이 참된 말입니다. 그런데 세상 사람들은 장담을 잘합니다.

'거짓말하는 자들'을 들자면 종교 창시자들이 단연 최고 아니겠습니까? 거짓 선지자는 산 채로 유황불 붙는 못에 던져지리라고 했습니다(계 19:20). 그런데 한 이단은 도리어 자기들의 계시록을 믿지 않는 자들이 유황불 못에 던져진다고 주장합니다. 공포를 조장해서 탈퇴 신도가 나오는 걸 막으려는 것이죠. 또 '배교하면 암에 걸린다, 저주를 받는다'고 하면서 신도들을 불안에 떨게 합니다. 그들의 주장대로라면 우리는 이미 유황불에 던져져 죽었을 인생 아닙니까?

이단들뿐만 아니라 많은 사람이 이 땅에서 유황불 속을 삽니다. "나는 옳고 너는 그르다" 주장하면서 지옥을 살지 않습니까? 내가 바람을 피워도 "네가 나를 외롭게 해서 바람피우는 거야" 하며 자기 옳음을 주장합니다. 또 바람을 숨기려고 수없이 거짓말합니다.

계시록에서 반복해서 말하는 최악의 죄 중 하나가 거짓말입니다. 우리는 거짓말쟁이인 아비 마귀에게서 난 자이기에 툭하면 거짓말을 합니다. 결혼할 때도 얼마나 거짓말하는지 모릅니다. 서로 재산, 학벌, 능력을 부풀리고 거짓말합니다. 그러고는 서로 "속았다" 하면서 이혼을 부르짖습니다. 그러니 날마다 말씀으로 나누는 것이 얼마나 돈 버는 일입니까! 우리들교회 청년들은 말씀으로 자기의 부족함을 보고 모든 것을 솔직히 나누기에 결혼해서도 비교적 잘 사는 것 같습니다. 서로 약점까지 알고 결혼했으니까 그걸로 꼬집을 수가 없는 겁니다. 미리 밝히고 결혼하는 것과 아닌 것은 하늘과 땅 차이잖아요. 우리들교회 청년들이 좋은 결혼의 모델인 것 같습니다.

과거 여러 죄 가운데 있었지만 이제는 돌이켜 새롭게 되신 우리들교회 한 부목자님의 나눔입니다.

저에게는 잊고 싶은 두 가지 사건이 있습니다. 하나는 결혼한 딸이 바람을 피운 것이고 다른 하나는 장로의 직분을 버린 것입니다. 두 고난이 막 닥쳤을 때는 구속사의 말씀을 몰라서 내 죄를 볼 수 없었습니다. 기복신앙에 길들어 "이제 내게는 길이 없다, 우리 집은 망했다" 탄식하며 절망했습니다. 그러다 우리들교회를 만났습니다. 지금은 온 가족이 교회에 정착해 구속사 말씀을 듣고 있습니다. 덕분에 딸은 이혼하지 않고 지금까지 가정을 잘 지키고 있습니다. 더불어 자녀 둘을 더 낳는 애국까지 했지요.

저는 퇴직 후 삼 년 동안 아무 일도 하지 않고 아내가 차려 주는 세끼 밥상을 받아먹는 일명 '삼식이'로 살았습니다. 그런데 우리들교회에 와서 목장예배를 참석하니 목장 식구들이 저에게 일을 하라고 권면하더군요. 처음엔 망설였지만 조언을 따라 일할 자리를 알아보았습니다. 그러나 나이가 많아 일자리를 찾기가 쉽지 않았습니다.

그러다 지인의 소개로 아파트 건설 현장에서 일하게 됐습니다. 제게 주어진 일은 청소였습니다. 오전에는 바닥에 떨어진 쓰레기를 주워 포대에 담는 일을 주로 했습니다. 문제는 오후에 주어진 일이었습니다. 현장에 서른 개 정도 설치해 둔 간이 소변통을 비우는 일이었는데, 이는 겪어 보지 않고는 절대 모르는 고통입니다. 일주일 동안 햇빛을 받고 농축된 소변의 냄새는 고약하다는 표현만으로는 부족합니다. 숨을 참으며 견뎌 보려 해도 어쩔 수 없이 두세 번 숨이 터질 때마다 지독한 냄새가 코를 찔러 정신까지 아득해졌습니다. 정말 만감이 교차했습니다. '내가 이 현장에서 제일 천한 일을 하는구나'라는 생각에 스스로가 초라하게 느껴지고, 행여 지인이 볼까 해서 그만두고 싶은 마음이 불쑥불쑥 일어났습니다.

그런데 회사 생활 하며 잘나갈 때 갑질하던 제 모습이 문득 떠오르는 겁니다. 저는 외주 업체를 관리하는 일을 주로 했는데, 외주 사장들을 제멋대로 오라 가라 하고 고깃집에 횟집에 여기저기 끌고 다니면서 제가 먹고 싶은 것을 당연하다는 듯 얻어먹었습니다. 2차로 당구장이나 노래방에 가서 음란한 문화를 즐기기도 했습니다. 장로라는 사람이 말입니다.

만약 이 일을 하지 않았다면 말씀으로 나를 직면하는 진정한 회개는 하지 못했을 것입니다. 진하고 역한 소변 냄새는 내 안에 깊숙이 자리한 죄의 냄새였습니다. 나 같은 죄인을 구원하려고 그동안 딸이 수고했나 봅니다. 저를 예수 믿게 했으니 딸은 제게 최고의 자녀입니다. 지옥 같은 고난을 잘 이겨 낸 딸에게 고맙다고 말해 주고 싶습니다. 무엇보다 죄로 죽을 수밖에 없는 저를 살려 주신 하나님께 눈물밖에 드릴 것이 없습니다.

한때 잘나가던 장로님이 어찌 남의 오물을 치우는 일을 할 수 있겠습니까. 게다가 거기서 자기 죄를 깨달았다고 하잖아요. 정말 하나님이 새롭게 하지 않으셨다면 할 수 없는 적용입니다. 이렇게 세상은 죽었다 깨어도 하지 못할 간증이 우리에게서 날마다 울려 퍼지기를 원합니다. 마지막 날 들림 받으려고 이 악물고 버틴다고 천국에 들어가는 게 아닙니다. 오늘을 어떻게 살아 내는가가 바로 내 믿음의 현주소입니다. 주님이 닦아 주실 눈물이 있는 사람이 새롭게 하시는 나라의 주인공입니다.

새 하늘과 새 땅에 관한 이야기는 일곱 절에 걸쳐 이야기하는데, 그곳에 이르지 못하는 사람의 죄악은 한 절에 지나갑니다. 이는 예수가 없으면 죄악에 빠져 살 수밖에 없다는 걸 보여 줍니다. 한 절에 불과한 죄 때문에 천국을 놓치면 안 됩니다. 세상에 목마르면 결코 새롭게 하시는 나라를 경험할 수 없습니다. 주님은 자기 죄를 보며 값없이 주시는 생명수 샘물을 마시는 자, 말씀에 목마른 자를 새롭게 하십니다. 이 하나님의 이름을 의지하여 새롭게 하시는 나라에 입성하는 여러분 되기를 축원합니다.

• 나의 어떤 죄 때문에 새롭게 하시는 나라에 참여하지 못합니까? 나는 두려워하는 자들에 속하지는 않습니까? 믿지 아니하는 자들, 흉악한 자들, 살인자들, 음행하는 자들, 점술가들, 우상숭배자들, 거짓말하는 모든 자들에 속합니까?

우리들 묵상과 적용

모태신앙인으로 화목한 가정에서 큰 고난 없이 자랐습니다. 그러다 골프를 시작하면서 프로 테스트나 시합에서 번번이 떨어지는 고난이 시작되었습니다. 그래도 고난이 축복이라고 하신 목사님의 말씀을 생각하면서 인내할 수 있었습니다. 그런데 드디어 원하던 골프 프로가 되고 나니 마음이 해이해졌습니다. 그때부터 예배 시간에 설교 말씀만 시작되면 잠이 들곤 했습니다. 그러자 지금의 장인 장모님이 아내와의 교제를 반대하시는 사건으로 다시 고난이 찾아왔습니다. 골프 프로가 되어도, 돈을 벌어도, 직업을 바꾸어도 장모님의 마음은 바뀌지 않았습니다. 좌절되고 조급해졌지만 예배를 사모하며 평안한 마음으로 기다릴 수 있었습니다. 다행히 하나님이 저를 불쌍히 여기셔서 목사님이 장인 장모님을 설득해 주심으로 교제 7년 만에 결혼 허락을 받도록 인도해 주셨습니다.

그런데 모든 게 이루어지니 은혜가 막혔습니다. 결혼식 날 교회 지체들이 축가로 〈하나님의 은혜〉를 불러 주었는데 지루했습니다. 다른 청년들의 결혼식 때 들으면 늘 은혜였기에 제 결혼식 때도 좋을 줄 알았는데, 듣고 있기가 지루해 '이 찬양이 이렇게 길었나' 하는 생각이 들었습니다. 이후로 예배와 공동체를 사모하는 마음도 없어졌습니다. 새로 시작한 일의 수입이 좋고, 배려해 주는 아내와 사랑스러운 딸도 있고, 양가 부모님도 믿음생활을 하시니 마냥 행복했습니다. 내가 행복의 아이콘이 되겠다며 하나님 자리에 여러 우상을 놓았습니다. 딸이 유아 세례를 받아야 했지만 제 믿음 상태가 좋지 않으니 회복되면 받겠다며 미루었습니다. 목자님께 양육을 받으라는 권면을 들으면 평생 목원으로 지내는 게 좋겠다고 생각했습니다.

겉으로는 여전한 방식으로 교회에 나가고 목장도 가고 봉사도 했습니다. 그러나 마음 가운데 고난이 오는 것 아닌가 하는 두려움이 늘 있었습니다(계 21:8). 그러다 제 나눔을 읽으신 목사님이 만천하에 제 이야기를 공개하시는 바람에 강단에서 간증해야 하는 고난이 찾아왔습니다. 간증문을 쓰는 게 힘들어서 잘 살아야겠다고 결심했습니다. 그리고 그날부터 가정예배와 큐티가 회복되었습니다. 하나님만이 처음과 나중이신데, 골프 프로 테스트가 처음이고 결혼이 마지막이 되어서 내 하늘과 내 땅에서 살았음을 회개합니다(계 21:6). 이제는 저의 죄를 가지치기하며 내 사명을 감당하길 원합니다. 날마다 내 죄를 보며, 새롭게 하시는 주님의 이름을 붙잡고 새로운 나라에 입성하는 제가 될 수 있도록 기도 부탁드립니다(계 21:5).

영혼의 기도

하나님 아버지, 우리가 새롭게 하시는 하나님 나라를 차지하기를, 그곳에 입성하는 주인공이 되기를 원합니다. 그러나 고난이 없으면 말씀을 사모하지 않는 것이 우리의 본성이요, 현주소입니다. 본문에 등장하는 여러 성도님의 간증을 보면서 한계상황이 닥쳐야만 우리가 값없이 주시는 말씀을 사모하게 된다는 걸 다시금 깨달았습니다. 그러니 내게 주신 고난을 불평하지 않게 하옵소서. 알파와 오메가요, 처음과 마지막이신 하나님을 바라보며 우리의 모든 고난을 인내하게 하옵소서. 우리 인생의 시작과 끝이 하나님의 장중에 있다고 믿습니다. 하나님이 시작하셨으니 하나님이 끝내지 않으시면 끝낼 자가 없다는 걸 알고 고난의 때도 "이루었도다"고백하게 하옵소서.

그러나 고난이 힘겨워 삶을 포기하고 싶을 때가 참 많습니다. 고통에서 살아남기 위해 우리가 하나님의 말씀을 사모하게 하옵소서. 목마른 사슴이 시냇물을 찾듯이 생명수 샘물인 말씀을 찾는 우리가 되게 하옵소서. 말씀에 목마른 자가 가장 축복 받은 자라는 걸 알게 해 주옵소서. 우리 스스로 죄성을 이길 수 없습니다. 말씀과 믿음의 공동체와 더불어 나의 죄를 가지치기할 수 있도록 도와주옵소서. 비록 죄가 많아도 내가 주님만 믿으면 하나님의 사랑의 아들의 나라로 옮겨 주실 줄 믿습니다(골 1:13).

특별히 세상에 목말라 은혜를 잃어버린 성도들을 찾아가 주옵소서. 주님이 피 묻은 손으로 그들을 안수하여 주셔서 그들이 믿음을 회복하게 도와주옵소서. 예배를 회복하여 삶도 회복되도록 역사해 주옵소서. 예수님 이름으로 기도드리옵나이다. 아멘.

거룩한 성 새 예루살렘

요한계시록 21장 9~17절

05

하나님 아버지, 우리 모두 거룩한 성
새 예루살렘에 입성하기를 원합니다.
말씀해 주시옵소서, 듣겠습니다.

✧◆✧

천국은 새 하늘과 새 땅입니다. 성도는 이 땅에 사는 동안 주님의 통치를 받는 천국을 맛보고, 죽은 뒤에는 영원한 천국에 거하게 될 것입니다. 그리고 마지막 날, 영화로운 부활의 몸이 되어 완전한 천국을 누리게 될 것입니다. 21장에 등장하는 새 하늘과 새 땅은 이 완전한 천국의 모습을 보여 줍니다.

어떤 아름다운 말로 표현해도 우리에게 천국은 여전히 비밀에 싸인 세계입니다. 왜냐하면 "모든 사람이 죄를 범하였으매 하나님의 영광에 이르지 못하"기 때문입니다(롬 3:23). 우리는 오직 믿음으로만 '바라는 것들의 실상이요 보이지 않는 것들의 증거'인 천국을 볼 수 있습니다(히 11:1). 즉, 주 안에서 가치관이 변화된 자만이 천국을 볼 수 있습니다. 가치관이 변화되었다는 것은 장차 나타날 영광을 이 땅에서 미리 맛보고 있다는 겁니다. 그렇게 우리가 천국을 확실히 믿을 때 핍박을 견디고 순교도 할 수 있습니다.

본문에서 믿음과 정절을 지킨 자들이 거하는 예루살렘을 가리켜 '거룩한 성'이라고 합니다. 성경의 주제가 거룩이요 인생의 목적도 거룩인데, 과연 마지막 새 예루살렘을 표현한 수식어도 "거룩"입니다. 이 거룩한 성 새 예루살렘은 어떤 모습인지 함께 살펴보겠습니다.

마지막 재앙이 끝나야 누리는 성입니다

일곱 대접을 가지고 마지막 일곱 재앙을 담은 일곱 천사 중 하나가 나아와서 내게 말하여 이르되 이리 오라 내가 신부 곧 어린 양의 아내를 네게 보이리라 하고_계 21:9

지난 17장을 보면 한 천사가 요한에게 나아와 "많은 물 위에 앉은 큰 음녀가 받을 심판을 네게 보이리라"고 합니다(계 17:1). 이후 말씀대로 큰 음녀가 받을 심판과 음녀의 가증한 실체를 보여 주었습니다. 이제는 더 나아가 예수님의 신부, 곧 "어린 양의 아내를 네게 보이리라"고 합니다. 이것은 음녀와 어린 양의 아내를 비교해 보라는 뜻입니다.

그런데 말씀을 자세히 보면 요한에게 어린 양의 아내를 보이는 천사가 "마지막 일곱 재앙을 일곱 대접에 담은 일곱 천사 중 하나"랍니다. 이 말씀은 곧 마지막 재앙이 임해야 음녀 바벨론이 죽고 어린 양의 아내, 즉 새 예루살렘이 도래한다는 뜻입니다. 지난 18장 4절에서 주님은 "바벨론에서 나와 그의 죄에 참여하지 말라"고 말씀하셨습니다. 세상에 미련을 버리지 못하고 '좀 더 자자, 좀 더 졸자' 하면, 소금 기둥이 된 롯의 아내처럼 멸망하고 말 것입니다(창 19:26). 세상에서 나와야 그리스도의 영광에 참여할 수 있습니다. 그러나 우리 힘으로는 세상을 버리지 못합니다. 세상에서 나오려면 반드시 공의의 심판을 지나야 합니다. 심판을 통해 나의 바벨론이 던져져야 합니다. 바벨론에 살면서 동시에 새 예루살렘에서도 살 수는 없는 법입니다.

우리들교회에 열여덟 채의 집을 소유한 집사님이 계십니다. 이분은 워낙 부유하다 보니 평소 말씀이 잘 들리지 않았답니다. 그런데 뜻밖에 역전세난을 맞고, 설상가상 집에서 물이 새고, 장모님은 파킨슨병에 처형까지 루게릭병을 앓으니 저절로 큐티하게 되더랍니다. 이렇게 재앙을 통해 하나님의 말씀을 듣고 즐거워하게 되는 것이 진정한 회복입니다. 세상 바벨론에서 나와 가치관이 변화되는 길입니다.

에스겔 40장 이후를 보면 하나님이 이상 중에 영광으로 가득 찬 새 성전을 에스겔에게 보이십니다. 그리고 성전의 영광을 목도한 에스겔은 이와 같이 고백하지요.

"그 모양이 내가 본 환상 곧 전에 성읍을 멸하러 올 때에 보던 환상 같고 그발 강가에서 보던 환상과도 같기로 내가 곧 얼굴을 땅에 대고 엎드렸더니"(겔 43:3).

이 말씀의 의미가 무엇입니까? 에스겔 1장에서 하나님은 그발 강가에 사로잡힌 에스겔에게 하늘 보좌의 영광을 나타내시며 회복의 환상을 보여 주셨습니다. 또한 9장에서는 무기를 든 자들이 예루살렘 성읍을 황폐하게 하는 멸망의 환상을 보여 주셨습니다. 그런데 지금 새 성전에 임한 하나님의 영광이 이전에 멸망과 회복의 환상에서 보이신 영광과 같다는 겁니다. 그러니까 하나님의 성전에서 제일 중요한 것이 '멸망과 회복의 말씀'이라는 말입니다. "멸망의 시대에 경고의 말씀을 잘 듣고 포로 생활에 순종하면 회복되리라!" 이 메시지를 전하라고 성전이, 교회가 존재하는 것입니다. 그 목적이 경고이든지, 회복이든지 하나님이 주시는 모든 말씀은 우리에게 축복입니다. 왜

냐하면 우리는 하나님의 사람이기 때문입니다. 하나님의 말씀은 하나님의 사람인 우리를 겸손케 합니다.

우리 삶은 하나님이 나를 훈련하시는 과정이라고 할 수 있습니다. 그러므로 하나님이 나의 삶에 나타내시는 일은 어떤 일이든지 다 좋은 것입니다. 선하지 않은 것이 하나도 없습니다. 그런데 우리는 어떻습니까? 잘되면 좋은 일, 안되면 나쁜 일이라 재단하며, 하나님의 말씀은 나 몰라라 제멋대로 삽니다.

믿음의 조상 아브라함도 그랬습니다. 하나님이 아브라함에게 "네 몸에서 날 자가 네 상속자가 되리라"고 약속해 주셨지만(창 15:4), 당장 자녀를 얻지 못하자 아브라함은 하갈과 동침하여 이스마엘을 낳습니다. 게다가 이스마엘이 훤칠하고 남자답기까지 하니까 다 이루었다 착각하고 하나님을 찾지 않습니다. 우리는 100% 죄인이기에 이렇듯 환경이 편해지면 말씀이 안 들립니다. 이때 하나님이 어떻게 하십니까? 아브라함에게 말씀하기를 딱 그치십니다. 아브라함이 이스마엘을 낳은 때부터 99세가 될 때까지 13년간 나타나지 않으십니다. 무엇보다 하나님이 침묵하시는 것이 제일 무서운 형벌입니다. 주님이 책망하셔도 내게 말씀해 주시는 것이 복입니다. 경고의 말씀이든지, 회복의 말씀이든지 하나님의 음성을 늘 듣는 것이 인생 최고의 축복입니다. 그러나 아브라함은 말씀을 못 알아듣습니다. 가장 무서운 벌은 책망이 아니라 무관심인데, 잘난 이스마엘에게 빠져서 주님의 음성이 전혀 안 들립니다.

저 역시 강대국 바벨론이 좋아서 돈을 좇아 시집을 갔습니다. 그

결과 돈에 사로잡힌 신세가 되었습니다. 그런데 제가 사로잡힌 그발 강가에 주님이 찾아오셨습니다. 주님은 에스겔 1장 말씀을 통해 제게도 회복의 환상을 보여 주시고, 에스겔 9장 멸망의 환상을 통하여 '하나님의 일을 하라'는 소명을 주셨습니다. 그리고 우리들교회 창립예배를 드리던 날 주신 말씀이 바로 에스겔 43장 3절입니다. 에스겔에게 그러하셨듯 주님은 제게 멸망과 회복의 환상을 보이시면서 "우리들교회는 멸망, 포로, 회복의 메시지를 선포하라"는 사명을 주셨습니다. 그것이 우리들교회가 거룩한 성 새 예루살렘 교회로 나아가는 길이라고 말씀해 주셨습니다.

주님은 재앙의 말씀을 잘 듣는 사람에게 회복의 말씀도 잘 주십니다. 어린 양의 아내가 되는 데 특별한 조건은 없습니다. '음녀 바벨론은 멸망한다'는 말씀을 잘 들으며 포로 생활을 잘 사는 자가 어린 양의 아내로서 최고 덕목입니다.

몇 년 전 우리들교회에서 '압살롬의 기념비'라는 주제로 청소년부 큐티캠프를 열었습니다. 그때 한 중학생이 나누어 준 간증을 소개합니다. 청소년 아이들은 어떤 나눔을 하는지 잘 읽어 보세요.

아빠는 맨날 부재중이고 엄마는 늘 우울했습니다. 부모님은 자주 싸웠는데 엄마는 그 스트레스를 저를 때리는 걸로 풀곤 했습니다. 그러면서도 친구에게 집착하는 제 모습을 자주 지적하셨습니다. 저는 자기 삶도 잘 못 살면서 저를 가르쳐 대는 엄마의 말이 좋게 들리지 않았습니다. 그래서 엄마가 그러거나 말거나 친구에게 빠져 살았습니다.

그런데 작년 큰 사건이 터졌습니다. 학교 동아리 친구들이 저를 빼놓고 따로 채팅방을 만들어서 동아리 차장인 저를 쫓아내자고 이야기한 겁니다. 압살롬이 믿음 없는 사람들과 어울리다가 망했듯 저도 보기 좋게 배신을 당했습니다. 저는 아무런 통보도 받지 못한 채 동아리 차장 자리에서 짤리고 순식간에 왕따가 되었습니다. 그중에는 매일 하굣길을 함께하던 친구와 1학년 때부터 단짝이던 친구도 있어서 큰 충격을 받았습니다. 게다가 반 친구들과도 사이가 틀어지고, 초등학생 때부터 친하게 지낸 친구에게도 뒤통수를 맞았습니다. 이렇게 관계 고난이 잇따라 찾아오자 저는 어찌할 바를 몰라 어떤 날은 아예 학교를 빠져 버렸습니다. 또 등교해도 쉬는 시간이면 친구들을 피해 화장실이나 도서관에서 혼자 지내곤 했습니다.

그런데 시간이 지나면서 점점 고난이 유익으로 바뀌었습니다. 마음이 너무너무 가난해져서 하나님을 찾게 된 겁니다. 기도와 큐티로 저를 돌아보니 하나님이 친구를 우상 삼는 저를 깨우고 훈련하시려고 고난을 주셨다는 걸 인정할 수밖에 없었습니다. 또한 저 역시 마음에 안 드는 친구를 무시하고 소외시켰던 죄인이라는 것이 깨달아져서 그 친구에게 찾아가 사과하는 적용도 할 수 있었습니다. 이제는 친구를 우상 삼는 삶이 아니라, 말씀으로 용기를 얻어서 저와 같이 힘든 친구들을 돕기 원합니다. 제가 압살롬처럼 자기를 위해 기념비를 세우지 않고, 믿음의 기념비를 세우도록 함께 기도해 주세요(삼하 18:18).

큰 재앙이 오니까 어린 학생인데도 그동안 들은 말씀이 위력을 발

휘해 마침내 회개하게 되었습니다. 물론 학생은 힘들었겠지만, 어릴 때 이런 경험을 한 것이 인생에서 가장 큰 축복이 되리라고 확신합니다.

여러분은 어떻습니까? 고난 가운데도 경고의 말씀을 잘 듣고 있습니까? 경고의 말씀이 들리면 하나님의 때에 회복은 저절로 이루어집니다. 이 순서를 잘 기억하기 바랍니다. 경고의 말씀이 들려야 회복됩니다. 순서가 바뀌어서는 안 됩니다. '내 상황은 언제 좋아질까?' 하면서 회복의 말씀만 찾다 보면 회복은커녕 고통만 당하게 됩니다.

● 내게 찾아온 사건에서 경고의 말씀이 들립니까? 죽기 살기로 회복의 말씀만 들으려 하지는 않습니까?

크고 높은 산으로 올라가야
영광이 보이는 성입니다

성령으로 나를 데리고 크고 높은 산으로 올라가 하나님께로부터 하늘에서 내려오는 거룩한 성 예루살렘을 보이니_계 21:10

요한에게 음녀 바벨론의 실체를 보여 줄 때는 "성령으로 나를 데리고 광야로 가니라"고 했습니다(계 17:3). 바벨론에서 훈련 받을 때는 성령이 광야로 데려가셨는데, 이제 훈련이 끝나자 '크고 높은 산'으로 데리고 올라가 주의 영광이 가득한 거룩한 성을 보이십니다. 이 말씀을 구체적으로 적용해 보자면 인생길은 광야지만 거기서 멸망하지 않고 크고 높은 산으로 올라가야 영광을 본다는 의미입니다.

9절의 어린 양의 아내와 본문의 거룩한 성 모두 교회를 뜻합니다. 이 땅의 인생이 초라해도 내가 거룩한 성, 거룩한 교회가 되면 아름다움을 보게 됩니다. 육이 무너진 만큼 영이 세워져서 천국의 아름다움이 보이고, 천국의 아름다움이 보이는 만큼 세상을 내려놓게 됩니다. 제일가는 아름다움을 보았는데 이 세상 무엇이 부럽겠습니까. 왜, 귀한 다이아몬드가 내 것이라고 하면 다른 것은 저절로 포기되잖아요. 그러니까 쓰레기통 같은 환경에 처했대도 그 속에 숨은 다이아몬드를 발견하면 영광의 주인공이 되는 겁니다. 그런데 "저기에 가면 다이아몬드가 있대, 그런데 쓰레기통에 있대" 알려 주어도 많은 사람이 다이아몬드를 찾지 못합니다.

> 하나님의 영광이 있어 그 성의 빛이 지극히 귀한 보석 같고 벽옥과 수정같이 맑더라_계 21:11

'빛'에 해당하는 헬라어 '포스테르(φωστήρ)'는 외부로부터 빛을 받아서 반짝이는 것을 말합니다. 성이 내는 빛에 비유된 벽옥과 수정도 스스로 빛을 내는 발광체가 아닙니다. 어떤 보석이든지 햇빛이 비추어야 반짝반짝 빛나지요. 그러므로 11절 말씀은 '하나님의 영광이 비추어서 성이 빛을 발한다'라고 이해할 수 있습니다. 우리도 그렇습니다. 나 혼자서 빛을 낼 수 없습니다. 말씀의 빛을 받아야, 하나님의 빛을 받아야 합니다.

또한 '영광'으로 번역된 헬라어 '독사(δόξα)'에는 '자기 본질을 안다'는 의미가 있습니다. 곧, 자기 본질을 알아야 하나님을 반사하여 보석같이 반짝반짝 빛나는 인생이 된다는 것입니다. 그러면 내 본질을 어떻게 압니까? 인간이 자기 본질을 아는 길은 내 죄를 보는 것밖에 없습니다. 자기 죄를 보면 하나님이 비추셔서 보석같이 빛나게 해 주십니다. 그래서 우리들교회에서는 죄가 많은 사람을 '보석'이라고 부릅니다. 하나님을 만날 수 있는 최고의 환경 속에 있는 사람이기 때문입니다.

앞서 중학생의 나눔에 이어서 이번에는 한 고3 학생의 나눔을 소개하려고 합니다. 담당 목사님이 심방을 가도 좀체 만나 주지 않고 내쫓던 아이인데 기적적으로 큐티캠프에 참석했답니다. 그런데 캠프 둘째 날 저녁, 이 아이가 엄마에게 이런 메시지를 보냈다는 겁니다.

엄마, 내가 압살롬이었어. 아빠와 이혼한 후 엄마가 나를 위해 최선을 다하고 있는 것 잘 알아. 하지만 나는 그 뒤에 숨어서 압살롬처럼 하나님을 찾지 않았어. 목사님이 설교 중에 "다윗도 실수가 많았지만 압살롬은 말씀으로 삶을 해석하지 못해서 다윗보다 더 괴물이 되었다"고 하셨는데 내가 바로 그런 사람 같아. 죽을 때까지 하나님은 안 찾을 줄 알았는데 목사님이 살아만 있으라 하시고, 하나님께 살려 달라고 부르짖으라고 하셔서 기도하면서 정말 목 놓아 울었어. 맨날 죽고 싶다고 생각했는데 이제 살고 싶어, 엄마.

이야말로 "대박" 아닙니까! 이 아이가 억지로라도 큐티캠프에 가서 완전히 대박 났습니다. 엄마가 메시지를 받고 너무너무 기뻐서 청소년부 목사님께 그대로 보낸 걸 목사님이 제게 보내고, 저도 이렇게 여러분께 소개합니다. 아이는 자기도 모르게 만천하에 간증하게 되었습니다. 바로 이겁니다! 말씀에 비추어 압살롬과 다를 바 없는 자기 죄를 보게 되니까, 죄인인 자기 본질을 깨달으니까 하나님의 영광을 보이게 됐잖아요. 학생의 고백에 은혜 받으셨죠? 소망이 생기지 않습니까? 이 아이가 순전히 말씀에 힘입어 자기 죄를 보게 됐습니다. 삶이 힘들어도 말씀을 통하여 거룩한 성의 아름다움을 본 자는 아이든지 어른이든지 빛이 날 수밖에 없습니다.

'크고 높은 산'은 육적으로는 힘든 곳입니다. 자발적으로는 못 갑니다. 또 내게 고난이 있다고 크고 높은 산에 있는 것도 아닙니다. 크고 높은 산은 오직 성령을 힘입어야만 갈 수 있습니다. 성령에 이끌려 육적으로 힘든 곳에 가고 보니까 영적으로 크고 높은, 거룩한 성이 보이는 겁니다.

사무엘하 18장을 보면 아버지 다윗 왕에게 반역한 압살롬이 끝내 죽음을 맞습니다. 다윗은 이 소식을 듣고 슬픔에 빠져 "내 아들 압살롬아, 내 아들 압살롬아" 부르짖으며 통곡합니다. 아무리 나를 배반했다고 해도 아들의 죽음에 슬퍼하지 않을 아버지가 어디 있겠습니까. 우리 곁에도 이런 압살롬 같은 존재가 많습니다.

다윗의 인생을 돌아보면 참 기가 막힙니다. 말씀을 따라 주의 길을 가는데 그 인생길이 너무 외롭습니다. 다윗의 심복 요압은 다윗을 대신하여 손에 피 묻히는 일을 줄곧 담당했습니다. 압살롬을 살해한 자도 요압입니다(삼하 18:14). 신하로서 왕을 해하려 하는 자는 비록 왕의 아들일지라도 제거해야 하지 않겠습니까? 그러지 않았다면 압살롬에게 동조한 자가 워낙 많아서 나라가 망했을지도 모릅니다. 옳고 그름으로만 따지면 요압의 행동은 마땅해 보입니다.

그런데 이것이 꼭 있어야 할 일이었습니까? 그가 압살롬을 죽이지 않았어도 하나님이 해결해 주셨을 것입니다. 우리가 이걸 못 믿습니다. 그래서 다윗도 못 하는 일을 내가 해결할 수 있다고 착각하고 자기 방법을 내세웁니다. 하나님의 왕국을 내가 세우겠다며 요압이 나선 겁니다. 다른 나라도 아닌 하나님의 왕국을 말이죠.

이처럼 내 곁에 거듭난 사람, 성숙한 사람만 있는 게 아닙니다. 다윗이 요압과 함께 가야 하는 걸 인정하기가 얼마나 힘들었을까요. 다윗에게는 크고 높은 산으로 올라가는 길이었을 겁니다. 구속사를 전혀 모르는 요압이 구속사의 최고봉인 다윗을 평생 도왔다는 걸 여러분은 어떻게 생각합니까? 인간적인 일들을 요압이 다 처리해 주니까 내칠 수도 없고, 함께하자니 한 믿음이 안 되고……. 그래서 다윗은 하나님이 처리해 주실 때까지 요압과 함께 갔습니다.

아들 압살롬도 그렇습니다. 끊임없이 여자를 얻어 들이고 불륜까지 저지른 다윗에 비하면 압살롬은 정말 훌륭해 보입니다. 외모도 출중한 데다가 백성의 송사를 어찌나 잘 해결해 줬는지, 그가 이스라엘 온 백성의 마음을 훔쳤다고 합니다(삼하 15:6). 그런데 압살롬 역시 구속사가 안 깨달아지는 사람이잖아요. 온 백성의 마음을 도둑질할 만큼

매력이 넘쳐도 그는 자기 죄를 못 봅니다. 그러니 밧세바와 부정을 저지르고, 암논이 누이 다말을 욕보여도 가만있는 아버지가 용서가 안 됩니다. '저런 주제에 왕이라고? 아버지나 잘 사세요' 하면서 구속사는 모른 채 끝까지 옳고 그름만 따지다가 죽임당합니다. 다윗의 모사 아히도벨도 하나님의 말씀만큼 뛰어난 계략을 가진 자라는 평가를 받았지만 구속사가 안 깨달아지니까 압살롬 편에 섰습니다(삼하 16:23).

요압, 아히도벨, 압살롬…… 죄다 불통(不通)인 사람들에 싸여 다윗은 일생 고독하지 않았을까요? 그러나 중요한 것은, 이런 힘든 환경이 다윗을 거룩한 예배의 자리로 데려갔다는 진리입니다. 이 세상 어디에도 하나님과 교제하는 자리, 믿음의 공동체와 교제하는 자리보다 크고 높은 곳은 없습니다. 그보다 더 영광스러운 곳은 없습니다.

"하나님이 임재하시는 예루살렘은 거룩하고 새로우나 바벨론은 위대하지만 낡았다"라는 글을 어디선가 보았습니다. 다윗은 위대한 왕이 아니라 거룩한 왕이었습니다. 참으로 거룩하면 새로워집니다. 다윗이 이해할 수 없는 일 가운데서도 하나님만 바라보았더니, 과연 하나님이 창조적인 생각을 주셔서 다윗은 예배의 대가(大家)로 자리매김했습니다. 온갖 악기를 사용하여 하나님을 찬양한 최초의 사람이 바로 다윗입니다. 더 나아가 다윗은 예수님의 조상으로 우뚝 섰습니다.

구속사가 들리지 않으면 진리의 근사치까지 갈지는 몰라도 끝까지 옳고 그름을 버리지 못합니다. 아히도벨 역시 다윗에게 복수심을 가졌습니다. 밧세바의 조부였으니 다윗에게 좋은 마음이었을 리 없지요. 그 복수심 때문에 그는 끝까지 주님을 만나지 못했습니다. 크고 높은 산, 곧 하나님과 깊이 교제하는 자리로 올라가려면 어떤 때도 주님만 바라보아야 합니다. 마지막 재앙 가운데서 주님을 불러야 합니다.

우리들교회도 사탄의 공격이 많다 보니 매주 주일예배 설교를 준비하는 일이 참 힘겹습니다. '어떻게 하면 한 사람이라도 더 말씀이 들릴까' 늘 고민하느라 뼈가 마르기에 주일 아침 교회에 오면 눈물이 앞을 가립니다. 그러나 이렇게 힘든 만큼 주님이 은혜를 부어 주십니다. 저에게는 이것이 크고 높은 산에 오르는 것 아닐까 합니다. 날마다 기도할 수밖에 없도록 주님이 저를 이끄십니다.

남편이 바람피웁니까? 아내가 집을 나갔습니까? 자식이 속 썩입니까? 나의 예배를 위해 그들이 수고하는 것입니다. '나부터 온전히 예배하고 찬양하라고 그들이 수고하는구나!' 깨달아져야 합니다. 거룩한 성 새 예루살렘에 입성한다는 건 이렇듯 가치관이 변화되는 걸 말합니다. 고난을 보지 않고 주님 오실 때 휴거되는 게 천국이 아니라는 말입니다.

"여호와의 영광이 동문을 통하여 성전으로 들어가고 영이 나를 들어 데리고 안뜰에 들어가시기로 내가 보니 여호와의 영광이 성전에 가득하더라"(겔 43:4~5).

우리들교회 창립예배를 드리던 날 이 말씀을 보면서, 만약 주님이 나를 들어 데리고 천국에 가신다면 여호와의 영광을 마주하며 참 많이 울 것 같다고 생각했습니다. 지금도 그렇습니다. 훗날 천국에 가면 저는 기뻐서 웃기보다 정말 많이 울 것 같습니다. 주께서 나를 들어 데리고 가시는 건 바라지도 않습니다. 천국 한 귀퉁이에 있어도 좋으니 쫓아내지만 마시라는 기도가 절로 나옵니다. 여러분 중에도 천국에서 눈물 흘릴 분이 많겠지요. 인생을 살며 흘린 눈물이 많을수록 천국에 입성한 감격이 더 넘칠 것입니다.

다윗이 그렇습니다. 왕이라도 내 힘으로 할 수 있는 게 아무것도 없습니다. "내가 약하여서 요압을 제어할 수 없다"고 그는 고백합니다(삼하 3:39). 요압도, 압살롬도 어찌할 수 없습니다. 내 죄를 보면 더 뭐라 말할 수 없습니다. 그러나 어찌할 수 없는 광야에서 내가 회개하면 주님이 사막에 길을 내십니다. 다윗이 잘나서 천국 간 것이 아닙니다. 다윗 인생에 눈물 흘릴 일이 얼마나 많았습니까.

십여 년 넘게 큐티모임을 인도한 뒤 2000년도에 큐티선교회가 공식적으로 출범했습니다. 그리고 2003년 우리들교회가 세워지면서부터 큐티하는 사람들의 공동체를 이루게 됐습니다. 여러 성냥개비가 모이면 큰불을 이루는 것처럼, 함께 말씀을 묵상하는 사람들이 모이니까 저 혼자일 때보다 예배와 찬양에 힘이 있습니다. 우리들교회의 THINK 큐티 나눔을 처음엔 우리끼리만 나누었는데 이제는 하나님이 인터넷을 통해 전 세계로 나팔을 불어 주십니다. 하나님께서 우리들교회를 크고 높은 산으로 띠 띠우고 데리고 가신다는 생각이 듭니다. 여러분도 비록 이 땅에서 보이는 것 하나 없고 늘 거절당하는 인생일지라도, 결코 없어지지 않을 천국 성전에 나를 들어 데리고 가실 주님의 계획을 100% 신뢰하기 바랍니다.

- 성령이 나를 데리고 올라가시는 크고 높은 산은 어디입니까? 쉽게 말하면 하나님과 깊이 교제하고자, 말씀을 적용하고자 어떤 힘든 일에 기꺼이 순종하고 있습니까?
- 천국에 들어가면 기뻐서 웃을 것 같습니까, 눈물을 흘릴 것 같습니까?

비천한 자들의 이름이 있는 성입니다

> 12 크고 높은 성곽이 있고 열두 문이 있는데 문에 열두 천사가 있고 그 문들 위에 이름을 썼으니 이스라엘 자손 열두 지파의 이름들이라 13 동쪽에 세 문, 북쪽에 세 문, 남쪽에 세 문, 서쪽에 세 문이니 14 그 성의 성곽에는 열두 기초석이 있고 그 위에는 어린 양의 열두 사도의 열두 이름이 있더라_계 21:12~14

새 예루살렘 성 성곽에는 열두 문이 있습니다. 새 하늘과 새 땅의 견지로 보면, 이는 하나님과의 영광스럽고 놀라운 교제로 들어갈 기회가 풍부하다는 뜻입니다. 동서남북 사방에 세 개씩 문이 있다는 것도 어디서든 들어갈 수 있다는 의미입니다.

또한 그 문들 위에는 이스라엘 자손 열두 지파의 이름들이, 성곽의 열두 기초석에는 어린 양의 열두 사도의 이름이 쓰였습니다. 그런데 이스라엘 열두 지파의 조상, 곧 야곱의 아들들이 어떤 사람들입니까? 하나하나 면모를 살펴보면 정말 비천하기가 그지없습니다. 첫째

르우벤은 아버지의 첩과 동침하고, 둘째 시므온과 셋째 레위는 살육을 저지르고, 넷째 유다는 며느리와 동침하는 수치스러운 죄를 지었습니다. 열두 사도 역시 별 볼 일 없는 어부 출신이 대부분입니다. 그런데 이런 이름들이 새 예루살렘 성에 찬란히 새겨져 있다는 겁니다.

여러분도 죄 많고 별 볼 일 없습니까? 성곽이 낮든지 높든지 성은 오직 문을 통해서만 들어갈 수 있습니다. 예수님은 양(羊)의 문이십니다(요 10:7). 이 예수님을 통해 누구든지 하나님께 나아갈 수 있습니다. 어린 양의 열두 사도에 속한 자, 예수를 그리스도로 영접하는 자가 거룩한 성 새 예루살렘의 주인공입니다. 대통령이라도, 박사나 교수라도, 구제와 봉사를 열심히 한대도 어린 양에게 속하지 않은 자는 거룩한 성에 들어가지 못합니다. 비천하고 연약해도 "주여, 나를 불쌍히 여겨 달라"며 주의 이름을 부르는 자녀에게 주님은 성문을 활짝 열어 주십니다.

아무리 악한 자라도 나를 불쌍히 여겨 달라고 하면 우리 마음이 녹지 않습니까? 하물며 하나님은 어떠실까요. 그런데 음녀들은 주의 이름을 도무지 부르지 못합니다. 주의 이름이 열두 천사가 지키는 문을 통과하는 유일한 암호인데, 그걸 모르는 겁니다. 그러므로 진짜 더럽고 추한 자는 회개하지 않는 자입니다. 그들은 거룩한 성 새 예루살렘에 결코 들어갈 수 없습니다. 그곳에 들어가는 비결은 지금이라도 나의 연약함을 인정하는 것입니다. 내 죄가 주홍같이 붉어도 회개하면 어디서든 새 예루살렘에 들어갈 수 있습니다. 동서남북 사방에 문이 세 개씩 있다고 했잖아요.

우리들교회의 한 재혼 부부의 나눔을 소개합니다.

아내: 우리 부부는 서로 상처가 많아서 주님을 만나기 전까지 하루가 멀다고 싸웠습니다. 한번은 제가 남편을 식칼로 위협하기도 했습니다. 며칠 후 그 칼로 수박을 썰자 남편은 자기 살점을 베는 것 같다고 말하더군요. 남편은 이혼해 보니 그것이 해답이 아니며 자학과 다름없다는 걸 깨달았다고 했습니다. 그래서 저의 허물을 자주 덮어 주었습니다. 그러나 저는 남편의 고백을 교묘히 이용했습니다. '또다시 이혼하지는 않겠구나' 해서 늘 남편을 이겨 먹으려 들었습니다. 남편의 상처에 고춧가루를 뿌리고 무조건 내 뜻대로 해 달라고 떼썼습니다. 그러자 자칭 의인이던 남편도 별수 없더군요. 처음엔 참아 주다가 화를 주체 못 해 부수고 때리는 날도 있었습니다. 그래도 저는 남편이 잘해 주니까 감사할 줄도 모르고, 주제 파악도 못 했습니다.

하루는 남편이 참다 참다 폭발하여 "이 미친 X야, 약이나 먹어!"라고 제게 소리를 고래고래 질렀습니다. 그런데 이상하지요? 딱 인정이 되는 겁니다. 그날 이후로 저는 정신과 약을 꾸준히 챙겨 먹고 있습니다. '나는 미친 X니까 약을 잘 먹어야지' 하면서 말이죠. 제가 이렇게 회복되니까 남편을 대하기가 한결 편해졌습니다. 남편이 편하게 해 주는 게 아니라 저 스스로 편해진 겁니다. 이제는 내 주제 파악이 돼서 도리어 남편 눈치를 보며 삽니다. 예전에 남편은 제 생떼에 못 이겨 어쩔 수 없이 제가 원하는 대로 해 줬습니다. 그걸 알고 때로는 자존심이 상하기도 했습니다. 그런데 이제는 남편이 "미친 X야, 약 먹어!" 해도 진심으로 저를 대하는 걸 아니까 예전만큼 표현하지 않아도 마음이 가득 차는 것 같습니다.

남편: 사실 저는 아내에게 제 이혼 문제에 대해 솔직하게 이야기하지 못했습니다. 아내에게 상처를 주고 부부관계에 금이 갈까 봐서요. 전처와 이혼하지 말아야 했다고, 이혼은 하나님 앞에 합당한 일도 복이 되는 일도 아니라고 솔직히 나누지 못했습니다. 그저 "당신과 결혼한 것이 내가 최고로 잘한 일"이라는 인본적인 말로 아내에게 인정받으려고만 했습니다. 그런데 목사님이 저와 같은 고난을 당한 한 집사님의 이야기를 설교 때 해 주셔서 드디어 아내와 그 부분을 나눌 수 있었습니다. 사실 내가 이혼을 죄라고 인정하고 싶지 않은 건데, 아내가 아직 때가 차지 않아서 나눌 수 없다는 핑계를 댔습니다.

이게 뭡니까? 이혼한 것도 기가 막히고, 서로 본심을 숨기는 것도 기가 막히고, 어렵게 재혼하고서 칼을 휘두를 정도로 부부가 치열하게 싸우는 것도 기가 막힙니다. 정말 비천하지 않습니까? 그래도 이 부부, 참 믿음 있습니다. 언제나 자기 죄를 봅니다. 남들에게 결코 내보일 수 없는 이야기인데, 힘들고 연약해도 부부가 함께 솔직히 나누면서 가니까 회복이 일어납니다. 이것이 바로 거룩한 성의 아름다움을 보는 것이라 이 말입니다. 내가 어떤 것도 인정하고 회개하면 비천한 인생일지라도 그 이름이 거룩한 성에 새겨진다는 말입니다.

열두 지파의 조상들이, 주님의 열두 사도들이 어떤 인생을 살았는지 우리는 잘 알잖아요. 속이고, 거짓말하고, 여자 좋아하고, 돈 좋아하고, 간음하고, 살인하고…… 그렇다고 거룩한 성에 못 들어가는 게 아닙니다. 압살롬과 아히도벨은 그런 다윗을 정죄했습니다. 똑똑해서 말씀을 잘 알지만 끝까지 옳고 그름을 버리지 못했습니다. 천국은 옳고 그름으로 가는 나라가 아닙니다. 나 자신이 죄인이라는 걸 인정하고 회개하면 거룩한 성을 봅니다.

• 나의 비천한 부분은 무엇입니까? 가문입니까, 학벌입니까, 용모입니까, 수치스러운 과거입니까, 가난입니까? 내 죄를 못 보는 것입니까?

정확히 측량당하는 성입니다

내게 말하는 자가 그 성과 그 문들과 성곽을 측량하려고 금 갈대 자를 가졌더라_계 21:15

천사가 새 예루살렘 성과 문들, 성곽을 측량하는 것은 하나님이 그분의 교회를 안전히 보호하신다는 의미입니다. 또한 측량 도구인 '금' 갈대 자는 '불변(不變)'을 상징하는 것으로서 그만큼 하나님의 측량이 정확하다는 뜻입니다.

'어떻게 다윗같이 죄 많은 인간이 거룩한 성에 들어갈 수 있어?', '아히도벨은 왜 거룩한 성에 못 들어가?' 우리 기준으로는 이해할 수 없습니다. 불공평해 보입니다. 아히도벨이 왕의 모사로 활약할 만큼 똑똑하고 훌륭했잖아요. 그러나 그는 구속사를 몰라 다윗을 배반하고, 압살롬이 자신의 계략을 무시하자 결국 스스로 목숨을 끊었습니다(삼하 17:1~23). 하나님의 금 갈대 자는 정확합니다. 한 치의 오차도 없습니다.

> 그 성은 네모가 반듯하여 길이와 너비가 같은지라 그 갈대 자로 그 성을 측량하니 만 이천 스다디온이요 길이와 너비와 높이가 같더라_계 21:16

금 갈대 자로 성을 측량해 보니, 네모가 반듯하고 길이와 너비와 높이가 만 이천 스다디온으로 모두 같다고 합니다. 균형 잡히고 완전 무결한 성입니다. 다시는 사망이 없고 애통하는 것이나 곡하는 것이나 아픈 것이 다시 있지 않는 성입니다(계 21:4). 특별히 "만 이천"이라는 수는 '$3 \times 4 \times 10^3$'으로 하나님을 상징하는 수 3과 땅의 수 4에 완전수 10의 세제곱을 곱한, 완전성과 완성을 상징하는 수입니다. 즉, 세상에서 역사하시는 삼위일체 하나님의 구원 사역이 완벽하고도 완전하다는 의미입니다.

> 그 성곽을 측량하매 백사십사 규빗이니 사람의 측량 곧 천사의 측량이라_계 21:17

성곽의 규모는 백사십사 규빗입니다. 백사십사는 12에 12를 곱

한 수로, 옛 시대와 새 시대 곧 구약 백성과 신약 백성을 아우르는 하나님의 모든 백성을 상징합니다. 그것이 성곽의 높이인지 두께인지 정확히 알 수 없지만, 만 이천 스다디온인 성의 규모에 비교하면 작은 수인 것만은 분명합니다. 어떻게 백사십사 규빗의 성곽이 일만 이천 스다디온의 성을 둘러쌀 수 있겠습니까? 그러므로 천국은 인간의 말로는 설명할 수 없는 곳입니다.

"사람의 측량 곧 천사의 측량이라"는 말씀도 그렇습니다. 이는 천사가 인간의 측량 방법을 사용했다는 의미입니다. 우리 눈높이로 천국을 설명하고자 인간의 측량 방법을 빌린 것이죠. 한편으로는 사람의 측량에는 한계가 있다는 뜻이기도 합니다. 진짜 천국에 가 보아야 정확한 크기와 높이, 너비를 알 수 있습니다. 만 이천 스다디온, 백사십사 규빗이라는 치수가 중요한 게 아닙니다. 하나님의 말씀으로 나를 측량해야 합니다. 본질이 중요합니다.

지금은 판교에도 교회가 세워졌지만 우리들교회는 오래전부터 휘문고등학교 강당을 빌려 예배드리고 있습니다. 그런데 간혹 '이야, 어떻게 교회가 학교를 빌려 쓸 수 있을까?' 하면서 대단하게 보는 분도 계시더군요. 누군가 이렇게 물으면 옛날부터 저는 딱 한마디 합니다.

"돈이 없어서요."

대단한 이유가 있어서 그런 게 아닙니다. 진짜 돈이 없어서 강당을 빌린 것뿐입니다. 교회가 세상과 구별되려면 백사십사 규빗의 단이 필요합니다. 학교 강당과 같은 외형적인 단이 필요하지요. 그러나 그보다 말씀으로 측량해서 내적 성전을 잘 짓는 게 더 중요합니다. 내적인 거룩 없이 외적인 것만 자랑한다면 아무리 외형이 멋져도 전부 헛것입니다. 백사십사 규빗의 성곽이 작지만 그 역할을 감당하는 외적 성전을 가리킨다면, 나의 신분을 인식하고 말씀대로 거룩하게 살고자 하는 것이 만 이천 스다디온의 내적 성전입니다. 우리들교회를 이룬 만 이천 스다디온은 영혼 구원을 위해 흘린 애통의 눈물입니다. 우리들교회는 눈물로 지어진 성전입니다.

총 48장으로 이루어진 에스겔은 하나님이 환상 가운데 천국 성전을 보여 주시면서 끝을 맺습니다. 이 에스겔에도 성전을 측량하는 본문이 나옵니다. 하나님의 명령을 따라, 40장부터 한 사람이 삼줄과 측량하는 장대로 이른바 에스겔 성전이라 불리는 새 성전을 측량하기 시작합니다. 성의 담과 문, 문 안쪽 통로와 문지기 방, 바깥뜰과 안뜰, 성소와 지성소 등등 성전 곳곳을 차례로 측량합니다.

이 땅의 삶도 그렇습니다. 측량당하다가 끝나는 인생이라 해도 과언이 아닙니다. 그런데 진짜 똑똑한 사람은 남이 나를 측량하기 전에 스스로 자신을 측량합니다. 우리는 주님의 성전 아닙니까? 가만히 있다가 세상에 측량당해서야 되겠습니까? 말씀으로 나 자신을 측량하십시오. 그것이 바로 큐티이고, 거룩을 이루는 길입니다. 성도는 구별된 삶을 살아야 합니다. 내게 허락된 비천한 사건과 환경을 금 갈대자로, 말씀으로 측량하는 자가 거룩한 성에 들어갑니다.

우리들교회 청소년부에 다니는 한 중학생이 큐티캠프에서 나누어 준 간증을 소개합니다. 어린 학생인데도 살벌한 환경에서 얼마나 말씀으로 자신을 잘 측량하는지 모릅니다.

중학교 2학년 ○○○입니다. 저는 예수님을 믿지 않는 가정에서 태어났습니다. 교회에 다니기 전 우리 집은 하루도 조용할 날이 없었습니다. 부모님은 작은 말다툼부터 몸싸움까지 벌이며 날이면 날마다 다투셨습니다. 서로 뺨을 때리기도 하고 1년 동안 별거도 했습니다. 엄마는 항상 자기가 옳다고 주장하고, 아빠는 그런 엄마를 욕하며 술과 게임에 빠져 지냈습니다. 저와 동생은 어릴 때부터 그런 모습을 보고 자랐습니다. 늘 '부모님이 언제 싸울까, 언제 이혼할까?' 공포심에 떨면서 말입니다. 그러던 중 제가 일곱 살 때부터 우리 가족은 우리들 교회를 다니게 되었습니다. 오직 아빠만 교회 가기를 거부했습니다. 그러면서 "교회에 불을 지르겠다", "돈은 안 벌고 교회에 쳐 다니는 거냐, 아이들 데리고 잘하는 짓이다!"라고 엄마를 협박했습니다. 저는 언어폭력을 서슴지 않는 아빠가 너무 무서웠습니다.

늘 싸우는 모습만 보아서 그런지 제 마음속에는 압살롬처럼 부모님에 대한 복수심이 늘 불타올랐습니다. 열심히 교회를 다녔지만 말씀으로 내 죄는 안 보고 부모님의 죄만 들추기 바빴습니다. '엄마, 아빠는 내게 큰 죄를 지었어. 내게 해 준 게 아무것도 없어. 나는 정말 불쌍한 아이야. 엄마는 완악한 엄마야. 엄마는 매일 큐티하면서 느끼는 게 하나도 없어. 목사님 책 『문제아는 없고 문제 부모만 있다』도 읽었으면서 자기가 문제 부모인지 전혀 몰라!' 이렇게 자기 연민에 빠져서 부모님을 정죄하고 복수심을 키웠습니다.

초등학교 6학년이 되면서 사춘기가 시작됐습니다. 저는 압살롬이 다윗에게 반역했듯 엄마에게 반항하며 전쟁을 일으켰습니다. 엄마와 거의 매일 싸우고, 몸싸움도 서슴지 않았습니다. 엄마의 머리채를 잡고, 얼굴에 침을 뱉고, 이로 물어뜯고 온갖 욕을 해댔습니다. 싸움은 대부분 사소한 일로 시작됐습니다. 나는 밥을 안 먹고 싶은데 엄마가 먹으라고 했다거나 엄마가 기분 나쁜 말을 했다고 생각된다거나 내가 원하는 대로 해 주지 않는다는 이유였습니다.

그렇게 일 년 동안 사투를 벌이다가 중학교를 입학할 때가 되었습니다. 엄마는 저를 기독교 대안학교에 보냈습니다. 비록 엄마의 권유로 오기는 했지만 저는 이곳에서 열심히 큐티하며 믿음이 조금 성장하는 듯 보였습니다. 그러나 요즘도 여전한 방식으로 엄마와 싸웁니다. 다만 예전과 조금 달라진 점은 제가 먼저 사과하는 적용을 한다는 겁니다. 물론 사과하기까지 시간이 오래 걸리지만 "네가 너희 집안의 희망이고 등불이야"라고 말씀해 주시는 교회 공동체에 힘입어 꼭 사과하려고 노력합니다. 앞으로는 더 빨리 적용하는 제가 되도록 기도해 주세요. 또 저 때문에 힘든 엄마가 회복되고 상처 많은 동생의 마음이 치유되도록, 교회에 다니지 않는 아빠가 구원 받도록 함께 기도해 주세요. 힘든 가정이지만 이렇게 아픔을 내놓고 간증함으로 상처가 별이 되게 해 주신 하나님께 감사드립니다. 압살롬처럼 자기 기념비만 세우다 끝날 뻔한 인생이었는데, 큐티캠프를 통해 다윗처럼 "내 아들 압살롬아" 부르짖는 아버지 하나님의 간절한 사랑을 깨닫게 되어 기쁩니다.

북한군이 우리나라 중학교 2학년 아이들이 무서워 못 쳐들어온다는 우스갯소리가 있지요. 그만큼 요즘 학생들이 무섭다는 말입니다. 한국교회에는 대안이 없다고 말하는 세상에서 이 무시무시한 아이들을 누가 다루겠습니까? 다른 길이 없습니다. 오직 말씀으로 키워내는 것이 내 자녀를 거룩한 성에 입성시키는 비결입니다. 이 학생이 말씀으로 자기 인생이 해석돼서 엄마에게 사과했다고 하잖아요. 더 앞서 소개한 학생도 자기 죄를 보고 괴롭힌 친구를 찾아가서 사과했다고 하지 않습니까? 바로 이런 것이 거룩한 성의 영광을 누리는 삶입니다. 천국은 단지 재림의 날 공중에 들림 받아 가는 곳이 아니라는 말입니다. 이 땅에서 천국을 누려야 합니다.

거룩한 성 새 예루살렘은 마지막 재앙을 지나야 누리는 성입니다. 성령에 이끌려 크고 높은 산으로 올라가야 거룩한 성의 영광이 보입니다. 거룩한 성에는 비천하지만 주님 앞에 겸손히 자기 죄를 회개한 자들의 이름이 새겨져 있습니다. 금 갈대 자로 자신을 정확히 측량하여 오직 예수의 이름을 부르는 자만이 거룩한 성에 들어갑니다. 지금이라도 회개하고 돌이키기 바랍니다. 그리하여 어린 양의 아내로서 천국 문을 열고 거룩한 성에 입성하는 여러분 되기를 축원합니다.

• 나는 무엇으로 내 환경을 측량합니까? 돈이나 외모, 직업으로 남과 나를 측량합니까? 날마다 말씀으로 나 자신을 측량하고 있습니까?

우리들 묵상과 적용

7살 때 당한 교통사고 후유증으로 안면신경마비가 왔지만 부모님의 헌신적인 보살핌을 받고 많이 회복됐습니다. 이후로 저는 늘 부모님 뜻에 따랐고 결혼도 아버지 뜻대로 했습니다. 그러나 결혼생활은 행복하지 않았습니다. 설상가상 제가 바람피운 것이 드러나자 평생 기죽고 살기 싫어서 이혼했습니다. 그리고 '이번에는 행복한 가정을 이루리라' 꿈꾸면서 재혼했습니다. 그러나 성공에만 집착하며 고부갈등 때문에 힘들다고 하는 아내를 정죄했습니다. 그런 저로 인해 아내는 힘들어했고 하루는 식칼을 들고 절규하면서 울부짖기도 했습니다.

그러던 중 방송을 통해 김양재 목사님의 설교를 듣고 우리들교회로 인도되었습니다. 이곳에서 성령을 따라 크고 높은 산에 오르는 목장 식구들의 나눔을 들으며 저 역시 여호와의 영광을 보고 가치관이 조금씩 바뀌었습니다(계 21:10~11). 이혼이 답이 아니며 "될 대로 돼라"하며 책임지지 않는 것은 자학과 같다는 것을 깨닫게 되었습니다. 그러나 말씀을 들으면서도 제가 먼저 적용하기보다 아내를 가르치려 했습니다. 아내는 늘 저를 이기려 했고 저는 무조건 자기 뜻대로 해 달라는 아내를 참지 못해 분노를 쏟아 냈습니다. 그러다 하루는 아내와 싸우다가 "미친 X야, 약이나 먹어" 하며 악을 쏟아냈습니다. 그런데 아내가 평소와 달리 제 말대로 정신과 약을 먹고 잠을 자는 것이었습니다. 정말 말씀 묵상의 신비라고밖에 설명할 수 없는 일이었습니다. 이후로는 그동안 조심스러워서 하지 못했던 제 이혼 이야기를 아내와 나누게 됐습니다. 각자 죄책감으로 서로에게 상처를 주었지만 우리가 결혼한 것이 최고로 잘한 일이라고 아내에게 말해 줄 수 있게 됐습니다.

하지만 고난은 계속됐습니다. 퇴사하고 사업을 물려받을 생각으로 아버지 회사에 입사했는데 말기 암으로 시한부 선고를 받은 삼촌이 아버지와 상의 없이 사업장을 헐값에 팔아 버린 것입니다. 60억의 빚을 떠안은 저는 모든 재산을 팔고 사업장을 정리했습니다. 처음엔 억울한 마음이 앞서 힘들었지만 말씀과 교회 공동체를 의지해 삼촌을 용서하고 삼촌이 돌아가시기 전에는 영접 기도도 인도했습니다. 그랬더니 하나님이 저를 주일학교 부장 자리로 불러 주시고 다른 곳에 취직되는 은혜도 허락해 주셨습니다. 이혼과 재혼, 폐업이라는 마지막 재앙을 주셔서 저를 거룩한 성으로 인도해 주신 하나님, 감사합니다 (계 21:9). 앞으로도 제힘으로는 이길 수 없는 죄를 말씀과 공동체의 지혜로 정확히 측량하며 가지치기하고 나아가겠습니다(계 21:15~17).

영혼의 기도

하나님 아버지, 마지막 재앙을 통해 거룩한 성에 입성했다고 생각했습니다. 그런데 그것이 마지막이 아니라고 하십니다. 저를 천국 문 가까이 데려가시고자 재앙을 끊임없이 허락하시어 제게 남은 육을 무너뜨리십니다. 주님, 이렇게 금 갈대 자로 측량당하며 하나님께 점점 가까워질수록 저 자신이 얼마나 절망스러운지요. 어쩔 수 없이 보이는 자리에 있기에 모두가 저를 측량할 터인데, 그러기 전에 스스로 저를 측량해야 하는데 여전히 공의의 심판을 감당하기가 힘들고, 경고의 말씀을 듣기도 힘듭니다. 비천한 사람들을 살리며 가는 길이 힘겹습니다. 그러니 주님이 저에게 끊임없이 재앙을 주실 수밖에 없다고 인정됩니다.

그럼에도 불구하고 제가 잘 서 있을 수 있도록 주님, 도와주옵소서. 제가 먼저 잘 서 있어야 성도들이 거룩한 성 새 예루살렘에 들어가지 않겠습니까? 거룩한 성 새 예루살렘 공동체에서, 천국에서 모두 만나야 하는데 제가 무너지면 어쩝니까. 제게 정말 막중한 책임이 주어졌는데 스스로 측량하기가 참 힘듭니다. 주님, 저를 불쌍히 여겨 주옵소서. 제가 이 사명을 잘 감당할 수 있도록 도와주옵소서. 다윗처럼 주님을 더더욱 사모하고 창조적인 찬양을 하며 진실한 예배로 나아가도록 아버지, 제게 끊임없이 말씀해 주옵소서. 금 갈대 자로 측량하셔서 제가 딴 길로 가지 않도록, 낙심에 빠지지 않도록 붙들어 주옵소서. 한국교회의 모든 성도와 이 책을 읽는 모든 분에게도 동일한 은혜를 허락하여 주옵소서. 그리하여 우리 모두 거룩한 성 새 예루살렘 공동체의 동창생이 되어, 한 사람도 빠짐없이 천국에서 만나도록 인도하여 주옵소서. 예수 그리스도 이름으로 기도드리옵나이다. 아멘.

생명책에 기록된 자들

요한계시록 21장 18~27절

06

하나님 아버지, 어떤 사람이
생명책에 기록되는지 우리가 알기 원합니다.
말씀해 주시옵소서, 듣겠습니다.

제 남편은 데보라 카(Deborah Kerr)라는 영화배우를 제일 좋아했습니다. 1951년에 개봉한 〈쿼바디스(Quo Vadis)〉는 데보라 카의 대표작으로, 초대교회 시기에 신앙을 지키기 위해 분투한 기독교인들을 다룬 영화입니다. 어릴 때는 커다란 감흥 없이 보았는데, 기독교인들이 굶주린 사자의 먹잇감이 되어서도 하나님을 찬송하는 장면을 다시 보면서 우리가 지금 묵상하는 계시록에 딱 걸맞은 영화라는 생각이 들었습니다. 성경적으로 영화를 만들었는데도 어떻게 70여 년이 지난 지금까지 명화로 사랑 받을 수 있을까, 참 부러웠습니다.

영화의 자세한 내용은 이렇습니다. 네로 황제의 총애를 받는 로마의 사령관 마커스가 기독교인이자 로마에 인질로 잡혀 온 리지아 공주를 사랑하게 됩니다. 리지아 역시 마커스를 사모하지만 예수를 믿지 않는다는 이유로 그의 구애를 거절합니다. 당대 최고 미남 배우였던 로버트 테일러(Robert Taylor)가 마커스 역을 연기했는데, 이처럼 잘생긴 데다 네로 다음가는 권세를 가진 자를 누가 거절할 수 있을까요. 그런데 리지아는 오직 믿음 때문에 마커스를 밀어냅니다. 그러나 마커스는 포기하지 않고 리지아 곁을 지킵니다. 그리고 신앙을 위해 유혹과 핍박을 견뎌 내는 그녀를 보면서 결국 그도 복음을 받아들이지요.

그런데 영화를 보면 마커스가 믿음을 갖기까지 과정이 참 험난합니다. 리지아를 사랑하지만 복음이 도무지 이해되지 않으니까 리지아에게 예수와 자신 중에서 한 사람을 택하라고 종용하기도 합니다. 참고로 제 남편도 저에게 똑같은 말을 한 적이 있습니다. 또한 베드로 사도에게 자신이 어떻게 예수의 적이 아니라는 걸 보여 줄 수 있는지 묻는데 "당장 노예를 풀어 주고 전쟁하지 말라"는 대답을 듣고는 리지아와의 교제를 끊기도 합니다. 또 리지아를 자기 생명처럼 아끼는 마음에 함께 사자의 먹이로 던져질 결심까지 하고도 아직 예수에 대해 잘 모르겠다고 고백하기도 합니다. 영화가 참 리얼리티 있지요? 우리 식구 중에도 이런 사람이 있을 것입니다.

남편이 믿음의 여인을 연기한 데보라 카를 제일 좋아한 것은 그가 만세 전부터 택자였기 때문 아닐까요? 또한 제가 많은 사람을 살리는 데 남편의 인생이 쓰임 받는 것을 생각하면, 남편은 정말 생명책에 기록된 자가 아닌가 싶습니다.

생명책에 기록된 자가 바로 거룩한 성 새 예루살렘에 입성할 주인공입니다. 그런데 어떤 이단은 자기 교회에 등록한 자가 생명록에 기록된 자라고 주장합니다. 배교하면 사망록에 기록되고 믿다가 중단하면 중단록에 기록된다나요? 이런 터무니 없는 말에 현혹되지 않기 위해서 어떻게 우리가 하늘나라 생명책에 올라갈 수 있는지 본문 말씀을 깊이 묵상해 보기 바랍니다. 누가 생명책에 기록된 자일까요?

각자가 보석같이 빛나는
성곽의 간증이 있는 사람들입니다

지난 14절에서 새 예루살렘 성 성곽 열두 기초석에 열두 사도의 이름이 새겨져 있다고 했습니다. 열두 사도가 예수 그리스도가 토대인 거룩한 성의 기초석 역할을 하고 있는 것입니다. 이어서 본문은 열두 기초석의 재료인 열두 보석을 언급합니다.

> 18 그 성곽은 벽옥으로 쌓였고 그 성은 정금인데 맑은 유리 같더라
> 19 그 성의 성곽의 기초석은 각색 보석으로 꾸몄는데 첫째 기초석
> 은 벽옥이요 둘째는 남보석이요 셋째는 옥수요 넷째는 녹보석이요
> 20 다섯째는 홍마노요 여섯째는 홍보석이요 일곱째는 황옥이요 여
> 덟째는 녹옥이요 아홉째는 담황옥이요 열째는 비취옥이요 열한째
> 는 청옥이요 열두째는 자수정이라_계 21:18~20

첫째 기초석인 벽옥은 하늘빛을 띤 투명한 색이고, 사파이어라고도 불리는 둘째 기초석 남보석은 푸른빛을 띱니다. 셋째 옥수는 녹색을 띠고, 넷째 녹보석은 에메랄드로 더욱 선명한 녹색을 띱니다. 다섯째 홍마노는 붉은 줄무늬가 있고, 여섯째 홍보석 곧 루비는 붉은색을 띠며, 일곱째 황옥은 황금빛입니다. 여덟째 녹옥은 바다색과 같은 푸른색을 띠고, 아홉째 담황옥 곧 토파즈는 초록색을 띤 금색입니다. 열째 비취옥은 황록색, 열한째 청옥은 보라색, 열두째 자수정은 자줏

빛을 띱니다.

지난 본문에서 새 예루살렘 성의 성곽 규모가 백사십사 규빗이라고 했습니다(계 21:17). 규빗은 성인 팔꿈치부터 중지 끝까지의 길이로 1규빗은 대략 45.6cm입니다. 따라서 백사십사 규빗은 약 65m입니다. 반면에 성은 길이와 너비, 높이가 똑같이 만 이천 스다디온이라고 했습니다(계 21:16). '만 이천 스다디온'은 오늘날 단위로 환산하면 약 2,220km 길이입니다. 서울에서 부산까지 거리가 약 400km인데 그보다 약 오륙십 배에 달하는 길이인 겁니다. 외부 성곽은 작은데 내부 성은 이루 말할 수 없이 큽니다. 이 말씀을 어떻게 이해해야 할까요?

지난 말씀에서도 이야기했지만 새 예루살렘 성은 인간이 세울 수 있는 성이 아닙니다. 어떻게 만 이천 스다디온의 성이 백사십사 규빗의 성곽 안에 들어갈 수 있겠습니까? 이 말씀은 우리의 내적 성전, 곧 믿음으로 구원을 얻는다는 걸 의미합니다. 주님도 "너희에게 믿음이 겨자씨 한 알 만큼만 있어도 태산을 옮길 수 있다"고 하지 않으셨습니까(마 17:20)? 그러니까 겨자씨 안에 태산이 들어 있다는 겁니다. 이것이 바로 신앙입니다.

〈쿼바디스〉의 작고 가냘픈 리지아가 이 겨자씨 믿음으로 로마 사령관 마커스의 구애를 거절합니다. 그녀로서는 모든 것을 얻을 기회 아닙니까? 믿음이 아니라면 어떻게 그런 결단이 가능하겠습니까? 이렇게 세상을 거절하는 걸 보여 주어야 할 사명이 우리에게 있습니다. 이것이 백사십사 규빗의 작은 성곽에게 주어진 역할입니다. 나는 지극히 작은 존재이지만 다른 사람을 주께로 인도하기 위해서 믿음을 보여야 할 역할을 내게 주셨습니다. 또 한편으로 이 말씀은 우리 삶이 아무리 찬란해도 백사십사 규빗밖에 안 된다는 것을 의미하기도 합니다.

백사십사 규빗은 사람의 측량이라고 했습니다(계 21:17). 이처럼 이 땅의 측량법을 사용해 성곽을 자세히 묘사하는 것은 우리가 이 땅에 살기 때문입니다. 세상 언어로 천국을 보여 주려는 것입니다.

백사십사(12×12)와 만 이천 스다디온(12×10×10×10)을 구성하는 수에는 공통적으로 하나님의 백성을 상징하는 수 "12"가 포함돼 있습니다. 따라서 이 표현들은 하나님의 새로운 공동체를 의미하기도 합니다. 이 새로운 공동체, 새 예루살렘 공동체는 어떤 공동체일까요? 지난 말씀에서도 이야기했듯, 새 예루살렘 공동체는 비천한 자들이 모인 공동체입니다. 성곽의 열두 문에는 열두 지파의 이름이, 열두 기초석에는 열두 사도의 이름이 새겨져 있다고 했지요(계 21:12, 14). 열두 지파의 조상은 죄다 비천한 죄인이고 열두 사도 역시 초라한 어부 출신입니다. 그런데 이런 사람들이 모여 새로운 가치관을 가진 공동체, 질적으로 다른 공동체를 이루는 겁니다. 그야말로 천국을 가시적으로 보여 주는 공동체입니다. 힘들고 어려운 사람만 모였어도 진짜 천국 공동체인 것이죠.

몇 년 전 우리들교회 사랑부에서 장애 자녀를 둔 부모들이 모여 서로의 아픔을 체휼하고 위로하는 시간을 가졌습니다. 지방에서 오시는 한 집사님은 장애가 있는 자녀를 데리고 먼 길을 오가기가 고되지만 예배에 참석하는 것만으로 무척 감사하다고 나누어 주셨습니다. 다른 집사님은 장애 자녀를 좋은 환경에서 키우려고 이민을 고민

했답니다. 그런데 환경이 좋은 곳보다 말씀이 있는 곳에 거하는 것이 자녀를 위한 길임을 깨닫고 교회 공동체를 선택했다고 하셨습니다. 지금은 우리들교회가 시설이 나아졌지만 과거 냉난방도 안 되는 환경에서 예배드리던 시절이 있었습니다. 더구나 휘문 채플은 예배 처소도 많지 않아서 사랑부는 작은 지하 공간을 빌려서 예배드리고 있습니다. 그래도 굴하지 않고 이렇게 모이는 것은 여기가 진짜 천국 공동체이기 때문 아닐까요?

새 예루살렘 성의 건축 재료는 하나같이 값비싼 보화들입니다. 성은 정금으로, 열두 기초석은 각종 보석으로, 열두 문은 진주로 지어졌습니다. 성경은 새 예루살렘 성의 영광을 왜 이렇듯 찬란한 보석에 빗대어 묘사하고 있을까요?

지난 18장에 보면 바벨론도 각종 값비싼 것들로 꾸몄다고 했습니다.

"이르되 화 있도다 화 있도다 큰 성이여 세마포 옷과 자주 옷과 붉은 옷을 입고 금과 보석과 진주로 꾸민 것인데"(계 18:16).

그러나 바벨론의 화려함은 거짓된 영광입니다. 이런 바벨론의 거짓 영광과 비교할 수 없는 천국의 영광을 보여 주고자 가장 눈부신 보석에 비유한 것이죠. 우리 신앙의 진보를 위해서입니다. 믿음이 어린 자들에게 찬란한 천국 모습을 보여 주면 없던 천국 소망이 마구 생기지 않겠습니까? 그렇다고 황금성만 사모하면 곤란합니다. "천국에 가 보니까 누구는 맨션에 살고 누구는 지하에 살더라" 하면서 터무니 없는 말을 설파하는 사람이 있는데, 이런 건 아니라는 말입니다. 구원보다 더 큰 상급은 없습니다.

한 광부가 생전에 캔 금덩어리를 들고 천국에 갔습니다. 천국 문을 지키는 천사가 그 모습을 보고는 물었습니다.

"웬 아스팔트 조각을 들고 왔소?"

광부가 금이라고 하자 천사가 웃으며 말했답니다.

"지상에서는 그것이 금이지만 천국에서는 길을 포장하는 데 쓰입니다. 모두가 밟고 다니지요."

재물, 명예, 권세 등 우리가 이 세상에서 귀중히 여기는 것들이 천국에서는 그리 귀한 것이 아닙니다. 지난 11절을 보면 하나님의 영광을 비추는 성을 지극히 귀한 보석 '같고' 벽옥과 수정 '같이' 맑다고 표현했습니다. 만약 어떤 보석 자체라고 했다면 그것이 우상화되지 않겠습니까? 다이아몬드라고 했다면 모두가 그것을 지니고 다니려고 노력할 겁니다.

본문의 보석들은 우리가 아는 이름으로 번역되기는 했지만, 원어로 보면 실제 존재하지 않는 보석이라고 합니다. 이것은 천국을 형상화해서 믿지 말라는 뜻입니다. 예수님도, 모세도 무덤이 없습니다. 만약 무덤이 존재했다면 모두가 참배 가느라 전 세계 교통이 마비되지 않았을까요? 거룩은 가치관이기에 실체가 없는 게 맞습니다. 사도 요한이 자기가 아는 최고의 표현으로 하나님의 영광을 표현했습니다. 형언할 수 없는 하나님의 영광을 어떻게든 시각적으로 보여 주려고 정말 애먹었을 것 같습니다.

성곽의 기초석은 빨주노초파남보 다양한 색을 가진 데다 전부 영롱한 보석들입니다. 이것은 하나님이 빛을 비추시면 우리가 어떤 신분이든지, 어떤 고난을 당하든지 주님의 증인 되어 보석같이 빛나리라는 의미입니다. 각자 삶도 다르고 고난도 다르지만 이런 다양한 증인들이 모여서 무지개 빛깔을 내는 것이죠. 여러 가지 색이 서로 어우러져 가장 아름다운 색을 내는 겁니다.

저에게 맞는 보석을 꼽으라면 저는 무색의 벽옥을 고르겠습니다. 남편을 먼저 떠나보낸 고난이 기가 막히지만, 이제는 그것이 벽옥 같은 다이아몬드 간증이 돼서 많은 사람을 살리고 있잖아요. 자뻑입니까? 저는 이렇게 맨날 고난을 자랑합니다. 우리들교회 성도들도 마찬가지입니다. 초신자, 모태신앙인, 남녀노소 할 것 없이 모두가 자기 고난을 간증하고 삶과 죽음, 바람, 부도, 암 등등 고난의 장르도 다양합니다. 성곽 보석과 같이 각자 다른 빛깔로 한결같이 귀한 간증을 해주십니다.

> 그 열두 문은 열두 진주니 각 문마다 한 개의 진주로 되어 있고 성의 길은 맑은 유리 같은 정금이더라_계 21:21

성곽의 열두 문은 진주로 만들어졌습니다. 진주는 인고의 세월을 거쳐 탄생하는 보석입니다. 한 알의 진주가 만들어지기까지 고통과 아픔이 수반됩니다. 그래서 어떤 자매는 진주 액세서리는 하지 않는답니다. 그러고 보니까 저는 귀걸이든 목걸이든 진주밖에 없는 것 같습니다. 저를 보면 눈물부터 떠오르는지 주로 진주를 선물해 주십니다. 또 십자가가 생각난다면서 십자가 장신구도 종종 선물하십니다. 그래도 저는 좋습니다.

성의 길은 맑은 유리 같은 정금이라고 합니다. '맑은 유리'는 순수함과 투명함을 상징하고, '정금' 역시 오랜 연단을 거쳐 만들어지는 귀한 보석입니다. 즉, 진주와 정금같이 인고와 연단의 세월을 거쳐야 투명하고 아름다워질 수 있다는 겁니다.

앞서도 이야기했지만 〈쿼바디스〉는 초대 기독교인들의 삶을 잘 보여 주는 영화입니다. 극 중 기독교인들이 네로의 모략으로 로마 방화범으로 몰려 갖은 고난을 당합니다. 지하 감옥에 갇혀 사자 밥으로 던져지거나 불로 태워지는 극형에 처하기도 합니다. 그러나 그들은 고통스럽게 죽어 가면서도 마지막까지 하나님을 찬송합니다. 도리어 네로가 그 모습을 보고 두려워 떨지요. 이런 인고의 역사 끝에 마침내 로마가 변했습니다. 이야말로 진주요, 정금 같은 간증입니다.

성곽의 열두 문은 정금으로 만든 아름다운 열두 길로 연결됩니다. 예수 그리스도께서 곧 길이요 진리요 생명이시기에, 이 길들은 진리를 상징합니다(요 14:6). 또한 어디에 있든지 하나님과의 교제 기회가 열려 있다는 걸 의미하기도 합니다. 길이 사방에 나서 어디서든 쉽게 생명수의 강과 생명나무에 닿을 수 있습니다.

거룩한 성에 들어간 자라면 누구에게나 이런 정금 같은 길이 예비되어 있습니다. 다시 말하면 하나님께서 택자의 인생을 책임지신다는 의미입니다. 내 힘으로 나아가는 게 아닙니다. 주님이 성도를 견

인해 가십니다. 생명책에 기록된 자들은 가치관이 변한 사람들입니다. 그런데 '이제부터 달라져야지!' 하고 내가 마음먹는다고 가치관이 변하는 게 아닙니다. 주 안에 거하다 보면 저절로 달라지는 것이죠. 예를 들어, 처음 교회에 왔을 때는 들리지 않던 말씀이 어느 순간 깨달아지지 않습니까? 나도 모르게 가치관이 달라지는 겁니다.

저는 예배 때마다 성도들에게 숨은 부끄러움을 회개하자는 기도 제목을 드립니다. 그런데 그때 음란한 영상에 빠진 죄를 회개했더니 이후로 더는 음란물이 생각나지 않았다는 어떤 분의 고백을 들었습니다. 거룩한 성에 들어가면 맑은 유리 같은 정금 길을 걷기에 이처럼 저절로 되는 게 있습니다. 그래서 생명책에 기록된 자들은 투명한 것이 특징입니다. 열두 천사가 성곽의 열두 문을 지키고 있기에(계 21:12), 음녀의 특징을 가진 자들은 결코 성안으로 들어올 수 없습니다. 이 모습은 마치 창세기 3장의 에덴동산을 지키는 천사들을 연상케 합니다(창 3:24). 우리에게도 이런 천사들이 있지요. 바로 믿음의 공동체입니다. 공동체가 불꽃같은 눈으로 지키며 내 속에 음녀가 들어오지 못하도록 딱 막아 주지 않습니까?

어떤 의사분이 우리들교회에 처음 왔다가 한 병원 원장님이 단에 나와 자신의 외도 죄를 공개적으로 고백하는 걸 듣고 깜짝 놀랐답니다. 수천 명의 성도가 듣고 있고 심지어 방송으로 나가는 데도 말이죠. 더 기가 막힌 것은 성도들은 평온해 보이더랍니다. 그런데 이분이 놀랍긴 했지만, 간증이 꼭 자기 이야기 같아서 찔림을 받고 눈물을 많이 흘렸답니다. 바로 이런 것이 모두를 살리는 성곽의 간증 아닐까요?

이렇게 공동체가 우리 속의 음녀를 물리쳐 주니까, 각자의 아픔과 고통이 보석 간증으로 바뀌는 것입니다.

- 나의 고난은 영롱한 빛을 내는 보석 간증이 되었습니까? 아니면 수치스러운 고통으로만 남았습니까?
- 고난의 불 속에서 단쇠처럼 달구어지는 나를 보고 다른 사람은 뭐라 합니까? 사면에 하나님의 광채가 난다고 합니까, 일그러진 고통만 보인다고 합니까?
- 나는 영육 간에 투명합니까?

내가 성전인 것을 아는 자들입니다

성안에서 내가 성전을 보지 못하였으니 이는 주 하나님 곧 전능하신 이와 및 어린 양이 그 성전이심이라_계 21:22

새 예루살렘 성안에는 성전이 없습니다. 하나님과 어린 양이 성전 자체이시기에 더 이상 유형의 성전을 통한 간접 교제가 필요 없게 된 것입니다. 이것은 단지 마지막 때에만 해당하는 말씀이 아닙니다. 성전에 관한 이런 종말론적인 사상은 예수님이 우리의 예배가 때와 장소에 구애 받지 않는 시기가 올 것을 선포하시면서 시작됐습니다.

"예수께서 이르시되 여자여 내 말을 믿으라 이 산에서도 말고 예루살렘에서도 말고 너희가 아버지께 예배할 때가 이르리라"(요 4:21).

바울 사도 역시 예수 그리스도를 믿는 모든 성도는 살아 계신 하나님의 성전이라고 이야기했습니다.

"하나님의 성전과 우상이 어찌 일치가 되리요 우리는 살아 계신 하나님의 성전이라 이와 같이 하나님께서 이르시되 내가 그들 가운데 거하며 두루 행하여 나는 그들의 하나님이 되고 그들은 나의 백성이 되리라"(고후 6:16).

즉, 하나님이 내 안에 거하시기에 하나님과 나는 하나요, 나는 곧 그분의 성전이라는 말입니다.

그 성은 해나 달의 비침이 쓸데없으니 이는 하나님의 영광이 비치고 어린 양이 그 등불이 되심이라_계 21:23

세상 사람들은 해나 달, 별 한 가지를 연구해서 남이 몰랐던 것을 알아내면 자신이 누군가를 비추는 등불이라도 된 것처럼 우쭐해합니다. 마치 하나님이라도 된 것처럼 착각하기도 합니다. 그런데 내가 별 하나를 발견했다고 합시다. 그 위에는 은하계가 있고, 더 위에는 은하군, 은하단이 있습니다. 그리고 가장 위에 그 모든 것을 창조하신 하나님이 계십니다. 나는 그저 하나님이 지으신 만물 중에 딱 한 개 깨달은 것이죠. 그러니 누구도 스스로 비추는 등불이라 말할 수 없습니다. 자신이 주님의 성전임을 아는 자는 그 모든 것을 창조하신 하나님이 내 아버지요, 등불이시라고 고백합니다.

인공지능이 인간을 대체하는 시대에 돌입했습니다. 히브리대학교 역사학과 교수인 유발 하라리(Yuval Noah Harari)는 30~40년 후에는 인공지능이 인간을 위협하는 세계가 올 것이라고 말합니다. 일례로 '인공지능 택시기사'와 '인공지능 의사'를 들었습니다. 그는 인공지능이 인간보다도 더 정확하고 안전하게 운전할 수 있다면서, 인공지능 기사는 절대 음주운전을 하지 않고 교통 법규도 위반하지 않는다는 점을 강조했습니다. 또한 많은 정보를 기반으로 교통 상황과 다른 차의 방향까지 미리 탐지할 수 있어서 사고를 방지할 수 있답니다. 그래서 10~20년 후에는 택시기사가 아예 없어질지 모른다는 겁니다. 또한 많은 사람이 의사를 꿈꾸며 열심히 공부하지만, 그는 몇십 년 후면 인간이 더 이상 인간을 진료할 수 없는 시대가 올 것이라고 말합니다. 인간 의사는 환자에게 5~10분밖에 할애하지 못하지만 인공지능 의사는 종일 환자를 따라다니면서 혈압이나 혈당 등을 실시간으로 체크하고 곧바로 진단을 내릴 수도 있다고 하죠. 그러면 의료사고도 줄고 많은 질병을 사전에 막을 수 있답니다.

그는 비단 의사와 운전사뿐만 아니라 산업 대부분이 인공지능으로 대체되어 가까운 장래에 많은 사람이 직업을 잃게 되리라고 전망했습니다. 일하지 않는 사람들, 이른바 '무용(無用) 계급'이 생겨난다는 겁니다. 이런 위협에 대응하려면 인류에게 완전히 새로운 모델이 필요하다고 말합니다.

그의 주장을 뒷받침이라도 하듯 몇 년 전 인공지능 바둑 프로그램인 알파고(AlphaGo)가 이세돌 9단과 대국을 펼쳐 4대 1로 승리한 일이 있었습니다. 인공지능이 인간을 넘어서다니, 참 두려운 일이긴 합니다.

하라리 교수는 이런 시대 상황을 과거의 산업혁명에 빗대서 설명합니다. 19세기 산업혁명 후 농업이 기계화되면서 많은 농장 일꾼들이 일자리를 잃었습니다. 따라서 직업의 판도도 완전히 달라졌습니다. 이때 프롤레타리아, 노동자라는 말이 처음 등장했습니다. 그런데 여기부터 중요합니다. 하라리 교수는 이러한 정치·경제·역사의 변화에 따른 노동자 계급의 바람과 두려움을 성경과 코란은 해결해주지 못했다고 주장합니다. 성경이 현대의 산업경제에 대해 응답해주지 못해서 사회주의와 공산주의, 파시즘(fascism) 같은 이념들이 등장했다는 겁니다. 여러분은 어떻게 생각합니까?

제가 여기에 반론을 좀 펴겠습니다. 물론 인공지능이 인간을 뛰어넘을 거라는 이야기만 들어도 놀랍고 무섭습니다. 정말 그런 날이 올 수 있겠지요. 하라리의 주장대로 인공지능에 밀려 모든 직업이 사라질 수도 있습니다. 그런데 과거에도 현재에도 바벨론 세력, 짐승과 음녀 세력은 끊임없이 존재했습니다. 바벨론에서 메대와 바사와 헬라, 로마로 이어졌고, 이제는 여러 이즘(~ism)이 우리를 흔듭니다. 앞으로는 인공지능이 위협할 수 있겠지요. 주님이 오실 때까지 바벨론 세력은 시기마다 일어날 것입니다.

그러나 인간이 아무리 노력해도 백사십사 규빗의 성곽만 측정할 수 있을 뿐입니다. 하라리 교수가 똑똑해서 미래 사회를 척척 예측해도 만 이천 스다디온의 믿음의 성에는 결코 미칠 수 없습니다. 그의 말에 따르면 빛의 속도를 연구해 앞으로 그보다 두 배의 속도를 낼 인공지능이 개발될 것이라고 합니다. 그것도 백사십사 규빗에 속할 뿐입니다. 세상은 내 힘으로 성곽 문의 천사를 제치고 생명나무를 가질 수 있다고 믿지만, 인간이 아무리 열심히 연구한대도 스스로 생명나무의 열매를 먹고자 성안에 들어갈 수 없습니다.

옥스퍼드대 교수인 리처드 도킨스(Clinton Richard Dawkins)를 비롯해 세계의 많은 석학이 예수는 신이 아니라고 주장합니다. 유발 하라리는 "많은 사람이 동성끼리 사랑하면 신이 화를 낸다고 말하지만 이것은 사람들이 만들어 낸 또 다른 상상에 불과하다"면서, "신이 아니라 사제와 목사가 화를 낼 뿐"이라고 말했습니다. 그런데 우리는 이런 교수들을 세계 명문 석학이라며 추앙하고 그들의 가르침을 받지 못해 안타까워합니다. 유발 하라리의 책 『사피엔스』와 『호모 데우스』는 전 세계에서 수천만 부가 팔렸답니다. 우리나라도 그에게 얼마나 열광합니까. 그가 꼭 나아갈 길을 제시해 줄 것만 같습니다.

그러나 길을 알려 주시는 분도, 방법과 대안을 알려 주시는 분도 하나님뿐입니다. 하나님을 믿는 것이 최고입니다. 그렇지 않다면 제가 박사도 아닌데 어찌 이런 이야기를 할 수 있겠습니까? 오직 하나님의 말씀만이 참지혜입니다.

새 예루살렘 성은 해나 달의 비침이 쓸데없다고 합니다. 하나님이 빛 자체이시기에 다른 발광체가 필요 없는 것입니다. 하나님만이 빛이십니다. 그분의 백성을 위한 빛이십니다.

"우리가 그에게서 듣고 너희에게 전하는 소식은 이것이니 곧 하나님은 빛이시라 그에게는 어둠이 조금도 없으시다는 것이니라"(요일 1:5).

"그 안에 생명이 있었으니 이 생명은 사람들의 빛이라"(요 1:4).

"다시는 낮에 해가 네 빛이 되지 아니하며 달도 네게 빛을 비추지 않을 것이요 오직 여호와가 네게 영원한 빛이 되며 네 하나님이 네 영광이 되리니"(사 60:19).

세상은 인간이 빛이 될 수 있다고 말하지만 성경은 하나님만이 빛이심을 끊임없이 증거합니다. 인간에게는 전체를 알 수 있는 지식이 없습니다. 그저 부분적으로 알 뿐입니다. 아무리 별을 열심히 연구해도 그중 하나만 알 뿐입니다. 별을 따다 줄 수도 없습니다.

성전을 통해서만 하나님과 교제하는 시대는 지나갔다고 했습니다. 내가 곧 주님의 성전입니다. 하나님의 거룩한 통치 아래 이제는 누구나 주님과 직접 교제할 수 있게 되었습니다. 그러므로 빛이신 하나님께 나아가기 바랍니다. 내가 성전이라는 것은 무슨 의미입니까? 앞서 말했듯 성전이신 아버지 하나님과 내가 하나가 되었다는 말입니다. 주님이 비추셔야만 우리가 모든 것을 보고 온전히 알게 됩니다. 하나님을 모르면 나 자신조차 알 수 없습니다.

그러면 하나님과 하나 된 자는 어떻게 살아갑니까? 하나님의 빛을 통해 내가 밝히 보고 알게 되었다면 그다음 적용이 있어야 하잖아요. 요한복음 17장에서 예수님은 "아버지와 하나가 되게 해 달라"라는 대제사장적인 기도를 하며 이렇게 말씀하십니다.

"곧 내가 그들 안에 있고 아버지께서 내 안에 계시어 그들로 온전함을 이루어 하나가 되게 하려 함은 아버지께서 나를 보내신 것과 또 나를 사랑하심같이 그들도 사랑하신 것을 세상으로 알게 하려 함이로소이다"(요 17:23).

곧, '사랑'이 내가 성전임을 세상에 알리는 길이라고 하십니다. 바울도 "지금은 내가 부분적으로 아나 그때에는 주께서 나를 아신 것같이 내가 온전히 알리라"고 하면서, 곧바로 "믿음, 소망, 사랑, 이 세 가지는 항상 있을 것인데 그중의 제일은 사랑이라"고 말합니다(고전 13:12~13). 자신이 성전인 것을 아는 자는 사랑하게 돼 있다는 겁니다.

사랑이 가장 중요한 것은 사랑 없이는 구원 사역을 이룰 수 없기 때문입니다. 구원의 영광을 이루려면 서로서로 도와야 하는데, 사랑이 없다면 불가능한 일이지요. 소망은 성취되고 나면 없어져 버립니다. 믿음 역시 그렇죠. 예수님 열심히 믿다가 천국에 가면 주님과 나는 하나이니까 믿음은 더 이상 필요 없습니다. 천국에서도 남아 있는 건 사랑뿐입니다. 그러면 사랑은 어떻게 합니까?

"사랑은 오래 참고 사랑은 온유하며 시기하지 아니하며 사랑은 자랑하지 아니하며 교만하지 아니하며, 무례히 행하지 아니하며 자기의 유익을 구하지 아니하며 성내지 아니하며 악한 것을 생각하지 아니하며, 불의를 기뻐하지 아니하며 진리와 함께 기뻐하고, 모든 것을 참으며 모든 것을 믿으며 모든 것을 바라며 모든 것을 견디느니라"(고전 13:4~7).

내가 누군가를 구원으로 인도하려면 오래 참고, 시기하지도 자랑하지도 말고, 성내지도 아니하고 모든 것을 견뎌야 합니다. 이 땅 가치관으로는 도저히 할 수 없는 사랑입니다. 내가 성전이어야만 할 수 있습니다. 참사랑이신 하나님과 하나 되어야만 상대의 눈높이에 맞춰 사랑할 수 있습니다.

몇 년 전 우리들교회 청년부에서 국내 아웃리치를 준비할 때였습니다. 한 청년이 아웃리치를 떠나기 얼마 전에 암 진단을 받았습니다. 그런데 청년이 참 대단합니다. 예정대로 아웃리치를 가기로 한 겁니다. 청년은 자신이 너무 중요한 사역을 맡아서 빠질 수 없다고 했습니다. 바로 식사 담당이었습니다. 자기를 대신해 줄 사람이 없어서 꼭 가야 한다면서, 아픈 것도 뒤로하고 현장에서 누구보다 열심히 섬겼습니다. 내가 성전임을 알기에 이런 사랑의 적용을 할 수 있는 것 아닐까요? 우리는 초등학생에게도, 청소년에게도, 청년에게도 배울 게 참 많습니다.

반면에 이런 나눔도 들었습니다. 교수인 한 부목자님이 반항을 했다는 겁니다. 스스로 믿음을 테스트해 보겠다고 다른 교수들과 어울려 놀며 동동주를 거나하게 마시고, 연구실에서 잠든 바람에 집에도 안 들어갔답니다. 그러면 아내가 화를 내야 하잖아요? 그런데 아내가 전혀 요동하지 않아서 기분이 나빴다는 겁니다. "전화해서 집에 들어와 달라고 해야 하지 않아요? 나보고 더 망가져서 주님 만나라는 거예요, 뭐예요!" 오히려 본인이 버럭버럭 화를 내더군요. 참 별 장르의 간증이 다 있습니다. 아내 집사님이 이 부목자님을 오래 참아 주고 있는 것 아니겠습니까?

또 다른 간증도 소개합니다. 결혼한 지 얼마 안 된 한 부부의 나눔입니다. 먼저 남편 집사님의 이야기입니다.

결혼하고 한 달을 지내보니까 '아내의 감정이 죽은 건 아닐까'라는 생각이 들었습니다. 호불호가 없고 무조건 남에게 맞추는 아내의 모습이 병 같게 느껴졌습니다. 아내와 반대로 저는 혈기가 대단합니다. 그런데 곰곰이 생각해 보니까 감정이 죽은 아내와 혈기 대장이 만났으니 정말 결혼을 잘 한 것 아니겠습니까? 참 감사합니다.

다음은 아내 집사님의 나눔입니다.

남편은 자신도 남도 측량을 잘하는데 저는 저 자신이 어떤 사람인지도 잘 몰랐어요. 우리들교회에 온 뒤로 자기 죄를 보라는 권면을 들을 때마다 정말 힘들었죠. 그런데 섬세한 남편 때문에 제가 생각을 하기 시작했어요. 또 매일 큐티하고, 목장에서 삶을 나누다 보니까 저절로 생각하는 훈련이 되더라고요. 전에는 무조건 상대방에게 맞춰 주려고만 했는데, 그것도 죄일 수 있다는 걸 알게 되었어요.

그래서 공동체가 중요합니다. 몰랐던 내 죄를 알게 해 주잖아요. 또 다른 집사님의 나눔입니다. 요즘은 대부분 주5일 근무인데 이분은 토요일에도 일을 하신답니다. 어느 날 딸이 힘들지 않냐고 묻기에 이분이 이렇게 대답했다는 거예요.

"아빠는 시간이 많으면 한눈파는 사람이잖아. 그러니까 지금 직장 환경이 아빠한테는 딱이지."

그러자 딸이 그랬다죠.

"어머, 아빠가 이제야 죄를 보네. 드디어 변했어, 할렐루야!"

사랑이 대단한 게 아닙니다. 이렇게 주 안에서 내 이야기를 솔직히 나누고 서로 공감하고 체휼해 주는 것이 나도 남도 진심으로 사랑하는 길입니다.

- 나는 내가 다 안다고, 스스로 빛을 내는 사람이라고 자부하지 않습니까?
- 내가 하나님의 성전인 것을 알고 사랑을 실천하고 있습니까? 고린도전서 13장에서 말하는 사랑의 모습 중에서 나는 무엇이 부족합니까?

영광이 있는 자들입니다

더 구체적으로 말하자면 하나님의 영광이 비추어, 자기 영광과 만국의 영광을 가지고서 성으로 들어가는 자들입니다.

> 만국이 그 빛 가운데로 다니고 땅의 왕들이 자기 영광을 가지고 그리로 들어가리라_계 21:24

새 예루살렘 성에 하나님의 영광이 비추고 그 가운데로 '만국'이 다니며 '땅의 왕들'이 들어간다고 합니다. 여기서 '만국'과 '땅의 왕들'

은 각각 새 예루살렘 성의 '보편성'과 '탁월함'을 강조한 것으로 볼 수 있습니다. '만국이 다닌다'는 것은 세상 누구도 들어갈 수 있다는 보편성을, '땅의 왕들이 들어간다'는 것은 그 나라에 들어간 사람에게 주어지는 탁월함을 가리킵니다. 우리의 믿음도 그렇습니다. 보편성이 있지만 탁월함도 있습니다. 탁월함만 있고 보편성이 없으면 안 됩니다. 이 두 가지를 다 갖추어야 합니다.

지난 말씀에서 영광을 뜻하는 헬라어 '독사'에는 자기 본질을 안다는 의미도 있다고 했습니다. 죄인인 자기 본질을 아는 자는 하나님을 반사하여 보석같이 빛납니다. 만국은 자연스레 그 빛 가운데로 다니게 되지요. 그러므로 내가 보석 간증을 내놓으면 나도 모르게 만국을 변화시키는 것입니다. 그가 바로 어린 양의 생명책에 기록된 자요, 하나님을 경배하는 자, 예수께 인 침을 받는 자입니다. 이렇게 자기 죄, 자기 본질을 아는 자들이 모인 천국의 특징은 밤이 없다는 것입니다.

낮에 성문들을 도무지 닫지 아니하리니 거기에는 밤이 없음이라
_계 21:25

밤이 없으니 문들을 닫아 둘 필요도 없습니다. 천국은 성도들을 위한 완벽한 안전지대입니다. 그곳에는 두려움도, 거짓말도 없고 흉악함도 없습니다. 우상숭배 하는 자도, 악한 세력도 존재하지 않습니다. 그러니 서로를 더욱 믿고 사랑할 수 있습니다.

사람들이 만국의 영광과 존귀를 가지고 그리로 들어가겠고_계 21:26

"너희는 택하신 족속이요 왕 같은 제사장들이요 거룩한 나라요 그의 소유가 된 백성이니 이는 너희를 어두운 데서 불러내어 그의 기이한 빛에 들어가게 하신 이의 아름다운 덕을 선포하게 하려 하심이라"고 했습니다(벧전 2:9). 우리가 택하신 족속, 왕 같은 제사장, 거룩한 나라가 되어 빛이신 하나님의 영광을 전하면, 만국의 영광과 존귀를 가지고서 거룩한 성에 들어가게 될 것입니다.

무엇이든지 속된 것이나 가증한 일 또는 거짓말하는 자는 결코 그리로 들어가지 못하되 오직 어린 양의 생명책에 기록된 자들만 들어가리라_계 21:27

그러나 무엇이든 속된 것이나 가증한 일, 거짓말하는 자는 새 예루살렘 성에 들어가지 못합니다. 하나님의 영광이 나에게 비친다는 것은 자기 죄를 아는 것이고, 자기 죄를 아는 자는 속이거나 거짓말하지 않고 정직히 행하게 되지요. 시편 84편에서도 "여호와 하나님은 해요 방패이시라 여호와께서 은혜와 영화를 주시며 정직하게 행하는 자에게 좋은 것을 아끼지 아니하실 것임이니이다"라고 했습니다(시 84:11). 해는 온 세계를 두루 비추는 빛입니다. 그러므로 해이신 하나님이 정직한 자에게 좋은 것을 아끼지 않는다는 것은 주님이 내 삶 구석구석을 살피시며 구체적인 도움을 주신다는 의미입니다.

그러면 무엇이 정직하게 행하는 것일까요? 꾸밈이 없어야 한다면서 남의 허물을 마구 드러내는 걸까요? 정직히 행한다는 것은 상대방의 믿음에 맞게 대하고 나누는 것입니다. "나는 솔직함 빼면 시체야" 하면서 남을 죽이는 말을 서슴없이 하는 사람이 얼마나 많습니까? 그러니 사랑과 진실 없이는 정직할 수 없습니다.

정직의 반대가 거짓입니다. 거짓은 사실과 자기 의견을 구별하지 못하는 것입니다. 그래서 마구 소문을 퍼트리고, 진실을 말하더라도 자기가 한 말에 책임을 지지 않습니다. 잘못을 범하고도 몰랐다고 발뺌합니다. 또한 한계를 뛰어넘는 약속을 하는 것도 거짓입니다. 과장하거나 지나치게 강조하고, 말을 둘러대거나 지나치게 말이 많은 것도 거짓입니다. '가증'은 괘씸하고 얄미운 것, 남에게 미움을 살 만한 것이라는 뜻인데 이것도 거짓에서 출발합니다. 죄의식 없이 거짓말하는 자는 병원에 가 봐야 하겠지요. 그러나 거짓말로부터 자유로운 사람이 또 누가 있겠습니까?

계시록은 마지막까지 거짓말의 죄가 얼마나 큰지 강조합니다. 어찌 보면 대단한 사역을 하거나 순교하는 것보다 오늘 내 일상에서 거짓말하지 않고 정직하게 살기가 더 힘듭니다. 순교는 단번에 끝나잖아요. 거짓말하지 않으려면 매일 사투를 벌여야 합니다. 그러나 날마다 사투라도 정직히 살며 사소한 일에도 순종하는 것이 생명책에 올라가는 자의 태도입니다. 이것이 가장 위대한 인생입니다.

주님을 영접한 자의 가장 큰 특징이 거짓말하지 않는 것입니다. 만일 내가 자주 거짓말한다면 구원의 확신이 있는지 다시 점검해 보기 바랍니다. 물론 정직함도 내 힘으로 이룰 수 없습니다. 진실한 회개가 수반되어야 하지요. 또 믿음의 공동체에 잘 묶여 가야 합니다. 오늘 회개했어도 언제든 거짓에 휘청일 수 있는 인생이기에, 단단히 붙들어 줄 공동체가 반드시 필요합니다. 천국은 죄짓지 않은 사람이 아니라 죄를 용서 받은 사람이 들어가는 나라입니다. 죄인인 나를 한 번도 죄짓지 않은 사람처럼 대해 주는 곳이 천국입니다. 믿음의 공동체에 잘 묶여 있어야 이 죄 사함의 은혜를 경험할 수 있습니다.

어떤 분이 제게 "말씀 적용은 어떻게 하는 겁니까?" 물으시기에 제가 "적용은 내가 하고 싶은 것과 반대로 하는 것"이라고 말씀드렸습니다. 우리에게는 선한 것이 없기 때문입니다. 그런데 이분이 정말 '내가 하고 싶은 일과 반대인 것은 무엇인가' 곰곰이 생각해 보았다는 겁니다. 그러고는 '빚쟁이들을 만나고 싶지 않으니까 반대로 하자' 결심하고, 빚쟁이들을 무조건 만났답니다. 그 결과 하나님이 많은 빚을 탕감해 주셨습니다. 이런 모습이 바로 정직히 행하는 것이지요. 이분이 빛으로 나가자 어둠이 도망갔습니다. 여러분, 이렇게 하나님 뜻대로 하면 자다가도 떡이 생깁니다.

속일 마음은 없다고 해도 내 것이 아닌 것을 내 생각처럼 말하는 것도 거짓입니다. 또한 이해타산을 따지면서 지나치게 친절을 베푸는 것도 거짓입니다.

한 집사님이 자신이 과거 주보에 실었던 목장 탐방기가 거짓말이라고 솔직히 고백하셨습니다. 하루는 주보팀에서 이 집사님에게 화요일까지 주보에 실을 목장 탐방기를 써 달라고 요청을 했답니다.

목장예배는 목요일에 드리는데 화요일까지 원고를 달라니…… 집사님은 난처했습니다. 거절할 수도 있었지만 주보팀에 폐를 끼치는 것 같아서 망설여졌습니다. 그러다 떠오른 방법이 '미리 써 놓자!'였답니다. 마치 목장예배를 드린 것처럼 미리 탐방기를 써서, 전에 찍어 둔 목장 사진과 함께 주보팀에 보낸 것이지요.

그런데, 아뿔싸! 목장예배 당일 한 목원이 참석하지 않은 겁니다. 주보에는 그 목원이 함께 예배드린 것처럼 나갔는데 말이죠. 목원에게 사정을 밝히고 이해를 구했지만, 집사님은 목원이 이 일로 행여 교회 일을 신뢰하지 못할까 봐 걱정이 되었답니다. 짜고 치는 고스톱이라고 생각할까 봐요. 이 일로 집사님은 얼마나 회개가 되었는지 '과연 내가 새 예루살렘 성에 들어갈 수 있을까' 하는 생각까지 들었다는 겁니다. 물론 속이려 한 것은 나쁘지만 이렇게 진실로 죄를 고백하고 회개하시니 누가 이분을 거짓말쟁이라고 정죄하겠습니까?

주님을 사랑하는 자는 내 이웃도 끝까지 사랑합니다. 사랑이야말로 최고의 정직함입니다. 사랑하는 자는 빛나는 예루살렘 성곽처럼 다른 사람을 주께로 인도합니다. 물론 사랑도 내가 노력한다고 되는 일은 아니지요. 내 죄를 보고 회개해야만 사랑과 진실함이 생깁니다. 이렇게 회개하며 구원의 사랑을 베푸는 자는 반드시 생명책에 기록될 줄 믿습니다.

앞서 이야기한 유발 하라리 교수는 자신이 동성애자임을 밝히면서 "과학이 자신의 성적 정체성을 있는 그대로 받아들이는 데 도움을 주었다"고 말했습니다. 또한 "성경은 시대의 흐름에 답을 주지 못한다"면서 하나님의 영역을 넘보는 발언들을 끊임없이 해 왔습니다. 그러나 그가 아무리 뛰어난 학자라고 해도 그의 모든 지식은 백사십사 규빗에 불과합니다. 그의 말이 아무리 그럴듯해도 만 이천 스다디온의 성은 깨닫지 못한 발언들일 뿐입니다. 세계 석학인 유발 하라리도 깨닫지 못한 동성애의 죄를 고백하고 회개하신 한 집사님의 나눔을 소개하고자 합니다.

저의 죄패는 동성애입니다. 목장에서는 저의 죄를 고백했지만 가족에게는 아직 말하지 못했습니다. 최근 아버지가 교회에 등록하셔서 기초 양육을 받고 계신데 세례 받으실 때까지 죄 고백을 잠시 미루기로 했습니다. 그런데 며칠 전 주일, 담임목사님이 설교하시며 동성애 문제로 교회를 떠난 청소년 이야기를 해 주셨을 때 마음이 아팠습니다. 그래서 용기 내어 온 성도님께 저의 죄를 고백합니다.

저는 미혼 남자이고 내년이면 오십 세가 됩니다. 저는 청소년기까지는 동성애 성향을 숨기며 살아왔습니다. 그러다 청년이 되면서 동성애에 본격적으로 빠져들고 중년이 될 때까지 벗어나지 못했습니다. 겉은 평범해 보였지만 뒤로는 가증한 삶을 살았습니다.

죄를 이겨 보고자 수없이 노력했습니다. 청소년 때는 성당에 다녀 보기도 하고, 청년 때는 6개월 동안 이단에 빠지기도 했습니다. 30대 중반에는 함께 성경을 읽는 한 인터넷 동호회에 가입해 잠언을 열심히 묵상하고, 직장 동료를 따라 성경 강좌를 들으러 다니기도 했습니다.

말씀에 목말라 1년여간 열심히 교회를 다니기도 했죠. 그러나 동성애를 향한 갈망은 좀체 사라지지 않았습니다. 세상에서 성공하여 죄를 회피해 보고자 했지만 이마저 실패하여 개인회생도 경험했습니다.

이제는 순리대로 살려고 노력하는데 동성애에 오래 빠져 있어서 이성에게 다가가기가 너무 어렵습니다. 그래도 아버지가 예수 믿으시게 되어 참 감사합니다. 어머니는 제가 결혼하면 교회에 나오겠다고 하십니다. 어머니의 구원을 두고 하나님께 엎드려 기도합니다. 또한 목사님이 이야기하신 청소년처럼 가치관의 혼란을 겪으며 교회를 떠나는 사람들의 발걸음을 다시 하나님께 향하게 할 수 있다면 얼마든지 저의 죄를 고백하겠습니다. 하나님이 옳다고 하시는 삶을 살면서 수치와 조롱을 받는대도 잘 감내하겠습니다.

주님, 가증한 삶을 살아온 저를 불쌍히 여겨 주옵소서. 동성애라는 암세포 소굴에서 살아 돌아오게 해 주셔서 감사합니다. 이제는 암세포를 잡아 이기는 자가 되기를 간구합니다. 할렐루야!

이런 회개가 인간의 힘으로 되나요? 동성애가 이 시대의 가장 무서운 이데올로기가 되었습니다. 애플사의 CEO인 팀 쿡(Tim Cook)도 미국의 부호 밴더빌트 가의 외손자이자 CNN의 간판 앵커인 앤더슨 쿠퍼(Anderson Hays Cooper)도 자신이 동성애자임을 당당히 드러냈습니다. 캐나다는 동성 결혼을 합법화했습니다. 법 조항을 개정한 후 캐나다는 동성애자의 천국이 되었습니다.

정말 돌파구가 없어 보이는 문제입니다. 우리들교회에는 청소년 때 동성애를 고백하고서 대학생이 돼서도, 사회인이 돼서도 고백하는 청년이 있습니다. 그만큼 자기 힘으로 동성애를 이기기가 힘든 겁니다. 그러나 이렇게 대안이 있지 않습니까? 중년이 되도록 동성애를 끊지 못한 분이 말씀을 듣고 살아났다고 하잖아요. 우리들교회에 한 자매는 동성애 파트너를 전도하여 지금은 둘 다 죄를 끊고 한 사람은 휘문 채플에, 한 사람은 판교 채플에 다니고 있습니다. 이것은 오직 말씀의 능력으로만 가능한 일입니다. 동성애는 우리의 모든 것을 파괴하여 멸망으로 이끄는 죄입니다. 그러나 어떤 죄라도 말씀이 깨끗케 하실 줄 믿습니다. 우리들교회는 이와 같이 동성애자들을 주께로 돌이키는 일에 앞장서 나아가고자 합니다.

생명책에 기록된 자들은 보석같이 빛나는 간증이 있는 사람입니다. 내가 성전인 것을 알고 하나님과 이웃을 사랑하는 자들입니다. 하나님의 영광을 아는 자들, 자기의 영광과 만국의 영광이 있는 자들입니다. 그러나 속되고 가증한 자, 거짓말하는 자는 거룩한 성에 들어갈 수 없습니다. 그러므로 툭하면 거짓말하는 나의 모습을 불쌍히 여겨 달라고 기도하십시오. 하나님의 영광이 비치는 자에게는 거짓이 물러갑니다. 주의 빛이 비치면 어둠이 견디지 못하기 때문입니다. 여러분의 인생을 주님의 밝은 빛으로 채워 가기를 바랍니다. 그리하여 모두 생명책에 올라가기를 축원합니다.

• 내가 정직히 행하지 못한 일은 무엇입니까? 나는 어떤 거짓말을 주로 합니까?

주님이 비추셔야만
우리가 모든 것을 보고 온전히 알게 됩니다.
하나님을 모르면 나 자신조차 알 수 없습니다.

우리들 묵상과 적용

남편의 거듭된 사업 실패로 시어머니와 저까지 신용불량자가 되어 빚 독촉에 시달렸습니다. 이후 저는 도망치듯 집을 나와 2년을 홀로 살았습니다. 그러다 기도원에서 만난 한 분이 선물로 주신 『날마다 큐티하는 여자』를 읽고서 우리들교회를 찾았습니다. 당시 목사님이 느헤미야 말씀을 전해 주셨는데 "이스라엘 백성이 성벽을 중수하듯 우리 가정을 중수해야 한다" 하시는 말을 듣고 마음에 찔림을 받았습니다. 이스라엘 백성이 자기 죄와 조상들의 허물까지 자복하는 말씀을 보면서, 아이들을 버리고 나온 죄와 남편을 무시한 저의 죄를 자복하게 되었습니다(느 9:2).

이후 저는 목장 지체들의 권면을 따라 남편에게 먼저 연락하는 적용을 했습니다. 다행히 주님이 시어머니와 남편의 마음을 만져 주셔서 집으로 돌아갈 수 있었습니다. 환경은 달라지지 않았지만 교회 공동체와 함께하니, 인고의 세월 끝에 만들어지는 진주처럼 고난을 인내할 수 있었습니다(계 21:21). 그러나 남편은 여전히 사업을 고집했습니다. 딸아이 명의를 빌려 대출을 받고 무리하게 가게를 차렸습니다. 그 결과 3개월 만에 쫄딱 망했습니다. 그런데도 남편은 또 다른 가게를 준비했습니다. 하나님께 맡겨 드리자는 제 말에 남편은 "장사는 신경 쓰지 않고 먼 교회를 일주일에 세 번이나 가는 너 때문에 망했다"며 포악을 떨었습니다.

그런데 새 가게를 준비하던 중 남편이 낙상 사고를 당하여 식물인간이 되는 사건이 찾아왔습니다. 청천벽력 같았지만 그동안 들어온 말씀이 있어서 모든 상황이 인정됐습니다. 그리고 힘든 상황에서 말씀만 의지하면서 나아가자 하나님이 길을 열어 주셨습니다. 교회 공동체와 여러 기관의 도움으로 병원비를 감당할 수 있게 해 주시고, 형편이 어려운데도 새로운 거처를 마련할 수 있게도 해 주셨습니다. 무엇보다 남편이 주님을 영접함으로 천국에 입성하게 해 주셨습니다. 할렐루야!

어두움 가운데서 헤매던 저에게 영광의 빛을 비춰 주신 하나님, 감사합니다(계 21:23). 끝까지 내 죄는 못 보고 남만 탓하다가 죽을 인생이었는데, 주님이 제게 등불을 비춰 주심으로 회개하여 생명을 얻게 되었습니다. 이제는 과거의 저처럼 어두움에 있는 사람들에게 예수님을 전하며 생명책에 기록되는 삶을 살기 원합니다(계 21:27).

영혼의 기도

하나님 아버지, 생명책에 올라가는 자들은 자기 고난이 보석이 돼서 하나님의 빛을 비추는 자라고 하셨습니다. 하나님이 비추시기만 하면 우리가 다 빛나는 보석이 될 텐데 여전히 우리는 어둠에 머물고 싶습니다. 우리에게 주신 사건을 각자가 말씀으로 해석하여 내놓으면 무지개처럼 일곱 빛깔을 내는 간증이 될 텐데 그저 감추고만 싶습니다. 이런 우리를 불쌍히 여겨 주옵소서.

내가 성전인 것을 아는 사람이 생명책에 올라간다고 하셨습니다. 그리고 그는 아버지 하나님과 하나 되어 사랑을 보인다고 하셨습니다. 주님, 내가 성전이라는 걸 알면서도 사랑의 깊이가 얕아서 상대의 눈 높이까지 내려가지 못합니다. 온유하기도 어렵고 오래 참기도 힘듭니다. 그러면서도 나는 사랑을 베풀고 있다고 착각합니다. 주님, 이렇듯 작은 성곽 안에 사는 우리이지만, 만 이천 스다디온의 믿음을 주셔서 더 넓고 깊은 사랑으로 나아가게 하옵소서. 사랑하지 못하는 우리를 불쌍히 여겨 주시고, 회개하여 정직을 행하게 하옵소서. 그래서 모든 영광을 가지고 거룩한 성에 입성하는 우리가 되게 하옵소서.

특별히 동성애자들을 위해 기도합니다. 그들에게 어떻게 복음을 전해야 할지 모르겠습니다. 주님, 그들을 불쌍히 여겨 주시고 찾아가 주셔서 복음이 들리게 하옵소서. 하나님의 모든 말씀은 능하지 못하심이 없는 줄 믿습니다. 교회 안에도 많은 동성애자가 있는 줄 압니다. 그들이 죄를 솔직히 고백하고 회개하여, 자신이 가진 간증으로 다른 동성애자를 살리는 사명을 감당하게 하옵소서. 그리하여 다 같이 생명책에 올라가는 자들이 될 수 있도록 역사하여 주옵소서. 예수 그리스도 이름으로 기도드리옵나이다. 아멘.

영원한 생명

요한계시록 22장 1~5절

07

하나님 아버지, 영원한 생명으로 나아가는
우리가 되기 원합니다.
말씀해 주시옵소서, 듣겠습니다.

중국을 최초로 통일한 진시황은 삼천 명의 동남동녀를 세상으로 보내며 불로초(不老草, 먹으면 불로장생을 이루어 준다는 풀)를 찾아오라고 명했습니다. 그 계획이 실패로 돌아가자 그는 "불로초를 찾는 자에게 나라의 반을 주겠다"는 무모한 공약을 내걸기도 했습니다. 그러나 끝내 불로초를 찾지 못하고 병에 걸려 50세에 죽음을 맞지요. 중국의 반이 아니라 온 천하를 준대도 불로초는 구할 수 없습니다. 인공지능 의사가 뛰어난 기술로 생명을 살린대도 인간을 영원히 살게 할 수는 없습니다. 그러나 예수를 그리스도로 믿는 성도는 영원한 생명을 누립니다. 그러니 성도보다 더한 부자가 없지요. 정말 값으로 환산할 수 없는 부(富)입니다.

아마겟돈 전쟁을 통해 새 하늘과 새 땅, 새롭게 하시는 나라에 입성했습니다. 하늘에서 내려오는 거룩한 성 새 예루살렘은 곧 어린 양의 아내요, 하나님의 백성과 교회, 우리 자신이라고 했습니다. 성도는 새 예루살렘 성곽의 찬란한 보석처럼 생명책에 기록되고, 더 나아가 영원한 생명을 누리게 됩니다. 만일 진시황이 이런 영생 얻을 방법을 알았다면 눈이 번쩍 뜨이지 않았겠습니까? 그런데 여러분은 진시황도 못 들은 영생의 소식을 듣고 있습니다. 영생은 죽은 뒤가 아니라 현재 삶에서부터 누리는 것입니다. 우리가 어떻게 영생을 누릴 수 있을까요? 본문은 영생의 축복을 마치 그림을 묘사하듯이 보여 줍니다.

생명수가 하나님으로부터 흘러나옵니다

또 그가 수정같이 맑은 생명수의 강을 내게 보이니 하나님과 및 어린 양의 보좌로부터 나와서_계 22:1

거룩한 성 새 예루살렘은 하나님의 백성인 나 자신을 지칭한다고 했습니다. 이 새 예루살렘 성에는 수정같이 맑은 생명수의 강이 흐르는데 그것이 하나님과 및 어린 양의 보좌로부터 나온다고 합니다. 이 말씀은 곧 하나님이 우리 생명의 근원이시라는 뜻입니다.

에스겔에도 비슷한 말씀이 있습니다. 에스겔 40장부터 하나님이 환상 가운데 에스겔을 데리고 다니시며 여호와의 영광을 회복한 예루살렘 성전을 보이십니다. 이때 에스겔은 성전 문 아래로 물이 흘러나와 강을 이루고 나아가 바다를 이루는 광경을 봅니다.

"그가 나를 데리고 성전 문에 이르시니 성전의 앞면이 동쪽을 향하였는데 그 문지방 밑에서 물이 나와 동쪽으로 흐르다가 성전 오른쪽 제단 남쪽으로 흘러내리더라"(겔 47:1).

지난 계시록 21장 22절에서 하나님과 어린 양이 곧 성전이시요, 그분을 믿는 나도 성전이라고 했습니다. 하나님이 금하신 선악과를 먹은 뒤 인류에 죄가 들어왔습니다. 여호와의 성전으로 살아가야 할 인간이 죄로 타락한 겁니다. 인간이 얼마나 부패했는지 에스겔 10장에 보면 에덴동산을 차단하셨듯이 여호와의 영광이 성전을 떠났다고 했습니다. 그런데 하나님이 성전의 영광을 회복하시고 그곳에서 물이 흘러나온다는 것은 주께서 죄로 물든 나를 구원하시고 더 나아가 나에게 영생의 축복까지 허락하신다는 의미입니다. 구원 받은 내 안에 하나님의 생명수가 흘러들고 흘러나간다는 겁니다.

상수원이 어디인지에 따라 물의 등급이 달라집니다. 왜, 먹는 샘물을 보면 무공해 청정지역이라거나 지하 암반수라거나 깨끗한 물이라는 걸 강조하기 위해 수원지를 꼭 공개하지 않습니까? 그런데 천국에 흐르는 생명수 강은 수원지가 하나님 보좌라는 것입니다. 이보다 더 좋은 상수원이 어디 있겠습니까? 그래서 생명수 강은 수정같이 맑고 흠도 티도 없습니다.

예수님도 자신을 가리켜 생수라고 말씀하셨습니다.

"예수께서 대답하여 이르시되 네가 만일 하나님의 선물과 또 네게 물 좀 달라 하는 이가 누구인 줄 알았더라면 네가 그에게 구하였을 것이요 그가 생수를 네게 주었으리라"(요 4:10).

"다 같은 신령한 음료를 마셨으니 이는 그들을 따르는 신령한 반석으로부터 마셨으매 그 반석은 곧 그리스도시라"(고전 10:4).

신령한 반석이신 그리스도로부터 나오는 생명수는 영원히 목마르지 않은 물입니다. 예수 그리스도께서 길이요 진리요 생명이시기 때문입니다(요 14:6). 또한 생명수의 강이 흘러나온다는 것은 성령의 임재를 뜻하고, 흘러넘치는 생명수처럼 더는 어둠의 영향을 받지 않고 천국에서 충만한 삶을 살게 된다는 의미이기도 합니다.

"명절 끝날 곧 큰 날에 예수께서 서서 외쳐 이르시되 누구든지 목마르거든 내게로 와서 마시라. 나를 믿는 자는 성경에 이름과 같이 그 배에서 생수의 강이 흘러나오리라 하시니. 이는 그를 믿는 자들이 받을 성령을 가리켜 말씀하신 것이라……"(요 7:37~39).

그러면 누가 수정같이 맑은 생명수를 마십니까? 아무나 마시지 못합니다. 예수께서 생수요 반석이시기에 오직 예수를 영접하는 자 곧 천국 백성, 주의 성도만이 이 물을 마실 수 있습니다. 자기 죄를 회개하며 예수를 그리스도로 믿는 자만이 생명수 강을 마십니다.

죄짓지 않은 자가 아니라 자신이 죄인임을 알고 주님께 용서 받은 자가 천국에 들어간다고 했습니다. 그러므로 누구보다 열심히 예배하고 봉사한대도 내가 죄인이라는 걸 모르면 생명수 강을 마실 수 없습니다. 내가 죄인이라는 인식이 없다면 끊임없이 죄를 지을 테고, 겉으로 드러난 죄가 없으면 자기 의(義)가 하늘을 찌릅니다. 생명수 강과 내가 하나도 상관이 없는 겁니다. 그러나 배우자가 바람을 피우거나 안 피우거나 도덕적으로는 '죽일 놈, 살릴 놈' 나눌지 몰라도 구속사로 보면 똑같이 죄인입니다. 그런데 "나는 죄가 없어" 하는 사람은 이런 이야기를 전혀 못 알아듣습니다. 내 의로 생명수를 마실 수 있는 사람은 없습니다. 나의 옳음으로는 천국에 들어갈 수도, 영생을 누릴 수도 없습니다.

한 정치인은 기업인 시절 컴퓨터 백신을 국민에게 무상으로 보급하고 저소득층 교육 지원에 힘써 달라며 1,500억여 원을 사회에 환원했습니다. 그런데 20여 년 전 그가 한 아파트를 구입할 당시 다운계약서를 작성하여 거짓 신고를 한 사실이 뒤늦게 드러나 논란이 됐습니다. 그의 어머니가 저지른 일이라는데 사실 그 시절 관행이기도 했습니다. 본인도 몰랐을 것입니다. 또 다른 정치인은 가난하고 청빈한 삶으로 많은 사람에게 존경을 받았습니다. 그런데 수천만 원의 정치 자금을 받은 사실이 드러나자 스스로 목숨을 끊었습니다.

이렇듯 아무리 의로워 보여도 죄로부터 자유한 사람은 없습니다. 저 역시 그렇습니다. 죄를 안 지을 수 있다면 좋겠지만 교회를 위한다고 하면서 합리화하는 것이 있습니다. 사도 바울은 '여러 번 잠 못 자고 주리고 헐벗은 일은 고사하고 교회를 위해 염려하느라 날마다 마음이 눌린다'고 고백했는데, 저도 그 수준까지 올랐는지는 잘 모르겠습니다(고후 11:27~28). 늘 교회를 위한 결정을 하려고 노력하지만 경계가 모호하니까 제가 잘 서 있도록 성도들이 수고해 주시는 것 같습니다.

제가 용서 받은 죄인이라는 걸 잘 알기에 천국에 가리라는 확신은 있지만, 천국 가는 그날까지 하나님이 원하시는 수준에 도달하지는 못할 것 같습니다. 늘 회개하는데도 또 회개할 일이 생깁니다. 만일 처음 예수 믿었을 때 내 죄가 이렇게 많다는 걸 알려 주셨다면 저야말로 더 살 수 없지 않았을까요? 그런데 하나님이 조금씩, 조금씩 알려 주셔서 종류가 다른 죄가 늘 보입니다. 성경의 목적도, 인생의 목적도 거룩인데 끝까지 거룩하기가 진짜 힘들다는 생각이 듭니다.

죄의 종류만 다를 뿐, 백이면 백 의로운 사람은 한 명도 없습니다. 빵을 반죽할 때 넣은 많은 달걀 중에 하나만 썩었어도 그 빵은 먹지 못합니다. 만 개 중에 하나라도 그렇습니다. 한 가지 죄를 지었든지 백 가지 죄를 지었든지 죄지은 것은 마찬가지입니다. 인간은 앉아서 죄를 물처럼 먹고 마시는 존재입니다. 그야말로 죄의 공장입니다. 그러므로 누구도 자기 힘으로는 영생에 들어갈 수 없습니다.

• 나의 생명수 강은 어디서부터 흘러나옵니까? 주님의 보좌입니까? 배우자나 자식, 돈이나 건강을 나의 생명수라고 생각하지는 않습니까?

영생은 누구나 알게 되어 있습니다

길 가운데로 흐르더라……_계 22:2a

생명수 강은 길 가운데로 흐른다고 합니다. 인간의 죄로 인해 막힌 에덴의 강들이 회복되어 동산 온 땅을 적시는 것처럼, 생명수 강을 길 한가운데 두셔서 누구나 보고 값없이 마실 수 있게 하십니다.

우리도 그렇지 않습니까? 구원을 얻고 나면 아까운 것이 없어집니다. 더 가지고 싶은 것도 없어집니다. 나의 모든 것을 터놓고 영육 간에 나누게 됩니다. 내가 받은 구원을 누구에게든 나누고 보이게 되지요. 천국 교제, 성령의 교제로 나아가게 되는 겁니다.

천국의 교제는 이 땅의 것과는 전혀 다릅니다. 성부 하나님이 뜻을 세우시고(hidden will of God), 성자 하나님이 디자인하시며(revealed will of God), 성령 하나님이 효과적인 힘(effective power of God)으로 도우시는 교제이기에 얼마나 아름다운지 모릅니다. 이런 아름다운 교제를 하고 있노라면 시간 가는 줄도 모릅니다. 이 땅의 사람들은 받은 만큼 돌려주는 이른바 '기브 앤 테이크(Give and Take)' 원리를 따라 교제하지만, 예수를 만난 사람은 너무 좋은 생명수를 마시고 있기 때문에 무엇도 아까울 것이 없습니다. 바울이 그리스도를 얻고 자신의 모든 것을 배설물로 여겼듯(빌 3:8), 백사십사 규빗의 내가 배설물로 여겨지니까 부끄러운 것도, 비밀도 없어집니다. 그래서 누군가의 구원을 위해서라면 나의 모든 것, 심지어 수치스러운 부분까지도 보입니다. 저절로 길 가운데 흐르는 생명수 강과 강 좌우의 생명나무 같은 인생을 살게 되는 겁니다. 이것이 생명의 역사입니다. 한마디로 내가 예수 믿고 구원 받은 사실은 나도 알고, 남도 알게 돼 있다는 것입니다.

그런데 교회를 다녀도 이런 분이 있더군요. 남의 간증을 듣고는 "자기가 천국 갈 걸 어떻게 확신하고 꼭 영생을 얻은 것처럼 교만하게 말할 수 있어?" 따집니다. 아직 영생을 맛보지 못해서 그렇습니다. 계시록을 통해 불완전하나마 천국의 모습을 보여 주시는 이유가 무엇입니까? 길 가운데 흐르는 생명수 강처럼 예수를 영접하기만 하면 모두가 영생을 알고 보고 마실 수 있다는 것입니다. 또한 택자는 이 땅의 삶의 모양이 어떠하든 그 생명수 강을 남들에게 흘려보내게 돼 있다는 것이지요.

우리들교회를 다니시는 한 대학 교수 집사님의 나눔입니다.

하루는 학회가 끝나고 저녁 식사를 하러 갔습니다. 그런데 식당 주인 분이 우리들교회 집사라고 하시는 겁니다. 저는 타의 모범이 되어야 할 교수로서 어디서 지인과 제자를 만날지 모르기에 늘 주의해서 행동하곤 합니다. 이렇듯 늘 보이는 삶을 사는 게 제게는 좁은 길입니다. 그래서 식사 자리에서 우리들교회 집사님을 만난 것이 좋은 일로 여겨졌습니다. 만일 그러지 않았다면 세상 사람들과 똑같이 먹고 마시며 죄짓지 않았을까요? 주인 집사님이 제게 감시자가 되어 준 겁니다. 주인 집사님은 같은 교회 지체를 만나 기쁘시다면서 서비스 음식도 많이 제공해 주셨습니다. 여러모로 감사했습니다.

과거에 집사님은 술을 좋아했지만 지금은 술자리에서도 자연스럽게 콜라를 마신다고 합니다. 그래도 우리들교회 교인을 만나면 싫겠지요. 옛 습관을 따라 유혹에 넘어갈 수도 있잖아요. 그 모습을 교회 지체가 딱 보고 있다고 생각해 보세요. 꼭 저승사자를 만난 것 같지 않겠습니까? 우리들교회 밖에는 성도들이 몰래 숨어 담배를 피우는 장소가 있다고 하더라고요. 그래도 좋습니다. 담배 피워도 좋으니까 교회만 오십시오. 술 마셔도 좋으니까 교회만 오세요. 아셨죠? 제가 양보해 드리겠습니다. 출입 금지하지 않을 테니 교회에 오기만 하십시오.

길 가운데 흐르는 생명수 강처럼 모두에게 보이는 삶은 십자가 길입니다. 믿음의 분량을 따라 누군가에게는 가벼운 십자가일 테고, 누군가에게는 무거운 십자가일 테지요. 그러나 비록 힘들어도 늘 예수님을 생각하는 삶이기에 영광을 보이게 되지 않겠습니까.

• 내가 예수 믿는 사실을 다 알고 있습니까? 누구에게, 어디에서 숨기고 있고 그 이유는 무엇입니까?

생명을 낳는 역사가 일어나야
영생을 얻은 사람입니다

……강 좌우에 생명나무가 있어 열두 가지 열매를 맺되 달마다 그 열매를 맺고…… _계 22:2b

생명수 강 좌우에 생명나무가 즐비하게 서 있습니다. 이 생명나무는 늘 넘치도록 흐르는 맑은 물을 먹고 자라기에 그 어떤 나무보다도 풍요롭습니다.

그러면 이 생명나무의 역할은 무엇일까요? 첫 사람 아담은 에덴동산의 각종 나무와 생명나무 열매를 먹으며 영생을 누리도록 지어진 축복의 사람이었습니다. 다만 한 가지, 선악을 알게 하는 나무의 열매만은 하나님이 금하셨습니다(창 2:16~17). 그런데 아담이 이를 어기고 선악과를 먹음으로써 하나님 앞에 범죄했습니다. 그 결과, 이후로 누구도 생명나무 열매를 먹을 수 없게 되었습니다. 인간이 범죄하여 생명나무로 나아가는 길이 막힌 것입니다(창 3:24). 이후 세상에 악과 음란이 들어오고 인류는 죄의 삯인 사망의 저주 가운데 거하게 됐습니다. 사망의 쏘임에 놓이게 된 것입니다.

그러나 우리를 사랑하시는 하나님이 길을 열어 주셨습니다. 인생에 닥친 죽음의 문제를 단번에, 그리고 영원히 해결해 주셨습니다. 바로 생명의 원천이시요, 생명수이자 생명의 떡이신 예수님을 우리에게 보내 주신 것입니다. 예수께서 오셔서 우리 죄를 대속하여 십자가에서 죽으시고 부활하고 승천하셨습니다. 생명수 강이 길 가운데 흘러 생명을 공급하듯, 죽었던 인생이 예수 그리스도로 말미암아 소생하게 되었습니다. "예수 그리스도를 믿으면 영생을 얻는다"는 은혜의 새 언약이 성취된 것입니다. 지난 계시록 2장에서도 이와 같이 말씀하셨죠.

"귀 있는 자는 성령이 교회들에게 하시는 말씀을 들을지어다 이기는 그에게는 내가 하나님의 낙원에 있는 생명나무의 열매를 주어 먹게 하리라"(계 2:7).

그런데 한 이단은 자신들의 교주가 생명나무라고 주장합니다. 그 교주를 믿는 자는 영생하게 된답니다. 또한 생명나무의 열매는 자신들의 교훈을 가리킨답니다. 이건 정말 아니지 않습니까? 그런데 이단에 빠진 사람들은 좀체 분별을 못 합니다. 왜 그럴까요? 그저 성경공부 해서 잘살아 보려는 욕심만 가득하니까 그러는 겁니다. 결국 자기 욕심에 이끌려 이단에 가는 것이죠. 이단에 속한 사람은 한두 번 훈계한 후에 멀리하라고 했습니다(딛 3:10). 하나님이 택한 자는 절대 이단에 머물 수 없습니다. 이단에 빠진 분은 바른 복음을 듣고 돌아오기를 축원합니다.

생명나무의 특징은 무엇입니까? 이 땅 나무는 한 가지 종류의 열매밖에 맺지 못하지만 생명나무는 열두 가지 열매를 맺습니다. 쉽게 말하면 이 가지에서는 복숭아, 저 가지에서는 포도, 다른 가지에서는 사과, 망고가 열린다는 말입니다. 완전수로 열두 가지 열매가 그것도 '달마다' 맺힙니다. 시편 1편에서 시냇가에 심은 나무는 철을 따라 열매를 맺는다고 했지요(시 1:3). 이른 비로 시작되는 겨울, 늦은 비가 내리는 봄, 뙤약볕이 내리쬐는 여름을 지나 가을이 와야 비로소 열매를 맺는 겁니다. 그러나 생명나무는 때와 상관없습니다. 홍수나 가뭄이 온대도 끄떡없습니다. 달마다 끊임없이, 풍성하게 열매가 열립니다. 매달 신선한 과실을 맛볼 수 있습니다. 하나님이 우리를 위해서 다양한 열매를 만들어 두셨습니다. 이것은 천국의 부요함을 상징하는 말씀이기도 합니다. 즉, 천국에서는 생명수 강을 마시고 생명나무 열매를 먹으며 더 풍성히 영생을 누린다는 의미입니다.

혹시 "아니, 부활한 사람이 먹기는 뭘 먹어?" 하는 사람도 있을지 모르겠습니다. 그럴까 봐(?) 누가복음에 보면 예수님이 부활의 몸으로 구운 생선 한 토막을 드신 일을 기록하고 있습니다(눅 24:41~43). 또한 부활 후 엠마오 길에서 만난 제자들과 함께 떡을 떼시고 드셨다는 기록도 있습니다(눅 24:30). 나아가 계시록 2장에서는 "이기는 그에게는 내가 감추었던 '만나'를 주겠다"고 약속하십니다(계 2:17). 만나는 광야 생활 당시 하나님이 이스라엘 백성에게 주신 양식입니다. 이 모든 말씀으로 미루어 볼 때 천국에서도 생명수 강과 생명나무를 먹고 마신다는 것을 알 수 있습니다.

그런데 이처럼 모든 게 풍성한 천국에도 없는 것이 딱 한 가지 있습니다. 그것이 무엇일까요?

"예수께서 이르시되 이 세상의 자녀들은 장가도 가고 시집도 가되 저세상과 및 죽은 자 가운데서 부활함을 얻기에 합당히 여김을 받은 자들은 장가가고 시집가는 일이 없으며"(눅 20:34~35).

미혼인 청년들뿐 아니라 많은 분이 탄식하는 소리가 제 귀에 들리는 것 같습니다. '아니, 무슨 재미로 천국에 가나' 하십니까? 그러나 남녀가 결혼하여 육체적 관계를 맺고 남편, 아내, 자녀라는 관계로 엮여서 살아가는 것도 사실은 육신의 일입니다. 그러니까 이 땅에서 서로 좋아서 난리라고 해도 천국에서까지 내 남편, 내 아내, 내 자녀로 만나는 건 아니라는 말입니다. 천국은 오직 구원 받은 사람만 갑니다. 가족끼리 사이가 아무리 좋아도 천국까지 손 붙잡고 함께 갈 수는 없습니다. 그런데 여러분은 어찌 가족의 구원을 두고 안타까워하지도 않습니까? 여러분의 사랑이 얼마나 얄팍한지 아시겠어요?

물론 가족에게 복음 전하기가 쉽지 않지요. 한 가족이라도 한 믿음이 되지 못하면 구원 때문에 애통하고 눈물 흘리는 식구를 보고서 조롱하기도 합니다. 무엇이 중요한지 몰라서 그렇습니다. 그래도 구원을 위해 힘쓰는 것이 우리가 보일 수 있는 최고의 사랑입니다. 인생길이 짧은데 내 가족끼리 잘 먹고 잘사는 데만 집중하다가 다 같이 지옥 백성이 되면 어쩝니까. 그러니까 가족을 사랑하되, 구원의 시각으로 사랑해야 한다는 겁니다. 배우자도, 자녀도 객관적으로 보아야 나의 지경이 넓어집니다. 내가 가족을 객관적으로 보는 만큼 그들을 주께로 인도할 수 있습니다.

청년들에게는 결혼이 최고의 행복으로 보일는지 모르지만, 어떤 사람에게는 일생 불행의 올무가 되기도 합니다. 결혼이 주는 기쁨만큼이나 고통도 큰 법입니다. 왜냐하면 모든 인간의 내면에는 원죄의 쓴 뿌리가 있어서 아무리 부부간이라고 해도 시기와 질투, 미움이 존재하기 때문입니다. 그리고 거기서 비롯된 어긋남을 이혼으로 풀어내고는 문제를 해결했다고 생각합니다. 그러나 천국에는 오직 아가페 교제만 있기에 시기나 질투도, 경쟁의식이나 원망, 미움도 없습니다.

어느 아내가 인터넷 게시판에 남편을 잔뜩 욕한 글을 올렸습니다. 남편이 생활비를 너무 안 줘서 이 아내가 아르바이트를 시작했답니다. 그러자 남편이 더욱 적반하장으로 나오며 "네가 번 돈으로 살라"고 했다는 겁니다. 그 외에도 그동안 남편이 벌인 각종 치사한 일들을 줄줄이 고발했습니다. 참 못난 남편 맞습니다. 그런데 남편만 못됐습니까? 남편의 잘못을 일일이 기억하고서 만인에게 고발하는 아내도 똑같지 않습니까? 이 글에 백 개가 넘는 댓글이 달렸길래 읽어보니 하나같이 이혼하라는 내용이더군요. "그런 인간이랑 왜 사나", "친정에 가서 살아라" 책임도 못 질 말들을 조언이라면서 내놓았습니다. 제가 얼마나 안타까웠는지 모릅니다.

우리들교회 목장에서는 결혼생활을 힘들어하는 부부들에게 한결같이 이렇게 외칩니다. "결혼의 목적은 행복이 아니라 거룩입니다!" 이 말이 세상 사람들에게는 방언이지요. 나의 결혼에 예수가 들어오셔야 결혼이라는 고난을 통해서 영생을 얻고 살게 됩니다. 힘든 결혼생활을 거치며 구원으로, 거룩으로 나아가야 하는데 자꾸 행복만 찾으니까 이혼 타령을 하는 것입니다. 결혼의 목적은 행복이 아니라 구원입니다. 우리를 영원한 천국으로 인도해 주는 통로가 결혼이라는 말입니다. 그런데 가족끼리 잘 먹고 잘살면 구원에 관심을 가질 수가 없습니다. 구원의 사랑을 하기가 정말 하늘의 별 따기입니다.

이 땅의 사랑이 얼마나 얕은지 사실 우리가 잘 알지 않습니까? 이 땅의 사랑은 마치 청동 거울을 보는 것처럼 희미합니다. 천국의 사랑에 비하면 부분적이고 일시적입니다. 특별히 예수를 믿지 않는 사람과는 전혀 통하지 않습니다. 또 부부가 함께 교회를 다닌다고 해서 서로 사랑하고 통하는 것도 아닙니다. 서로 믿음의 수준이 다르기 때문입니다. 우리들교회가 이혼을 말리니까 이것을 역이용하는 사람도 있다더군요. '내가 바람피워도 절대 이혼 안 하겠지?' 하면서 제멋대로 산다는 겁니다. 이건 더 나쁩니다.

> 2c⋯⋯그 나무 잎사귀들은 만국을 치료하기 위하여 있더라 3a 다시 저주가 없으며⋯⋯_계 22:2c~3a

천국은 죄가 해결된 곳이기에 죽음이 없습니다. 생명나무가 죽음을 물리칩니다. 생명수 강과 생명나무 열매와 그 잎사귀에까지 만국을 치료하는 힘이 있어서 모든 저주가 물러가고 상처도 슬픔도 설 자리가 없습니다. 더 이상 사망이 쏘지 않습니다.

그러므로 예수 그리스도의 생명을 소유한 성도는 그분을 따라 생명을 낳는 삶을 살아갈 수밖에 없습니다. 나 역시 생명나무가 되어 저절로 "생명 낳기 운동"에 동참하게 되는 겁니다. 생명나무가 열매 맺지, 교양나무에는 열매가 맺히지 않습니다. 바리새인이 그들의 대단한 지식으로 누구 한 사람 살렸습니까? 생명은 생명으로만 역사합니다. 지식이나 교양으로는 전도 못 한다는 말입니다.

"또 이르시되 너희는 온 천하에 다니며 만민에게 복음을 전파하라"(막 16:15).

이것은 생명의 주인이신 예수 그리스도께서 우리에게 주신 지상명령입니다. 지난 말씀에서 한 형제가 자기와 같이 동성애에 빠진 사람들을 살리고자 자신의 죄를 약재료로 쓰겠다고 고백했습니다. 우리는 여기까지 나아가야 합니다. 내 죄를 보고 사명 감당하는 데까지 나아가야 합니다. 이것은 주님의 절대 명령입니다. 그런 삶이 참된 간증이요, 내가 생명수 강과 생명나무로 가득한 생명 숲이 되는 비결입니다.

그러면 우리가 어떻게 생명 낳는 삶을 살 수 있을까요? 이 땅의 삶은 완전하지 못하잖아요. 앞서 생명나무는 죄를 물리쳐 어둠과 생명을 방해하는 것들을 막아 주는 역할을 한다고 했습니다. 우리가 말씀을 통해서 날마다 내 죄를 회개하고 나누면, 대단한 간증이 아니라도 그 잎사귀 하나하나가 만국을 치료하는 약재료가 돼서 우리의 죄를 막아 줍니다. 그러니까 우리가 큐티하고 나누는 게 곧 생명을 낳는 일이라는 겁니다.

우리들교회가 사무엘하 큐티를 하던 때 한 부목자님이 나누어 주신 간증입니다.

사무엘하 22장은 다윗의 승전가입니다. 다윗은 자신을 대적으로부터 보호해 주신 하나님을 찬양하며 특별히 "여호와께서 내 손의 깨끗함을 따라 갚으셨다"라고 고백합니다(삼하 22:21). 그런데 저는 다윗과 달리 깨끗하지 못하고 오히려 악하기 그지없습니다. 식당을 운영하는 저는 일 잘하고, 손 빠르고, 스마트한 직원만 무척 편애합니다. 그런 직원에게는 따로 기프티콘을 선물하기도 하고, 늘 온화한 눈빛과 말로 대하지요. 반대로 일 못하는 직원에게는 레이저 눈빛을 쏘면서 온몸으로 싫어하는 티를 팍팍 냅니다. 주방일이 쉽지 않다는 건 잘 압니다. 특히 여름에는 폭염에다 주방 열기까지 더해져서 직원들이 두 배로 고생합니다. 그런데도 '직원들이 내가 준 월급만큼 일을 못한다'라는 불만이 늘 제 내면에 깔려 있습니다.

편견과 고정관념도 참 대단합니다. 직원 면접을 볼 때 요셉, 요한, 바울 같은 성경 인물의 이름을 가진 사람이 오면 으레 꺼려집니다. 많은 사람을 겪으면서 교회 다니는 직원이 가장 경계가 되더군요. 저도 교회를 다니면서 말입니다.

또 오래 장사하면서 사람은 믿음의 대상이 아니라는 걸 매일 체감하다 보니까 이상한 부작용(?)이 생겼습니다. 누구를 만나도 언제든 떠날 수 있는 사람이라고 생각해서 정을 주지 않는 겁니다. 직장에서만 그런 게 아닙니다. 교회 지체와의 관계에서도 그렇습니다. 힘든 지체를 만나도 구원의 애통함이 잘 생기지 않습니다. '어차피 목장이 바뀌면 안 볼 사람이잖아', '좋은 게 좋은 거니까 그저 잘해 주면 되겠지' 하면서 모든 관계를 가볍게만 생각합니다. 저보고 회개하라고 아내와 자녀, 직원들이 끊임없이 수고하는데도 여전히 저는 나만의 잣대로 상대를 정죄하고 무시합니다.

이분이 사장님인데 이런 이야기를 쉽게 나눌 수 있는 게 아니잖아요? 정말 굉장한 나눔입니다. 저는 이런 나눔이 진짜라고 생각합니다. 이렇듯 자신을 직면하며 죄를 보는 나눔이 만국을 치료하는 약재료가 된다고 믿습니다. 여러분도 이 '새 생명 낳기 운동'에 동참하기 위해서 공부하고 일하기를 바랍니다.

생명나무 잎사귀는 만국을 치료할 만큼 푸르다고 했습니다. 결코 시드는 법이 없습니다. 저는 오십이 될 때까지 피아노를 공부하고 가르쳤습니다. 인생의 반을 바쳤건만 이상하게 피아노는 지루했습니다. 그런데 제가 거듭난 후부터 전도하는 건 전혀 지루하지 않습니다. 시들해지지 않습니다. 같은 간증을 30년 넘게 하고 있지만 매너리즘에 빠져 본 적도 없습니다. 제 간증을 할 때마다 가장 은혜 받는 사람이 바로 저입니다. 미치지 않고서야 누가 같은 이야기를 주야장천 할 수 있겠습니까? 성령의 생수가 내게 넘치니까, 생명나무가 돼서 생명을 전하니까, 죽어가는 사람을 살리니까 지루함이 없는 겁니다. 그런데 생명이 임하지 않은 사람은 저보고 맨날 같은 소리를 한다고 말합니다. 심지어 부목사님 중에도 "그 간증은 언제까지 하실 예정이냐"고 묻는 분도 계셨습니다.

정말 거듭난 사람은 결코 시들지 않습니다. 그 속에 생명수 강이 계속 흘러넘치기 때문입니다. 그러므로 생명수 강인 말씀에, 교회 공동체에 잘 뿌리내리기 바랍니다. 그러면 생명나무처럼 달마다 열매 맺고 만국을 치료하는 잎사귀가 돼서 내 가족과 주변 사람 모두가 생명에 접붙여질 줄 믿습니다.

- 나는 생명 낳는 일에 앞장서는 생명나무입니까? 교양나무로 뻣뻣하게 복음을 전하려 하지는 않습니까? 내가 생명나무인가, 교양나무인가는 '내죄를 보느냐, 안 보느냐'로 알 수 있습니다.
- 여러분은 지금 인생이 지루합니까? 믿음이 있어도 시들합니까, 아니면 푸릅니까?

생명 낳는 역사가 일어나는 자에게 세 가지 상(賞)이 있습니다

주님은 생명나무의 믿음과 행위로써 세상을 이긴 성도에게 세 가지 상급을 허락하십니다.

3b ······하나님과 그 어린 양의 보좌가 그 가운데에 있으리니 그의 종들이 그를 섬기며 4 그의 얼굴을 볼 터이요 그의 이름도 그들의 이마에 있으리라 _계 22:3b~4

첫째로, '그의 종들이 그를 섬기는' 상을 주십니다.

다시 말하면 하나님의 종으로서 그분을 섬기는 축복을 주신다는 것입니다. 천국은 정의가 물같이, 공의가 마르지 않는 강같이 흐르는 곳입니다(암 5:24). 그러므로 천국에서는 내가 종노릇을 해도 왕이고 왕 노릇을 해도 군림하지 않는 종인 겁니다. 즉, 천국에서는 종이 왕이고, 왕이 곧 종이라는 말입니다. 하물며 우리가 대통령만 모셔도 엄청난 특권 아닙니까? 그런데 만왕의 왕이신 하나님을 가까이서 모신다니 이 얼마나 큰 특권입니까! 결코 생색을 낼 수 없습니다. 하나님을 자발적으로 섬기는 이 기쁨은 오직 주님을 만난 사람만 압니다. 세상 가치관으로는 이해할 수 없습니다.

우리들교회는 휘문 채플과 판교 채플, 두 곳에서 예배드리고 있습니다. 그런데 굳이 비교하자면 저는 휘문 채플 성도들이 더 자발적으로 섬기는 것 같습니다. 성전 겉모습만 봐도 판교 채플은 부티가 흐르잖아요. 고난이 좀 덜해서(?) 성도들이 말을 잘 안 듣습니다. 반면에 휘문 채플은 힘든 분이 많아서인지 비율적으로 주님을 만난 분이 더 많습니다. 제가 돈 벌려고 목회하는 것이 아니잖아요. 저의 친구는 환난당하고 빚지고 원통한 자니까 휘문을 택할 수밖에 없습니다.

이 땅에서는 천국을 부분적으로만 보기에 섬김이 기쁘지만은 않지요. 저도 설교하는 것은 기쁘지만, 설교를 준비하기까지는 십자가 짐 같게 느껴집니다. 그러나 감사하게도 힘듦보다는 기쁨이 늘 더 큽니다. 저같이 시간당 레슨비를 받던 사람이 24시간을 주를 위해 살아간다니, 정말 기적 중의 기적 아니겠습니까? 제게도 하나님을 가까이 섬기는 상을 주신 겁니다.

둘째, 그의 얼굴을 보는 상을 주십니다.

죄인인 우리는 하나님의 거룩하신 얼굴을 감히 볼 수 없습니다. 하나님의 얼굴을 본 자는 반드시 죽으리라고 말씀하셨습니다(출 33:20). 그러나 그 나라, 새 예루살렘에서는 하나님의 얼굴 뵙기를 두려워할 필요가 없습니다.

그런데 꼭 천국에 가서만 하나님의 얼굴을 보는 것은 아닙니다. 이 땅에서도 볼 수 있는 길이 있습니다. 예수님은 "마음이 청결한 자는 복이 있나니 그들이 하나님을 볼 것임이요"라고 말씀하셨습니다(마 5:8). 마음이 청결하면 하나님의 말씀이 잘 깨달아지고, 그것이 곧 하나님이 자신을 보여 주시는 것입니다. 주님은 마음이 청결한 자에게 속삭이듯 이야기해 주시며 말씀을 깊이 깨닫도록 인도하십니다. 다만 우리 마음이 100% 청결하지 못해서 말씀이 깨달아지지 않는 것이죠.

셋째, 그의 이름이 그들의 이마에 있는 상을 주십니다.

"하나님의 이름이 그들의 이마에 있으리라"는 말씀은 곧 하나님의 이름을 가지리라는 의미입니다. 즉, 하나님의 소유가 된다는 말입니다. 마지막 때가 되면 작은 자나 큰 자나 모두가 이마에 하나님을 대적하는 짐승의 표를 받는다고 했습니다(계 13:16). 그러나 성도의 이마에는 여호와 하나님이 거룩한 성호를 딱 찍어 주십니다. 이것은 "너는 내 것이다. 내가 너를 보호하겠다. 내가 너를 책임지겠다"라는 뜻입니다.

자, 여러분은 세 가지 중에 어떤 상을 받았습니까? 영생을 가진 자에게는 상만 주시는 게 아닙니다. 이 세상과 비교할 수 없는 최고의 환경에서 살게 하십니다.

> 다시 밤이 없겠고 등불과 햇빛이 쓸데없으니 이는 주 하나님이 그들에게 비치심이라 그들이 세세토록 왕 노릇 하리로다_계 22:5

말씀만 보아도 너무 가고 싶은 곳 아닙니까? 천국에서는 삶 자체가 쉼이요, 안식이요, 평안입니다.

더 자세히 살펴보자면, 먼저 천국엔 밤이 없다고 합니다. 밤이 없으니 잠잘 필요도 없습니다. 그런데 세상 사람들은 아무리 잠을 자도 늘 피곤하다고 말합니다. 모든 것이 노동이니까 피곤합니다. 직장생활도 피곤하고, 결혼생활도 피곤하고, 육아도 피곤합니다. 물론 누구나 육체적으로 피로할 때가 있지요. 그런데 거듭난 사람들은 잠을 못 자도 피곤하다는 말을 잘 안 합니다.

마태복음 26장에 보면 주님이 십자가를 지시기 전 마지막으로 기도하시고자 제자들과 함께 겟세마네에 이르십니다. 그런데 주님이 밤이 맞도록 기도하고 와서 보시니 제자들이 쿨쿨 자고 있습니다. "너희가 나와 함께 한 시간도 이렇게 깨어 있을 수 없더냐" 책망하셨는데도 다시 돌아와 보니 역시나 제자들은 잠에 빠져 있습니다. 성경은 이런 제자들보고 "그들의 눈이 피곤함일러라"고 표현합니다(마 26:43). 잠만 자고 기도도 안 하는데 피곤하답니다. 그런 제자들을 향해 주님은 이렇게 말씀하십니다.

"이제는 자고 쉬라 보라 때가 가까이 왔으니 인자가 죄인의 손에 팔리느니라 일어나라 함께 가자 보라 나를 파는 자가 가까이 왔느니라"(마 26:45~46).

예수님에게는 밤이 없기에 당장 십자가 고난을 앞두고도 끝까지 제자들 양육에 힘쓰십니다. 그런데도 제자들이 피곤하다고 하니까 "이제는 자고 쉬라"고 말씀하십니다. 이 말씀을 쉽게 말하면 "내가 떠나고 고난이 와야 너희가 성령 받고 피곤하지 않을 날이 오겠구나. 이제는 자고 쉬어라. 나는 떠난다. 고난도 받아 보렴" 하시는 겁니다.

고난이 없는 사람은 정말 피곤하다는 말을 입에 달고 사는 것 같습니다. 저는 몸이 약하고 심지어 암을 겪었는데도 가만히 생각해 보면 피곤하다는 말을 잘 하지 않습니다. 정말 구원의 일에는 지칠 줄 모릅니다. 여러분은 어떻습니까? 피곤하다는 말이 입에 배지는 않았습니까?

또한 천국에는 등불과 햇빛이 쓸데없다고 합니다. 실내를 밝힐 등불도, 실외를 비출 햇빛도 쓸데없습니다. 의(義)의 태양이신 하나님이 언제나 환하게 비춰 주시기 때문입니다.

이렇듯 밤이 없고 하나님이 비춰 주시는 천국에서 우리가 어떤 삶을 살리라고 합니까? "세세토록 왕 노릇 하리라"고 합니다. 이 땅에는 우리를 지배하는 자가 많습니다. 사장과 상사가, 시부모나 장인 장모, 배우자가 나를 지배하고, 자녀에게 지배당하기도 합니다. 누구나 생각만 해도 무서운 한 사람이 있습니다. 그러나 천국에서 우리는 누구의 지배도 받지 않습니다. 오히려 주님이 주신 면류관을 쓰고 왕같이 귀한 신분으로서 수많은 천군 천사를 호령하게 될 것입니다. 주님과 더불어 세세토록 영생 복락을 누리고, 하나님을 섬기며 하나님의 얼굴을 직접 보고, 하나님의 소유가 되는 복을 누리게 될 것입니다. 아멘!

천국과 이 땅은 너무도 다릅니다. 세상은 죄악으로 가득 찼습니다. 세상은 우리가 영생과 진리, 참다운 구원에 이르지 못하도록 끊임없이 방해합니다. 주님이 계시록을 통해 세상 바벨론의 실체를 보여 주시는 이유가 바로 그것입니다. 무엇이 가치 있는지, 무엇에 소망을 두어야 하는지, 그래서 나아갈 곳은 어디인지 우리에게 계속 질문하시는 것입니다. 끊임없이 회개를 촉구하시면서 우리를 영생으로 이끄시는 겁니다.

예수가 길이요, 진리요, 생명이라는 걸 알려면 세속사에서 구속사로 넘어가야 합니다. 힘든 눈물 골짜기를 지나야 영생으로 인도되는 것입니다. 믿습니까? 여러분 모두 영생을 소유하기 바랍니다.

몇 년 전, 우리들교회 몇몇 가족이 모여 태국 아웃리치를 다녀왔습니다. 그런데 평소 갈등을 겪던 모녀가 이 아웃리치를 함께 다녀온 뒤 문제가 해결됐다는 소식을 들었습니다. 당시 아웃리치를 인솔하셨던 목사님이 나누어 주신 이야기를 여러분에게도 소개합니다.

올해 태국 아웃리치는 "부모와 자녀가 함께 떠나는 아웃리치"라는 주제로 인원을 모집했습니다. 많은 가족이 신청해 주셨고, 그중에는 A

집사님과 중학생 딸도 있었습니다. A집사님은 철저히 일 중심적으로 살아온 분입니다. 엄마의 역할보다 사장 역할에 더 익숙한 분이었죠. 결혼할 때도 믿음이 기준이 아니라 자신에게 순종해 줄 남자를 골랐답니다. 그 바람대로 유순한 남자를 만나 결혼했고요.

사업이 잘될 때는 부부 사이에 아무 문제도 없었답니다. 그런데 A집사님이 욕심을 부리다 부도를 맞았고, 그 빚이 남편에게 전가될 위기에 처하자 평소 마음씨 좋던 남편이 이혼을 요구했답니다. 그렇게 A집사님은 부도에 이혼까지 겹고난을 겪었습니다.

성취가 인생의 목적인 A집사님은 사업이 좌절되자 이번에는 딸을 서울대에 보내겠다는 새로운 목표를 세웠습니다. 그리고 그 목표를 따라 딸에게 학대에 가까운 교육을 시켰습니다. 일례로 중학교 1학년인 딸이 학원에서 고등학교 1~2학년 과정을 이미 마치고 지금은 고3 과정을 선행학습 하고 있습니다. 누가 보아도 말이 안 되지만 A집사님은 오직 서울대 보내기를 목표로 "힘들어 죽겠다"는 딸의 부르짖음을 묵살했습니다.

그러다 결국 사건이 터졌습니다. 참다못한 딸이 더는 못 하겠다면서 두 손, 두 발 다 들고 학원 가기를 거부한 것입니다. A집사님은 또다시 실패할 수 없다는 생각에 딸을 압박했지만 그럴수록 갈등의 골만 깊어졌습니다. 그러다 더는 손 쓸 수 없는 지경이 되자, 문제를 해결해 보려고 이번 아웃리치를 신청했다고 합니다.

아웃리치 둘째 날 저녁, 다 같이 모여 큐티나눔을 하는데 이 딸이 울며 엄마인 A집사님의 그간 행태를 고발했습니다. 더불어 A집사님 가슴에 대못을 박는 말을 날렸습니다.

"엄마가 아빠에게 왜 이혼당했는지 이제는 알 것 같아. 나는 엄마보다 아빠가 더 좋아!"

이에 공동체가 힘을 합쳐 이 가정에 침투한 바벨론 세력을 막고자 노력했습니다. 먼저 A집사님에게 권면했습니다.

"집사님, 딸의 말을 버릇없는 말로만 받아들여서는 안 돼요. 집사님이 철저히 인본적인 가치관으로 자녀를 길렀기 때문에 마땅히 들어야 하는 말입니다. 집사님 삶의 결론이라고 생각하세요. 그렇게 서울대가 좋으시면 아이를 보낼 게 아니라 집사님이 직접 가시면 되잖아요? 어머니도 가기 어려운 곳인데 아이가 못 간다고 해서 탓할 수 없지 않겠어요? 먼저 집사님의 세상 가치관을 회개하시기 바라요. 그리고 아이를 서울대 보내려 하는 그 절박함과 정성으로 이제는 아이를 천국에 보내기에 힘쓰시기 바랍니다. 서울대보다 천국이 더 가치 있다는 걸 아이에게 보여 주지 못하면, 설령 서울대를 간다고 해도 아이는 그 학벌로 이 땅의 썩을 것에만 집착하며 지옥을 살다가 결국 지옥에 갈 겁니다. 이기고 또 이기려는 세상 가치관을 버리셔야 집사님도, 아이도 삽니다."

그러자 놀라운 일이 벌어졌습니다. A집사님이 그 자리에서 무릎을 꿇고 자신의 잘못된 가치관 때문에 딸이 죽어 가는 걸 인정한 겁니다. 집사님은 어떤 말로도 변명하지 않고 자신이 천국보다 서울대를 더 영광스럽게 여기는 죄인이라고 깊이 회개했습니다. 그러고는 이렇게 적용하셨습니다.

"이제는 최선을 다해 딸의 공부를 지원하되 다시는 서울대 가라고 강요하지 않겠습니다. 그리고 내 자식은 하나님께 맡기고, 남의 자식 살리는 데 집중하겠습니다. 주일학교 교사로 지원하겠습니다!"

어머니가 먼저 자기 죄를 인정하자 이번에는 모두가 딸에게 달려들어 권면했습니다.

"엄마가 너를 애써 기른 것에 대해 생색내지 않으시고 이렇게 자신의 죄를 온전히 인정하고 회개하시는 게 얼마나 대단한 일인지 아니? 엄마가 이렇게 수치를 무릅쓰고 모든 사람 앞에서 회개하시는 것은 너를 살리기 위해서야. 엄마의 위대한 사랑으로 알고 훗날까지도 이 일을 기억하길 바라."

이어서 모녀에게 모두가 보는 앞에서 서로 사랑한다고 말하고 안아 주라고 권면했습니다. 그러자 A집사님도, 딸도 수줍게 사랑한다고 고백했습니다. 그리고 그날 밤 두 사람이 꼭 끌어안고 잠을 잤답니다. A집사님은 "우리들교회는 공동체가 함께 자녀를 기른다고 하던데 그 말뜻이 무엇인지 비로소 깨달았다"고 고백하셨습니다.

이분은 교회 온 지 얼마 안 된 새가족입니다. 딸이 뜻대로 안 되니까 힘들어서 오신 겁니다. 그런데 오자마자 이렇게 은혜를 받았습니다. 이기고 또 이기려 하며 사망의 쏘임을 받다가 예수 공동체를 통해 영생으로 내딛게 된 것입니다.

우리에게 예수가 없다면 어떻게 영생을 누릴 수 있겠습니까? 예수가 없는 인생은 지옥을 살다가 지옥에 갈 운명입니다. 생명수는 서울대가 아니라 하나님으로부터 나옵니다. 그러므로 성공, 학벌, 주식, 부동산이 아니라 하나님만이 생명수 강이심을 알게 해 달라고 기도하기 바랍니다. 생명을 낳는 자가 되어 하나님을 섬기고, 하나님의 얼굴을 직접 보며, 하나님의 이름을 갖는 상을 받게 해 달라고 기도하기 바랍니다. 그리하여 다시는 밤이 없고, 하나님이 비추어 주시는 영원한 천국에서 세세토록 왕 노릇 하는 여러분 되기를 축원합니다.

• 나는 피곤하다는 말을 입버릇처럼 하지 않습니까? 스스로 잘 모를 테니까 가족이나 가까운 사람에게 한번 물어보세요.

우리들 묵상과 적용

목회자 가정에서 태어나 아버지의 목회 활동에 누가 되지 않으려고 모범생으로 자랐습니다. 성공이 우상이었던 저는 대기업 연구소에 입사하고, 박사 학위도 받고, 결혼하여 세 아이를 낳으며 모두가 부러워하는 삶을 살았습니다.

그러다 몇 년 전 회사 근처로 이사하면서 우리들교회에 오게 되었습니다. 이후 저의 진짜 인생이 시작됐습니다. 교회에 온 후 아내가 두 번이나 유산하고, 어머니가 패혈증으로 돌아가실 뻔한 큰 사건을 겪었지만 공동체의 권면과 위로 덕분에 잘 통과할 수 있었습니다. 또한 오래 교회를 다녔어도 고백하지 못한 제 부끄러운 죄도 고백하게 되었습니다. 제가 숨기고 싶은 죄는 음란죄였습니다. 청년 시절 공허한 마음을 달래고자 음란 동영상을 보기 시작한 것이 결혼 후까지 이어졌습니다. 무덤까지 가지고 갈 죄라고 생각했는데 생명수 강과 같은 지체들의 죄 고백을 들으면서 저도 음란죄를 고백할 수 있었습니다(계 22:1). 더러운 죄를 고백해도 누구도 저를 정죄하지 않으니 자유함이 생겼습니다.

그러나 저의 죄 고백을 들은 아내는 마치 저를 성범죄자처럼 여기면서 전자 발찌를 채워야 한다고 했습니다. 마침 당시 네 살 딸이 저를 위해 만들었다며 복음 팔찌를 주었는데, 죄를 의미하는 검은 구슬

두 개와 십자가 두 개만 꿰어 있는 겁니다. 그것을 목장 식구들에게 보여 주며 "전자 발찌 대신 복음 발찌를 하고 나 같은 죄인 살리신 주님을 전해야겠다" 하니 목장이 웃음바다가 되었습니다.

저의 또 다른 죄는 나만 생각하며 상대방의 입장은 헤아리지 않는 것입니다. 하루는 음식물 쓰레기를 버리고 온 아내를 위해 노래를 불러 주었습니다. 그러고는 스스로 로맨틱하다고 여기며 '아내가 감동 받았겠지' 기대했습니다. 그러나 아내가 "그런 거 필요 없으니 음식물 쓰레기나 버려 달라"고 해서 몹시 당황했습니다. 예전 같으면 화를 냈겠지만 날마다 말씀을 통해 이기적이고 교만한 모습을 직면하고 가니 이제는 아내의 어떤 말에도 화가 나지 않습니다.

이제 내 죄를 보는 데서 나아가 생명 살리는 사명을 감당하라고 주님이 저를 목자로 불러 주셨습니다. 만국을 치료하는 생명나무 잎사귀처럼 제 이야기를 솔직히 나누며 목원들을 살려야 할 텐데 약재료가 많지 않아서 걱정입니다(계 22:2). 그러나 부족해도 생명수 강인 말씀을 놓지 않으며 생명 낳는 운동에 동참하기를 원합니다. 내 힘으로는 누구도 살릴 수 없지만 빛이신 하나님을 의지하면서 가면 결코 시들지 않을 줄 믿습니다(계 22:5).

영혼의 기도

하나님 아버지, 제게 생명수를 값없이 마실 수 있는 은혜를 허락해 주셔서 감사합니다. 또한 길 가운데 흐르는 생명수 강과 같이 구원을 보이고 자랑하며 모두를 주께로 인도하는 사명을 기쁘게 감당하게 해주셔서 감사합니다.

그러나 아직 이루어지지 못한 구원이 제게 있어서, 언제쯤 제가 하나님의 수준에 도달할 수 있을지 잘 모르겠습니다. 마음이 청결한 자에게 말씀을 깨닫고 하나님을 보는 복을 허락하신다는데, 저는 주님이 원하시는 만큼 청결하지 못합니다. 주님만을 상급으로 놓고 이 길을 걸어가지만 때로는 피곤해하는 저 자신을 보면서 마음이 무겁습니다. 앉으나 서나 교회를 걱정하지만 이것도 내가 주님을 신뢰하지 못해서 그런 것은 아닐까 해서 주님께 죄송합니다. 영원한 생명을 가진 자답게 살지 못하는 저를 불쌍히 여겨 주옵소서.

한없이 부족하지만 그럼에도 제 이마에 하나님의 이름을 새겨주시는 주님을 신뢰합니다. 주님, 우리가 잘나서 영생에 이르는 것이 아니라고 하십니다. 우리는 다 죄인이지만 나를 위해 죽어 주신 예수님을 믿기만 하면 영생을 주겠다고 말씀하십니다. 또한 먼저 믿었다고 천국에서 좋은 자리를 얻는 것이 아니라 모두가 똑같이 구원의 상급을 받는다고 하십니다. 그러므로 나의 죄를 용서해 주신 주님을 믿

어 영생에 이르는 우리 모두가 되도록 은혜 내려 주옵소서. 생명나무
이신 주님을 따라 생명을 낳는 자가 되도록 우리를 인도하여 주옵소
서. 그리하여 천국에서 하나님을 섬기며, 하나님의 얼굴을 보고, 하나
님의 이름을 갖는 우리가 되도록 축복해 주옵소서. 예수 그리스도 이
름으로 기도드리옵나이다. 아멘.

PART 3

속히 오리라

내가 속히 오리니

요한계시록 22장 6~12절

08

하나님 아버지, 내가 속히 오리니 말씀하시는
주님의 참뜻이 무엇인지 알기 원합니다.
말씀해 주시옵소서, 듣겠습니다.

◇◆◇

몇 년 전, 우리들교회 한 집사님의 아버지가 소천하셨습니다. 7대 종손이신 이분은 폐암 진단을 받고 병세가 악화돼 중환자실에 입원했다가 그곳에서 주님을 영접하셨습니다. 이후 상태가 호전되어 이듬해 설날에는 온 친척 앞에서 자신의 신앙을 간증하시고 제사를 폐하겠다고 선언하셨습니다. 그리고 다음 해 천국으로 떠나셨습니다. 유교가 뿌리 깊은 8대 종손 집안에 지존자가 시온을 세우시는 역사가 일어났습니다(시 87:5). 모든 구원은 주님의 카이로스 시간 안에서 이루어지기에 이 가정에 언제 구원이 이를지 몰랐지만, 이는 '반드시 속히 되어질 일'이었습니다.

주님이 "내가 속히 오리라"고 하십니다. 이 말씀은 요한계시록의 주제이기도 합니다. 여기에는 하나님의 어떤 마음이 담겨 있을까요? 또한 우리는 속히 오실 주님을 기다리며 어떤 준비를 해야 할까요? 함께 알아보겠습니다.

신실하고 참된 말씀 위에 굳게 서야 합니다

또 그가 내게 말하기를 이 말은 신실하고 참된지라 주 곧 선지자들

의 영의 하나님이 그의 종들에게 반드시 속히 되어질 일을 보이시
려고 그의 천사를 보내셨도다_계 22:6

하나님이 그의 종들에게 "반드시 속히 되어질 일"을 보이시려고
천사를 보내셨다고 합니다. 주님의 재림은 반드시 속히 되어질 일입
니다. 그런데 계시록이 쓰인 당시 그리스도인들은 이 "속히"라는 말
때문에 자신들이 살아 있는 동안에 주님의 재림이 이루어지리라고
믿었습니다. 심지어 주님이 곧 오실 것이기에 일할 필요가 없다고 생
각하는 사람들도 있었습니다. 그러나 예상과 달리 주님의 재림이 지
연되고 로마의 박해가 심해지자 그들의 신앙은 점차 약화됐습니다.
재림을 믿지 않는 자들도 나타나기 시작했습니다. 베드로후서 3장에
보면 당시 재림을 믿지 않는 자들이 얼마나 교회를 혼란케 했는지 잘
나타나 있습니다.

"먼저 이것을 알지니 말세에 조롱하는 자들이 와서 자기의 정욕
을 따라 행하며 조롱하여 이르되 주께서 강림하신다는 약속이 어디
있느냐 조상들이 잔 후로부터 만물이 처음 창조될 때와 같이 그냥 있
다 하니"(벧후 3:3~4).

그때나 지금이나 이 "속히"라는 말 때문에 수많은 이단이 판치
고, 거짓 선지자들의 예언이 먹혀들고, 역술인까지 난리입니다. 이단
은 이 '반드시 속히 되어질 일'이라는 말씀을 두고, 자신들의 교주가
해석한 예언의 말씀이 이루어지는 일이라고 주장합니다. 교주가 전
한 말씀이 이루어지면 신천(新天), 신지(新地)가 속히 올 것이라나요.

238

그래서 교도들이 멀쩡히 다니던 학교를 휴학하거나 자신들의 종교를 따르지 않는 배우자와 이혼해서라도 구원에서 탈락되지 않으려 애쓴답니다.

그러나 영원하신 하나님과 우리의 시간개념은 다릅니다. 요셉이 죽은 후 하나님의 말씀대로 이스라엘 백성이 약속의 땅을 향해 떠나기까지 사백 년이 걸렸습니다. 또한 모세가 죽은 후 예수님의 초림이 실제 이루어지기까지는 천 사백 년이 걸렸고, 초림 후 이천 년이 지나도록 주님은 아직 재림하지 않으셨습니다.

그러면 "속히"라는 말의 진정한 의미는 무엇일까요? 이 말은 지속적으로 다가오고 있지만 아직 확정적으로 도착하지 않은 것을 의식하는 영적 긴장 상태를 가리킵니다. 즉, 주님의 재림을 인식하고 의식하라는 것이 '속히'의 참뜻입니다. 이것은 두려워하거나 혼란스러워하는 것과는 아주 다릅니다. 주님이 속히 오실 듯하면서도 아직 오지 않으시는 것은 하나님이 우리를 사랑하사 오래 참으시기 때문입니다. 이 하나님의 사랑을 인식하며 살라는 것이지요. 그것이 복 중의 복입니다.

또한 '속히'라는 말에는 '빨리'라는 뜻 외에 '반드시', '예기치 않게', '갑자기'라는 의미도 있습니다. 그러므로 당장 내일이라도 내 인생에 주님이 오실 수도 있다는 말도 문자적으로는 맞습니다.

6절을 다시 보면, 주께서 천사를 통해 보여 주신 "반드시 속히 되어질 일"은 "신실하고 참된 말씀"이라고 강조합니다. 즉, 이 말씀은 믿을 만한 말이며 나아가 믿어야 할 말이라는 겁니다. 세상에서도 법률을 새로 만들 때 대통령이 공포할 때까지 최소한 열일곱 번 이상은 검토와 교정을 거친다고 합니다. 그러고도 여러 법률이 개정됩니다. 그러나 하나님의 말씀은 영원불변합니다. 성경은 인간의 검토와는 비교할 수 없는 세밀한 검토를 거쳐 성령의 감동으로 쓰인 책입니다. 창세기부터 계시록까지 모든 책이 마치 씨줄과 날줄같이 연결되어 서로 맞지 않는 말씀이 없습니다. 또한 이루어지지 않은 말씀이 없지요. 구약 성경에 보면 "여호와께서 말씀하신 그대로 이루어졌다"는 말씀이 수없이 나오지 않습니까? 구약의 예언이 이렇게 성취되었다면 신약을 통해 예언하신 말씀도 반드시 속히 되어질 일입니다.

그런데 왜 천사는 신실하고 참된 말씀을 주시는 하나님을 가리켜 "선지자들의 영의 하나님"이라고 표현할까요? 구약은 선지자를 통해 예언이 전해졌습니다. 하나님께서 선지자의 인격과 고난, 시대와 문화적 배경 등을 사용하여 그분의 말씀을 전하셨죠. 신약도 마찬가지입니다. 사도들의 인격과 고난과 경험 등을 쓰셔서 하나님의 말씀을 전했습니다.

구약이나 신약이나 하나님의 계시는 동일하고 오류가 없습니다. 다만 각 선지자를 따라 다른 방식으로 표현됐을 뿐입니다. 그중 요한계시록은 특별히 요한 사도가 겪은 '환상과 체험'을 통해 말씀을 전하셨습니다. 당시 극심한 박해 가운데 있는 성도들에게 인간의 이론으로는 설명할 수 없는 영적인 환상을 통해 하나님의 사랑을 확증해 주신 것이죠. 고난의 한가운데 있으면 말씀을 귀로만 듣기가 힘든데 이럴 때 체험신앙이 큰 힘이 되지 않겠습니까? 그래서 계시록의 환상과 상징을 통해 그리스도인들에게 힘을 주신 겁니다.

그런데 모두가 이 말씀을 알아듣는 것은 아닙니다. 환난에 빠진 자에게는 말씀이 언제나 꿀송이처럼 달게 느껴집니다. 과연 고난 받는 이스라엘은 일곱 인, 일곱 나팔, 일곱 대접 재앙의 말씀이 구원의 말씀이라는 것을 알아들었습니다. 그러나 하나님을 체험하지 못한 로마인들에게 계시록은 전혀 알아들을 수 없는 언어였습니다. 참 아이러니하지만 고난 받는 사람이 도리어 죄에 관한 말씀을 잘 알아듣습니다.

저도 남편이 젊은 날에 가는 재앙의 사건 속에서 구원의 말씀을 깨닫고 하나님을 체험했습니다. 저에게 남편의 죽음은, 주의 말씀은 신실하고 참되다는 걸 깨닫게 한 사건이었습니다. 재앙의 사건 속에서 하나님을 체험하자 말씀이 정말 꿀송이 같게 느껴졌습니다. 이것은 성화(聖化, Sanctification)의 단계에서 경험하는 정도의 것이 아니었습니다. 하나님의 영화(榮華, Glorification)를 직접 보는 체험이었습니다. 우리가 성화를 거쳐 영화로 가는데, 저보고 앞으로 더 깊은 성화로 나아가라고 영화를 보여 주신 겁니다. 반드시 속히 되어질 일을 전하는 것을 사명으로 알라고 말입니다.

주께서 고난 받는 성도를 위로하시고자 계시록을 통해 환상을 체험하게 하셨지만, 우리는 환상에만 빠져 있으면 안 됩니다. 이 단계에만 머물러 있으면 온전한 성화를 이룰 수 없습니다. 영광스러운 환상을 보았다면 더 깊은 성화를 이루어 가야 합니다.

• 나에게 온 사건이 속히 해결되기를 바랍니까, 아니면 속히 주님이 오시는 사건이 되기를 바랍니까? 더 쉽게 말하면 사건이 해결되기만 원합니까, 아니면 그 사건에서 주님을 속히 만나기를 원합니까?

말씀을 지키는 자가 되어야 합니다

보라 내가 속히 오리니 이 두루마리의 예언의 말씀을 지키는 자는 복이 있으리라 하더라_계 22:7

방언과 신유와 같은 체험도 중요합니다. 그러나 이것은 신앙의 성숙과는 별개입니다. 체험만으로는 하나님이 주시는 진정한 복을 누릴 수 없습니다. 내 속의 세상 음녀와 바벨론 세력이 망해야 진정한 복인 영생의 복, 팔복을 누릴 수 있습니다. 그러면 어떻게 우리가 음녀 세력을 물리치고 참된 복을 누릴 수 있을까요?

한자로 복(福)은 '보일 시(示)' 자와 항아리를 형상화한 '가득할 복(畐)' 자가 합쳐진 글자입니다. 이를 풀이해 보면 하늘이 보이는 계시를 잘 간직할 때 복이 된다는 뜻이지요. 따라서 복 있는 사람이 되려면 무엇보다 하늘의 계시인 말씀을 잘 알아야 하고, 그 말씀을 간직하는 수고가 필요합니다. 즉, 복 있는 사람은 "말씀을 지키는 자"입니다. 계시록 1장에서도 "이 예언의 말씀을 읽는 자와 듣는 자와 그 가운데에 기록한 것을 지키는 자는 복이 있나니"라고 했습니다(계 1:3). 말씀을 아는 것이 선행되어야 하고, 말씀을 알되 '정확히' 알아야 하며, 그 목적은 말씀을 '지키는' 것이어야 한다는 말입니다.

누가복음 10장에 보면 어떤 율법교사가 주님께 나아와 영생을 얻는 길을 묻습니다. 주님이 그에게 율법의 핵심이 무엇인지 물으시자 그는 "하나님 사랑, 이웃 사랑"이라고 당당히 대답합니다. 그러자 주님은 이렇게 말씀하십니다.

"네 대답이 옳도다. 이를 행하라 그러면 살리라"(눅 10:28).

우리는 아는 것은 많습니다. 그런데 막상 말씀을 지켜 이웃을 사랑하려고 보니까 십자가 짐 같은 고생으로 다가옵니다. 말씀을 머리로 아는 것과 지키는 것은 정말 다릅니다. 특별히 극심한 고통 속에 있을 때는 말씀이 잘 들어오지도 않고, 말씀을 지키기도 어렵습니다. '이세상이 끝났으면, 종말이 빨리 왔으면' 하면서 문자 그대로 주님이 속히 오시기만 바랍니다. 그러면 말씀을 지킨다는 것은 구체적으로 어떤 것일까요?

우리들교회를 다니는 한 고등학생이 제게 편지를 썼습니다.

목사님, 너무 힘들고 지쳐요. 제가 처한 상황이 어렵다 보니까 하나님께 의지가 안 돼요. 당장 하루하루 사는 게 힘들어요. 우리 집은 정말 가난해요. 아버지는 꾸준히 일하지 않고 자주 실직하세요. 그래서 집에 가스와 전기가 끊긴 적도 있었어요. 하루 벌어서 하루 산다는 게 무슨 말인지 알 것 같아요. 아르바이트해서 돈을 벌어도 교통비와 식비로 나가면 끝이에요. 이렇게 힘든데 "큐티해라, 기도해라" 이런 말을 들으면 짜증 나요. 구원을 위해서 고통 받는 것이라면 더 슬프네요. 저는 너무너무 힘든데 구원을 위해서라니요. 풍족하게 산 적 한번 없고 늘 가난하다 보니까 이제는 삶의 의욕조차 생기지 않아요. 찢어지게 가난한 상황에서 환경 탓을 안 하는 게 정말 가능할까요? 저는 잘 모르겠어요. 요즘엔 교회에서 듣는 말이 제게 도움이 안 돼요.

김양재 목사님, 저 너무 힘든데 진짜 진짜 힘든데 어떻게 해야 해요? 지치고 서러워요. 죽기 살기로 힘들게 일해도 찢어지는 가난에서 조금 덜 찢어지는 가난 정도만 될 뿐이에요. 이런 환경이 저를 낙심하게 만들어요. 아무리 노력해도 가난한 환경은 안 바뀌어요. 다 포기하고 싶어요.

그런데 글쎄, 이 학생이 마지막에 이런 글을 남겼습니다.

참, 제 친구가 ○○교회에 다니는데 여기 이단인가요? 만약 그렇다면 이 친구를 어떻게 구해야 할까요? 이단에 빠진 사람을 보면 어떻게 해야 할지 정말 모르겠어요. 이 친구의 아버지까지 그 교회에 다니세요. 목사님, 어떻게 해야 할까요? 도와주고 싶어요. 이 친구에게 목사님 설교를 추천했더니 듣기는 들어요.

비록 힘들다고 푸념했어도 이 학생이 믿음이 없는 것은 아니잖아요. 얼마든지 세상으로 뛰쳐나갈 수도 있는데 다른 데 기웃거리지 않고 저를 찾았다는 것만으로도 말씀을 잘 지키고 있다고 생각합니다. 고난에 잠시 은혜가 막혔어도 말씀을 지키는 공동체가 늘 함께하며 권면해 주니까 이 학생이 울타리를 벗어나지 않는 것 아니겠습니까? 우리의 간증들이 아이가 힘들어도 말씀을 지키도록 도와준다고 생각합니다. 학생이 저에게 했듯이 여러분도 하나님께 떼써 보세요. 다른 사람에게 악쓰지 말고 "하나님, 저 너무 힘들어요!" 하고 하나님께 매달려 보기 바랍니다.

말씀을 알고 지키는 것은 단순히 성경을 공부하는 것과는 다릅니다. 눈에 보이는 것, 손에 잡히는 것 하나 없는데 말씀 따라 인내하고 감사하며 걸어가기가 얼마나 힘듭니까? 정말 십자가를 길로 놓지 않으면 할 수 없는 적용입니다. 나 혼자는 할 수 없습니다. 더불어 말씀을 지키는 공동체와 함께 가야 합니다.

시편 88편의 표제는 [고라 자손의 찬송 시 곧 에스라인 헤만의 마스길, 인도자를 따라 마할랏르안놋에 맞춘 노래]입니다. 표제부터 조금 어렵지요? 어떤 분은 본문이 길고 어려우면 그날은 큐티를 쉰다더군요. 그러시면 안 됩니다. 이 시의 저자인 헤만은 "어찌하여" 하며 고난의 극심함을 호소하면서 현재 자신이 처한 절망적인 상황을 토로하는 것으로 시를 끝맺습니다. 찬송 시라고 하기에는 다소 부정적입니다.

그런데 저는 표제부터 은혜를 받았습니다. '에스라인 헤만'은 솔로몬과 비견되는 현자(賢者)로 알려져 있습니다(왕상 4:31). 야곱의 넷째 아들인 유다가 며느리 다말에게서 베레스와 세라를 낳았는데, 헤만은 그중 세라의 자손입니다(대상 2:6). 베레스의 계보에서 다윗과 예수 그리스도가 나시고 세라의 계보에서 헤만이 났습니다. 그러고 보면 다말은 두 아들 모두 믿음의 족보에 올렸습니다. 세속사로 보면 다

말은 시아버지와 동침한 만고의 죄인이겠지만, 하나님은 구원의 계보를 잇고자 수치를 무릅쓰고 나아간 그녀를 구속사의 주인공으로 우뚝 세우셨습니다. 그녀와 같이 구원을 위해서 십자가를 길로 놓고 가는 사람이 말씀을 지키는 자, 복 있는 자이고, 나아가 다른 사람까지 말씀을 지키게 하는 자입니다.

또한 '마할랏르안놋'은 '고통 중에 부르는 노래'라는 뜻이고 '마스길'은 '교훈'이라는 뜻입니다. 시편 88편은 헤만이 고통 가운데 쓴 시입니다. 그런데 헤만은 교훈 시에서 끝났습니다. 여기에 곡조를 붙여 '찬송' 시로 만든 것은 고라 자손입니다. 그래서 '고라 자손의 찬송 시'가 된 것이지요. 노래로 따지면 헤만이 가사를 쓰고 거기에 고라 자손이 가락을 붙였다는 말입니다. 가만 보면 상대가 힘들어하고 아파하는데 위로보다는 교훈만 하려는 사람이 있습니다. 헤만은 솔로몬에 비견될 만큼 지혜가 뛰어난 인물이지만 고통 중에 "어찌하여"만 부르짖습니다. 고난이 오니까 믿음의 현주소가 딱 드러납니다. 고통 중에 드리는 진정한 찬양을 부르지 못합니다. 어떤 때도 십자가를 지는 것이 말씀을 지키는 일인데 그게 잘 안 됩니다. 헤만의 고통 시를 찬송 시로 만든 것은 고라 자손이었습니다.

그러면 고라 자손은 어떤 사람들입니까? 그들의 시조인 고라는 모세의 권위에 반역했다가 그 무리와 함께 산 채로 땅에 삼켜지는 심판을 받았습니다(민 16장). 그러나 그의 아들들은 살아남아 후대에 성전의 문지기로 하나님을 섬겼습니다(대상 9:17~19). 직분을 탐내다가 큰 고난을 통해 주님을 만난 뒤 성전 문지기라도 감사하는 겸손한 자들로 거듭난 것입니다. 고라 자손의 시인 시편 84편에서 그들은 이렇게 고백합니다.

"주의 궁정에서의 한 날이 다른 곳에서의 천 날보다 나은즉 악인의 장막에 사는 것보다 내 하나님의 성전 문지기로 있는 것이 좋사오니"(시 84:10).

이런 사람이 나의 고통에 찬송을 붙이며 감사를 가르쳐 주는 사람입니다. 우리가 말씀을 지키도록 도와주는 사람입니다.

우리들교회의 한 부목자님이 모임에서 이런 나눔을 하셨답니다.

"사실 두 달 동안 부목자 모임을 안 나왔습니다. 하지만 그동안 어떻게 하면 천국과 지옥의 존재를 세상 사람들에게 알릴 수 있을지 고민했습니다. 그리고 나름대로 방법을 생각해서 실천했지요. 사람들이 반박하지 못하도록 잘 이야기한 것 같아요."

그러자 담당 목사님이 이렇게 이야기하셨습니다.

"집사님, 상대에게 천국과 지옥을 논리적으로 설명하려는 것보다 내가 어두움 가운데 살다가 주님을 만나 천국을 누리고 있다는 간증을 들려주어야 해요. 그것이 진짜 천국을 보여 주는 것이에요."

함께 듣던 장로님도 강력히 권면했습니다.

"믿지 않는 사람에게 천국을 지식으로 설명하려 하면 상대방도 지식으로 반박하게 마련이지요. 내가 만난 하나님을 삶으로 보여 주고, 그가 힘들 때 대신하여 십자가 지는 적용을 하는 것이 천국을 보여 주는 지름길입니다. 논리적으로 아무리 정확히 설명한대도 감동 받을 사람은 없어요."

이분은 교회 질서에 불순종하여 모임에 나오지 않고, 그러면서 밖에서는 천국과 지옥을 설명하러 다녔답니다. 이런 것이 말씀을 지키는 게 아닙니다. 어떤 고난 가운데서도 내가 주님을 따라 죽어지고 썩어지며 밀알이 되는 것이 말씀을 지키는 길입니다. 구원은 오직 그리스도에 대한 믿음으로 얻는 것이지 체험신앙으로 얻는 것은 아닙니다. 또한 그리스도를 믿는 자는 오직 그리스도만 섬깁니다(살전 1:3; 약 2:22). 황제숭배를 하면서 구원을 얻을 수는 없습니다. 사랑하면 내 멋대로 할 수 있다는 이세벨의 교훈을 따라서도 안 됩니다. 죄짓고 회개하면 된다는 니골라당의 교훈도 마찬가지입니다. 그런데 우리는 자꾸 타협하려 합니다. 그래서 소아시아 일곱 교회에서 니골라당과 이세벨의 교훈이 판을 친 겁니다. 한국교회라고 다르겠습니까? 우리가 영적으로 깨어 있어야 합니다.

> 8 이것들을 보고 들은 자는 나 요한이니 내가 듣고 볼 때에 이 일을 내게 보이던 천사의 발 앞에 경배하려고 엎드렸더니 9 그가 내게 말하기를 나는 너와 네 형제 선지자들과 또 이 두루마리의 말을 지키는 자들과 함께 된 종이니 그리하지 말고 하나님께 경배하라 하더라_계 22:8~9

누군가에게는 계시록 말씀이 공상과학 소설처럼 들릴 수 있기에 사도 요한은 이 책의 저자가 자신임을 분명히 밝힙니다. 혹시라도 오해할까 봐 "이것은 나 요한이 듣고 본 그리스도의 계시"라고 다시금 밝힙니다. 그런데 그런 요한이 지금 환상에만 압도되어서, 자신에게 환상을 보인 천사를 경배하고자 엎드립니다. 요한은 지난 19장에서도 똑같은 실수를 했습니다.

"내가 그 발 앞에 엎드려 경배하려 하니 그가 나에게 말하기를 나는 너와 및 예수의 증언을 받은 네 형제들과 같이 된 종이니 삼가 그리하지 말고 오직 하나님께 경배하라 예수의 증언은 예언의 영이라 하더라"(계 19:10).

아무리 위대한 환상과 계시를 보여 준 자라도 그를 높여서는 안 됩니다. 이 말씀을 두 번이나 기록하여 강조하시는 것은 사람에게 영광 돌리게 하여 하나님의 영광을 가로채는 것이 사탄의 주된 공격 방법이기 때문입니다. 천사는 우리와 함께 하나님의 종 된 자이지 경배의 대상이 아닙니다. 주님이 속히 오실 때 내가 천사를 경배하고 있다면 나의 종착역이 달라지지 않겠습니까?

전임 대통령 묘소를 찾아 참배하는 게 정치인들에게는 이제 필수 코스가 된 것 같습니다. 정말 존경해서 찾아갈 수 있지요. 그런데 이해타산 때문에 찾는 것이라면 숭배 아니겠습니까. 사람은 사랑의 대상이지 경배의 대상이 아닙니다. 그런데 점점 경배가 되어 가는 것 같아서 안타깝습니다. 영국에 가 보니까 윌리엄 캐리(William Carey)의 묘 앞에는 인적이 별로 없더군요. 근대 선교의 아버지라 불리며 영국을 제사장의 나라로 이끈 주역인데도 찾는 이가 별로 없습니다. 정말 사랑과 존경을 받아야 마땅한 사람들의 묘 앞은 늘 한산한 걸 봅니다. 열심히 찾는 데는 분명 이해타산이 있다고 생각됩니다.

- 말씀이 지식으로만 채워져서 고난 중에도 교훈만 부르짖고 있지는 않습니까?
- 진정한 찬양을 가르쳐 주고 말씀을 지키도록 도와주는 고라 자손 같은 고난 선배가 나에게 있습니까? 내가 말씀과 찬양을 가르쳐 주어야 할 권위자 헤만은 누구입니까?
- 나는 고라 자손입니까, 헤만입니까? 더 쉽게 말하면 고라 자손이 좋습니까, 헤만이 좋습니까?
- 내가 하나님 자리에 놓고 숭배하는 사람은 누구입니까? 자식입니까, 배우자입니까, 애인입니까? 연예인이나 정치인은 아닙니까?

말씀을 전파해야 합니다

또 내게 말하되 이 두루마리의 예언의 말씀을 인봉하지 말라 때가 가까우니라_계 22:10

두 가지를 말씀하십니다.
"성경을 펴 놓으라!", "주님이 오실 때가 가깝다."
문제 교인은 성경을 펴지도 않고, 설교를 즐겨 듣지도 않습니다. 성경을 펴 놓으라는 것은 주야로 말씀을 묵상하라는 뜻입니다. 시편에서도 복 있는 사람은 하나님의 말씀을 즐거워하며 주야로 묵상한다고 했습니다(시 1:2).

그러면 때가 가까웠다는 말씀의 의미는 무엇일까요? "세월을 아끼라 때가 악하니라"고 했는데(엡 5:16), 악한 날들을 지나 심판의 때가 가까웠다는 것입니다. 주께서 가까이 오신 이때, 우리는 해야 할 일이 있습니다. 빌립보서에서 바울은 이와 같이 말합니다.

"주 안에서 항상 기뻐하라 내가 다시 말하노니 기뻐하라 너희 관용을 모든 사람에게 알게 하라 주께서 가까우시니라"(빌 4:4~5).

첫째, 항상 기뻐하고 둘째, 관용을 모든 사람에게 알게 하라고 합니다. 관용을 알게 하라는 것은 쉽게 말하면 용서하라는 의미입니다. 또한 예수님은 그날과 그때를 우리가 알 수 없기에 "깨어 있으라"고 당부하셨습니다(마 25:13). 이것이 마지막 때를 살아가는 사람의 태도입니다.

그런데 본문과 달리, 성경을 보면 주님이 말씀을 봉하여 알리지 말라고 하신 적이 더 많습니다.

"이미 말한 바 주야에 대한 환상은 확실하니 너는 그 환상을 간직하라 이는 여러 날 후의 일임이라 하더라"(단 8:26).

"다니엘아 마지막 때까지 이 말을 간수하고 이 글을 봉함하라 많은 사람이 빨리 왕래하며 지식이 더하리라"(단 12:4).

지난 계시록 10장에서도 요한에게 들은 말씀을 기록하지 말라고 하셨죠.

"일곱 우레가 말을 할 때에 내가 기록하려고 하다가 곧 들으니 하늘에서 소리가 나서 말하기를 일곱 우레가 말한 것을 인봉하고 기록하지 말라 하더라"(계 10:4).

말씀을 인봉해야 할 때가 있고, 인봉하지 않을 때가 있습니다. 그런데 왜 지금은 인봉하지 말라고 단호히 말씀하실까요? 이제는 이것 저것 가릴 때가 아니라는 겁니다. 이판사판입니다. 세상 끝이 오기에 상처를 받든지, 안 받든지 모두에게 말씀을 알리라는 겁니다.

계시의 목적은 감추어진 것을 드러내는 데 있습니다. 그러므로 계시록은 모두가 알도록 쓰인 책이 아닙니다. 묵시적인 표현이 많고, 대부분 환상과 상징이어서 누구나 알 수는 없습니다. 일곱 인 재앙, 일곱 나팔 재앙, 일곱 대접 재앙, 구원 받을 자 십사만 사천, 바벨론이 받을 심판…… 모두가 상징이기도 하지만 또 상징인 것만은 아닙니다. 천년왕국과 새 예루살렘 성은 상징의 말씀이기도 하지만 실제로 예수님은 다시 오실 것이잖아요. 그러니까 계시록은 감추어졌지만 보이고, 보이지만 감추어진 책이라고 할 수 있습니다.

그래서 어떤 분들은 제 설교가 논리적이지 않다면서 따집니다. 인간이 논리로는 설명할 수 없는 것을 설교하기에 그렇습니다. 또 "계시록 설교는 어렵다, 무섭다, 읽기도 듣기도 싫다" 하는 사람이 있는가 하면, 문자적으로만 보고는 "나는 종말에 대해 통달했다"고 말하는 사람도 있습니다. 계시록을 무서워하는 사람이나 통달했다 하는 사람이나 다 똑같습니다. 계시록을 읽는 바른 태도는, 주님의 의도대로 감추신 것은 감추신 대로 두고 보여 주시는 부분만 보는 것입니다.

다른 이에게 말씀을 전할 때도 마찬가지입니다. 말씀을 감추어야 할 때가 있고 보여야 할 때가 있지요. 베드로후서에 보면 이와 같은 말씀이 있습니다.

"또 그 모든 편지에도 이런 일에 관하여 말하였으되 그중에 알기 어려운 것이 더러 있으니 무식한 자들과 굳세지 못한 자들이 다른 성경과 같이 그것도 억지로 풀다가 스스로 멸망에 이르느니라"(벧후 3:16).

믿음이 연약한 자에게는 감추어야 할 것이 많습니다. 굳세지 못한 자가 억지로 성경을 풀려 하면 스스로 멸망에 이른다고 하지 않습니까. 그래서 믿음이 약한 자에게는 어린아이를 다루듯 조금씩, 조금씩 보여 주어야 합니다. 반대로 저절로 인봉이 풀리는 마지막 때가 오기도 합니다. 마지막 때가 꼭 주님의 재림만을 가리키지는 않잖아요. 내 인생에도 종말이 있습니다. 내가 죽음을 앞두고 있다면, 시한부 인생이라면, 암에 걸렸다면 그때는 상처 받든지 안 받든지 복음을 전해야 합니다. 말씀의 인봉을 떼야 합니다. 상대가 듣고 안 듣고는 내 소관이 아닙니다. 하나님이 하실 일입니다.

계시록이 쓰인 초대교회 시대에는 실제로 성경이 인봉돼 있어서 소수의 사람만 볼 수 있었지만, 만인 제사장 시대인 지금은 문자적으로도 모두에게 인봉이 풀려 있습니다. 그러나 모두가 말씀을 알아듣는 것은 아닙니다. 제가 한창 계시록 말씀을 강단에서 전할 때, 한 이단 교도가 우리들교회 사무실로 전화해서는 "김양재 천국 아웃!" 소리치고 끊었답니다. 이단들도 나름 확신이 있으니까 이러는 것 아니겠습니까? 그래서 쉬이 돌아오지 않는 것이겠지요.

몇 년 전, 캐나다 정부 공식 사이트 화면에 "중독은 더 이상 차별 대상이 아니다"라는 문구가 게시됐습니다. 과거 "동성애는 더 이상 차별 대상이 아니다"라는 문구에서, 동성애가 중독이라는 단어로 바뀌었습니다. 이제는 동성애를 넘어서 중독도 차별 받아서는 안 된다고 부르짖는 시대가 왔습니다. 성경이 말하는 진리와 자유를 전면으로 부정하는 악한 세계로 흘러가고 있습니다. 이런 세상에서 복음을 전하려니까 날마다 살얼음판을 걷는 기분입니다. 언제 인봉하고 언제 인봉을 떼야 하는지, 주님께 지혜를 구하지 않을 수가 없습니다.

- 나는 주야로 말씀을 묵상합니까? 마지막 때를 항상 기뻐하고 용서하며 살아가고 있습니까?
- 말씀을 인봉해야 할 때와 인봉하지 않을 때를 잘 분별하며 복음을 전합니까? 조금씩, 조금씩 인봉을 떼 가며 전할 자는 누구이고, 이것저것 따지지 않고 다 전해야 할 자는 누구입니까?

행한 대로 갚아 주시는 상(賞)을 주십니다

11 불의를 행하는 자는 그대로 불의를 행하고 더러운 자는 그대로 더럽고 의로운 자는 그대로 의를 행하고 거룩한 자는 그대로 거룩하게 하라 12 보라 내가 속히 오리니 내가 줄 상이 내게 있어 각 사람에게 그가 행한 대로 갚아 주리라_계 22:11~12

주님이 다시 오시면 "행한 대로 갚아 주겠다"고 약속하십니다. 그것이 우리에게 주시는 상이라고 말씀하십니다. 바울 사도도 "내 사랑하는 형제들아 견실하며 흔들리지 말고 항상 주의 일에 더욱 힘쓰는 자들이 되라"고 당부하면서 "이는 너희 수고가 주 안에서 헛되지 않은 줄 앎이라"고 했습니다(고전 15:58).

그런데 한편으로 이 말씀은 정말 무서운 심판의 메시지이기도 합니다. 마지막 때인 지금은 아무리 외쳐도 말을 듣지 않는 시대입니다. 피리를 불어도 춤추지 않고 곡하여도 울지 않는 시대입니다. 혹여 종말에 관한 예고를 감추지 않고 모든 사람에게 전한다고 해도 누구도 달라지지 않을 겁니다. 그러니 "행한 대로 갚아 주겠다는" 말씀은 한마디로 '생겨 먹은 대로 놔두겠다'는 의미이기도 합니다.

지금까지 하나님은 하실 만큼 하셨습니다. 가르칠 만큼 가르치셨고, 사정하셨고, 애원하셨고, 눈물로 호소하셨습니다. 마지막으로 자신의 독생자를 보내 십자가에 내주기까지 하셨습니다. 그래도 듣지 않으니까 이제는 버리시겠다는 것입니다. 이것이 가장 무서운 형벌입니다. 하나님이 아직 참고 계시다는 걸 깨닫는 자가 복 있는 사람입니다.

종말은 급박하게 찾아옵니다. 그때 가서 변해 보겠다고 한들 틈을 주지 않습니다. 출애굽 때도 하룻밤에 나와야 했잖아요. 우리는 늘 떠날 준비를 해야 합니다. 그러지 않으면 종말이 도둑같이 찾아왔을 때 어떻게 구원 받을 수 있겠습니까. '내가 속히 오리라'는 말씀 속에 담긴 하나님의 메시지는 바로 이것입니다.

저도 남편의 죽음을 하룻밤에 겪었습니다. 제가 이때를 준비하지 않았다면 남편은 영영 구원과 멀어졌을지 모릅니다. 제가 평소 남편의 구원을 위해 애통하며 기도한 일을 과연 주님이 상으로 갚아 주셨습니다. 남편은 모든 것을 두고 하루아침에 천국에 갔습니다. 주님이 속히 오실 때 우리의 종착역도 천국이어야 하지 않겠습니까? 여러분은 주님이 속히, 갑자기 오실 수 있다는 걸 믿습니까? 내일 내 인생에 무슨 일이 일어날지도 모른다는 영적 긴장감을 가지고 늘 믿음으로 준비합니까? 속히 오셔서 행한 대로 갚으시며 상 주실 예수님을 바라보십시오.

주님은 지금까지 제게 많은 상을 주셨습니다. 남편의 구원을 위해 기도했는데 남편이 죽는 상, 자녀들이 학교에 떨어지는 상, 잠병(?)에 걸린 아들과 늘 씨름하는 상…… 이것이 무슨 상이냐고요? 이런 일로 얼마든지 불의를 행할 수도 있잖아요. 그런데 제게는 전부 거룩을 이룬 일이었으니 지나고 보니까 다 상입니다.

바로 이것이에요. 어떤 일에도 내가 불평하지 않고 감사하고 사랑하는 것이 거룩의 결론이고 상입니다. 우리는 내게 자녀가 없는데 누가 아이를 낳았다고 하면 시기, 질투가 발동합니다. 또 남의 자녀가 좋은 학교에 붙으면 배 아파합니다. 내가 천국에 속한 자인지 알고 싶습니까? 다른 것 필요 없어요. 평소 내가 얼마나 감사하고 사랑하는지 돌아보십시오. 어떤 상황에서도 오래 참고 온유하며 시기하지 않는 것, 자랑하지 않고 교만하지 않은 것이 사랑이잖아요. 나는 어떠한가 한번 점수 매겨 보세요. 그게 바로 나의 천국 지수입니다. 내가 아직 교만하고, 남을 시기하고 미워한다면 아직 천국에 들어가지 못한 겁니다. 천국에 입성했지만 아직 안으로 깊숙이 들어가지는 못한 것이죠. 천국 지수가 불안불안한 수치인 겁니다.

어떤 때에도 주님이 주실 상을 받는 것이 성도의 특권입니다. 행한 대로 갚아 주시는 것은 주님이 베푸시는 최고의 상이요, 최고의 사랑입니다. 우리가 아무 공로 없이 천국에 입성했지만, 우리의 성화를 위해서 자유의지로 행해야 하는 일이 있는 것이죠. 그런데 어떤 이단들은 한 번 구원 받으면 끝이라고 말합니다. 성화를 모르기 때문에 영화를 모릅니다. 그래서 치우쳤습니다. 이단이 달리 이단(異端)이 아닙니다. 처음은 같아 보여도 끝이 다릅니다. 이단에서 돌이키신 한 분이 제 설교가 거기서 듣던 것과 비슷하다고 하시더군요. 구원에 대한 부분은 그럴 수 있겠죠. 그러나 그들은 '구원만' 가르치기에 거기까지입니다.

또 목자 모임 보고서를 읽어 보니, "아브라함은 믿음으로 의인이라 칭함 받았는데 왜 자꾸 회개하라고 하느냐?"고 묻는 분도 계시더군요. 디도서 3장 11절에서 스스로 정죄하는 것도 죄라고 했는데 왜 맨날 죄 이야기를 하느냐는 겁니다. 우리들교회에 오신 지 꽤 된 분인데다 목자인데도 이렇습니다. 성경을 단편만 보기에 그렇습니다. 앞 절인 디도서 3장 10절을 보면 "이단에 속한 사람을 한두 번 훈계한 후에 멀리하라"고 합니다. 그리고 11절에서 "이러한 사람은 네가 아는 바와 같이 부패하여 스스로 정죄한 자로서 죄를 짓느니라"고 하지요. 따라서 11절의 이러한 사람은 구원 받은 사람이 아니라 이단에 속한 사람을 가리킵니다. 그가 스스로 정죄하여 죄를 짓는다는 의미입니다. 가룟 유다는 스스로 정죄하다가 끝내 자기 손으로 목숨을 끊었습니다. 예수님의 제자였지만 말씀이 들리지 않은 겁니다. 처음에는 같았지만 끝이 다르기에 그도 결국 이단이라고 할 수 있습니다.

이 질문을 하신 분이 은빛 목장(60대 이상 여성도 소그룹 모임)의 목자님이십니다. 딸이 이단에 빠졌는데 이 부분을 딸에게 설명해 주기가 어려웠다는 겁니다. 이런 질문을 하신 것은 결국 이분도 구원의 확신이 없다는 것 아니겠습니까? 옆에서 이단에 빠진 며느리를 교회로 인도하신 다른 목자님이 자신의 이야기를 간증하며 이런저런 권면을 해 주었는데도 이해를 못 하셨습니다. 성경을 이상하게 풀이하는 딸과 날마다 언쟁하신다는데, 그 딸도 문제겠지만 수많은 설교를 들었어도 여전히 말씀이 안 들리는 이 목자님도 문제 아닙니까? 주님이 속히 오겠다 하시는데 전혀 준비가 안 된 것입니다. 너무 심각하다고 생각해서 이분 이야기를 설교 때도 소개하고 이 책에도 씁니다. 함께 기도해 주십시오.

기도, 말씀, 찬양, 구제, 구원, 성화, 영화 등등 모든 신앙 인격 중에서 하나만 강조한다면 이단입니다. 신앙도 균형이 잡혀야지 한쪽으로만 치우쳐서는 안 됩니다. '내게 말씀이 부족하지는 않은가, 구원에만 치우쳐 있는가, 성화만 부르짖지는 않는가, 영화만 좋아하는가' 한번 돌아보십시오. 모든 신앙 인격의 결론은 사랑입니다. 얄팍한 인간의 사랑 말고, 하나님을 사랑함으로 비롯되는 사랑 말입니다. 사랑하게 되는 것이 진정한 상입니다. 이단은 벌써 무섭잖아요. 어떻게 '김양재 천국 아웃'이라고 외칠 수 있습니까? 자기네 종교를 못 믿게 하는 배우자와는 이혼하라고 한답니다. 상식을 넘어섭니다. 이런 것만으로도 그들이 주장하는 교리가 진리가 아니라는 게 딱 보입니다.

주님은 행한 대로 갚으신다는데 나 혼자 힘으로는 의를 행하고 거룩해질 수 없습니다. 여전한 방식으로 주일을 성수하고 큐티하고 목장에 가는 것, 이것이 거룩하게 되는 비결입니다. 경건도 연습해야 합니다. 기도도 표를 그려 가면서 습관을 만들면 좋겠습니다. 또 신앙 생활을 힘들어하는 다른 지체들을 위해서 기도해 주면 좋겠습니다. 특별히 세례 양육을 비롯하여 여러 교회 훈련을 받는 지체가 있다면 더 관심을 기울이고 중보해 주십시오. 훈련을 끝까지 마치기가 정말 힘들잖아요. 교회에서 보면 인사도 하고, 주중에 한 번 훈련을 잘 받고 있는지 묻고 격려해 주십시오. 문자메시지는 이럴 때 쓰라고 있는 것입니다. 마치 밀 까부르듯 사탄이 그런 분들을 꼭 공격하기 때문에 중보가 필요합니다. 갖은 유혹에도 불구하고 훈련 과정을 잘 통과하여 변화된 성도를 우리가 얼마나 많이 보았습니까.

속히 오실 주님을 기다리며 준비하는 삶을 사는 우리에게 가장 중요한 것이 말씀과 공동체입니다. 큐티도 혼자만 하기보다 공동체와 함께 나누십시오. 그렇게 서로 격려하며 가다 보면 마침내 죄가 힘을 잃게 됩니다.

주님은 "내가 속히 오리니" 신실하고 참된 말씀 위에 굳게 서라고 명하십니다. 그 말씀을 지키는 자가 복을 누린다고 말씀하십니다. 때로는 조금씩, 조금씩 말씀의 인봉을 떼고, 때로는 말씀을 활짝 펴 보이며 주어진 사명을 다하다 보면 주님 다시 오시는 그날 행한 대로 갚아 주시는 상을 받게 될 것입니다. 이렇게 주님이 오실 때를 예비하는 여러분 되기를 바랍니다.

- "행한 대로 갚아 주리라"는 말씀이 나에게 상입니까, 심판입니까? 10점 만점에 나의 천국 지수는 몇 점입니까?
- 기도, 말씀, 찬양, 구제, 봉사, 구원, 성화, 영화 등 나는 무엇에 치우쳐 있습니까?
- 모든 일을 사랑과 감사로 결론 맺고 있습니까?

모든 신앙 인격의 결론은 사랑입니다.
얄팍한 인간의 사랑 말고, 하나님을 사랑함으로
비롯되는 사랑 말입니다.
사랑하게 되는 것이 진정한 상입니다.

우리들 묵상과 적용

남편의 외도 사건을 겪으며 큐티하는 교회에 오게 되었지만 '이혼하지 말라'는 말이 듣기 싫어 한 달 만에 교회를 뛰쳐나가 이혼했습니다. 하지만 얼마 지나지 않아 모범생인 줄 알았던 6학년 아들의 비행으로 "문제아는 없고 문제 부모만 있을 뿐"이라는 목사님의 설교가 떠올라 교회에 재등록하고 세례를 받았습니다.

저는 교직 생활 23년 동안 모든 사건을 옳고 그름으로 따지며 부당한 일은 내 힘으로 개혁하고자 열심을 냈습니다. 내 의가 강해 그것이 옳다고 생각했습니다. 내 일을 위해 아이들은 방목했고 남편은 방치했습니다. 그러자 남편은 모든 면에서 저보다 못한 여자들과 여러 번 외도를 했고, 저는 무시당했다는 생각에 지옥을 살았습니다.

오래 교회를 다녔어도 하나님의 말씀을 신실하고 참된 말로 듣지 못했기에 저는 남편의 외도 사건이 속히 해결되기만 바랐습니다 (계 22:6). 교회 지체들이 "주님의 질서대로 남편을 머리로 여겨야 한다, 결혼의 목적은 거룩이기에 아내와 엄마로서의 사명에 충실해야 한다"고 권면해 주었지만 듣기가 힘들었습니다. 말씀을 듣고 양육도 받았지만 도무지 고난이 해석되지 않아서 혈기로 숨이 넘어갈 것만 같았습니다. 그러면서도 예수 믿도록 수고해 준 남편이 고맙다고 입으로만 시인하며 거짓 사랑으로 포장했습니다.

이렇듯 고통 중에 어찌하여만 부르짖는 저에게 교회 지체들이 곡을 붙여 주며 힘이 되어 주었습니다(시 88편). 그렇게 공동체의 사랑을 받으며 힘들어도 말씀을 지키기 위해 교회에 붙어만 있었더니 부목자로 불러 주시고 아들은 고등부에 등록하는 복을 주셨습니다(계 22:7). 남편과는 재결합했고 딸도 중등부에 등록했습니다.

이후 남편과 함께 부부 목장에 참석해 지체들의 나눔을 들으며 날마다 말씀으로 적용하는 삶이 무엇인지 보았습니다. 부부가 한 몸이고 발가벗고 만나며 사소한 것도 나누는 것이 진정한 부부애라는 진리도 깨달았습니다. 그리고 공동체 지체들의 섬김으로 남편은 세례까지 받았습니다. 내 죄는 보지 못하고 남편의 죄만 보며 지옥을 살았는데 이제는 말씀으로 삶을 해석해 가니 얼마나 기쁜지 모릅니다. 행한 대로 갚아 주시는 최고의 상을 주시고, 주님이 오실 때를 예비하며 살게 해 주신 하나님을 찬양합니다(계 22:12).

영혼의 기도

하나님 아버지, "반드시 내가 속히 오리라, 이것은 신실하고 참된 말씀이라" 알려 주시니 감사합니다. 속히 오실 주님을 기다리며 말씀을 전파하는 것이 우리의 사명인데 주님, 여전히 말씀 앞에 서지 못하는 우리를 불쌍히 여겨 주옵소서. 우리가 말씀을 알아도 지키기가 얼마나 어려운지요. 또 힘들 때는 말씀 묵상도 잘 되지 않습니다. 그래서 어린아이고 어른이고 모두 절규합니다. 헤만처럼 "어찌하여" 부르짖으면서 내가 어릴 적부터 고난을 당하여 죽게 되었다고 절규합니다.

주님, 이것이 남의 이야기가 아닙니다. 이제는 "어찌하여"라는 말은 제 인생에 없어야 마땅하지 않겠습니까? 그런데 저 역시 "어찌하여"를 부르짖고 삽니다. 그것은 제가 여전히 고라 자손을 무시하고 잘난 헤만을 좋아하기 때문입니다. 하나님은 속지 않으셔서, 말씀을 지키기 위해 땅끝까지 내려간 고라 자손이 정녕 복 있는 자임을 알려 주시고자 제게 수많은 사건을 주십니다. 제가 더더욱 회개하여 고라 자손처럼 누군가의 고통 시를 찬양 시로 변하게 하는 자가 되게 하옵소서.

주님, 이제는 말씀을 온 땅에 선포하기 위해 인봉을 떼라고 하십니다. 무슨 말을 듣든지 복음을 전하는 우리가 되게 하옵소서. 우리가 행하는 모든 것이 사랑으로 결론 나야 한다고 말씀하십니다. 우리에게 사랑을 가르치고자 주님이 얼마나 수고하시는지요. 이런 주님

264

의 원함을 따라 어떤 사건 가운데서도 사랑과 감사가 넘치는 상을 우리가 받게 하옵소서. 우리가 복음을 들고 갈 때 곳곳에서 사랑의 열매가 나타나게 도와주옵소서. 오늘 본문에 등장한 모든 분의 구원이 이루어지게 도와주옵소서. 예수 그리스도 이름으로 기도드리옵나이다. 아멘.

복이 있으니

요한계시록 22장 13~15절

09

하나님 아버지, 복이 있는 자가 되기 원합니다.
계시록 마지막에 말씀하시는
복 있는 자는 누구인지 알기 원합니다.
말씀해 주시옵소서, 듣겠습니다.

✧ ◆ ✧

어떤 분이 세브란스병원 출신 간호사의 말을 인용하며 이런 나눔을 하셨습니다.

"환경미화원이 가장 부러워하는 사람은 사무직원이랍니다. 그런데 의수나 의족을 단 사람은 그런 환경미화원을 부러워하고, 아무것도 할 수 없어 누워만 있는 환자는 의수, 의족을 단 사람들을 부러워한답니다. 또한 의식과 운동 능력을 상실한 식물인간은 누워만 있는 환자를 부러워하겠지요. 우리는 움직일 수 있다는 것이 큰 복인 줄 모르고 살아가는 것 같습니다."

우리는 끊임없이 비교합니다. 비교가 우리 속에 제일가는 악이라 해도 과언이 아닙니다. 모두가 자기가 처한 환경만 기막혀합니다. 성경은 "내 사랑하는 형제들아 견실하며 흔들리지 말고 항상 주의 일에 더욱 힘쓰는 자들이 되라 이는 너희 수고가 주 안에서 헛되지 않은 줄 앎이라"고 했건만(고전 15:58), 내 수고가 헛된 것 같아서 자꾸 낙심하고 실망합니다. 그러다 조금만 이루면 우쭐하고 교만해집니다. 정말 내 힘으로는 감사할 수 없습니다.

그래서일까요? 주님은 계시록 끝에 복 있는 자가 누구인지 다시 말씀해 주십니다. 우리에게 복이 있으려면 어떻게 해야 할까요?

주님만이 시작과 마침이시라는 것을 알아야 합니다

나는 알파와 오메가요 처음과 마지막이요 시작과 마침이라_계 22:13

여기서 "나"는 부활하신 예수님을 의미합니다. 성자 하나님이신 예수님은 삼위 하나님으로서 창조 사역에 함께하시고, 십자가에서 구원 사역을 완성하셨습니다. 그리고 장차 다시 오셔서 세상을 심판하시고, 택한 자들을 새 하늘과 새 땅, 새 예루살렘 성으로 이끄실 것입니다. 사탄의 세력이 이 땅에서 잠시 힘을 얻어 주님의 통치를 거부하겠지만, 만왕의 왕이신 예수께서 그들을 심판하시고 이 땅에 하나님 나라를 건설하실 것입니다. 예수님이 알파와 오메가이십니다. 알파이신 예수님이 천지를 창조하셨기에 모든 것은 오메가이신 예수님이 속히 오셔서 끝내셔야만 끝납니다.

17세기 기독교 영성의 대가 잔느 귀용(Jeanne Guyon)은 "알파와 오메가는 내면의 길이 작동하는 원리"라고 말했습니다. 즉, 주님이 내 삶의 시작이고 끝이심을 아는 사람만이 내면의 삶을 완성할 수 있다는 뜻입니다. 남편, 아내, 자녀가, 돈이 내 삶의 시작과 끝이 아닙니다. 병에 걸렸다고 인생이 끝난 것도 아닙니다. 어떤 환경에 처했든지 주님만이 나의 시작과 끝이십니다. 어떤 것도 주님이 시작하셨기에 주님이 끝내실 것을 믿어야 합니다. 그런 자가 복 있는 사람입니다. 모두 복 있는 자가 되라고 계시록은 주님이 알파요 오메가이심을 반복해서 이야기합니다.

우리 인생에는 이유를 알 수 없는 문제가 줄곧 찾아옵니다. 우리들교회 목장 보고서만 보아도 매주 다양한 나눔이 올라옵니다. 한 분은 강원도 영월에서 태어났는데 다섯 살 때 호기심에 정차된 기차에 올라탔다가 경북 영주에 버려졌답니다. 이후 고아원에 보내져 힘든 삶을 사셨다는 겁니다. 하기 어려운 이야기인데 이렇게 나누어 주셔서 참 감사했습니다. 이 일도 주님이 시작하셨다고 생각합니다. 그리고 예수 믿고 교회에 오셨으니 주님이 이미 끝내신 사건인 줄 믿습니다.

또 다른 집사님은 남편이 다른 여자와 영화를 보기로 한 자리에 나갔답니다. 그런데 눈치 빠른 남편이 금세 약속을 취소해서 부부 둘이서 영화를 봤답니다. 수틀린 남편은 영화를 보는 내내 짜증을 냈고, 집사님 역시 더러운 기분을 참을 수 없었습니다. 집사님은 다시는 내 방법대로 하지 않을 거라면서 이제는 이 일을 말씀으로 해석해 가기를 원한다고 하셨습니다. 남편에게 다른 여자가 생긴 것도 주님이 시작하신 일입니다. 그러므로 주님이 끝내실 겁니다.

우리의 모든 사건은 주님이 시작하셨습니다. 그러니 주님이 끝내셔야 합니다. 내가 끝내 보겠다고 흥신소나 해결사 찾아다니지 마세요. 우리 주님이 끝내시기를 기도하십시오.

- 나는 어떤 일로 힘들어합니까? 그것이 주님이 시작하신 사건이라는 걸 믿습니까?
- 어떤 사건도 주님이 끝내실 줄 믿고 인내합니까? 내가 끝내려고 인간적인 노력을 하고 있지는 않습니까?

자기 두루마기를 빠는 자가 복이 있습니다

자기 두루마기를 빠는 자들은 복이 있으니 이는 그들이 생명나무
에 나아가며 문들을 통하여 성에 들어갈 권세를 받으려 함이로다
_계 22:14

두루마기는 겉옷입니다. 우리는 각자 다른 색깔의 두루마기를
입고 있습니다. 요즘엔 두루마기 한복을 잘 입지 않지만, 저는 목사가
된 후 송구영신예배와 새해 첫 주 예배 때 입습니다. 속이 누추해도 겉
에 두루마기 하나 걸치면 멋있어 보이지요. 그렇게 우리는 늘 겉을 치
장하려고 합니다. 그러나 주님은 그 겉을 빨라고 명하십니다. 겉을 예
쁘게 치장한다고 속까지 깨끗해지는 것은 아니라고 말씀하십니다.

보기에 괜찮은 겉옷이라도 자세히 보면 흠이 보입니다. 얼룩지
고, 오물이 묻고, 색이 바래져 있기도 합니다. 문제는 우리가 자기 두
루마기 상태를 모른다는 겁니다. 내 겉옷에 때가 묻었는지, 색이 변했
는지 모릅니다. 그러나 주님은 다 아십니다. 내 눈에 멋있는 두루마기
라도 주님 보시기에는 다릅니다. 인간은 교만해서 자기 더러움을 모
릅니다. 겉을 잘 차려입고 교양 있게 산다고 깨끗한 두루마기를 입은
것은 아닙니다. 자기 두루마기를 빠는 자에게 복이 있으니, 복 중의 복
은 자기 더러움을 아는 것입니다.

그러면 더러워진 두루마기는 무엇으로 빨아야 할까요? 이 세상
에 더러워진 두루마기를 빠는 세제는 없습니다. 오직 그리스도의 보

혈로만 빨아야 합니다. 예수의 보혈로만 두루마기가 깨끗해집니다. 자기 두루마기를 빤다는 의미는 내 안에 선한 것이 없다고 고백하는 것입니다. 그런데 그리스도의 십자가 사랑을 모르고서 어떻게 "내게 선한 것이 없다, 내가 죄인이다"라고 고백할 수 있겠습니까. 오직 주 안에서 인생의 더러움을 내놓고 고백하는 것만이 정결케 되는 비결입니다. 몇 해 전 〈나는 가수다〉라는 TV 프로그램이 흥행했는데, "나는 죄인이다"라고 고백하는 자가 최고 대박을 맞은 인생입니다.

"또한 모든 것을 해로 여김은 내 주 그리스도 예수를 아는 지식이 가장 고상하기 때문이라 내가 그를 위하여 모든 것을 잃어버리고 배설물로 여김은 그리스도를 얻고"(빌 3:8).

바울은 그리스도를 안 후로 자신의 모든 것을 "배설물"로 여긴다고 고백했습니다. 배설물은 문자 그대로 더러운 것을 가리킵니다. 배설물은 그야말로 배설해야 몸이 건강하지요. 배설물을 내보내지 못하면 몸이 병들고 맙니다. 아무리 교양과 위선으로 겉을 치장해도 배설물을 가지고 있으면 속이 곪아서 병드는 겁니다. 배설물을 끼고돌면 나도, 남도 죽습니다. 바울의 모든 것이 배설물이라면 우리도 마찬가지 아니겠습니까? "그리스도 안에서"가 아니라면 모든 것은 배설물입니다.

자기 두루마기를 빠는 것은 더 구체적으로 내 겉의 수치를 고백하는 것입니다. 내가 겉의 더러움을 고백하면, 주님이 나의 영적인 수치를 가려 주십니다. 다시 말해, 육적인 더러움을 씻으면 영적인 수치를 당하지 않는다는 겁니다.

원어로 '빠는'은 현재시제로 쓰였습니다. 이는 천국 가는 그날까지 계속해서 두루마기를 빨아야 한다는 뜻입니다. 계시록 22장에서 말하는 가장 복 있는 자는 자기 두루마기를 빠는 자입니다. 나의 더러워진 두루마기를 빨고 또 빠는 산고의 고통을 통해 우리가 생명을 얻고 천국의 열두 진주 문으로 들어갈 권세를 얻습니다. 두루마기를 빠는 것, 곧 회개가 복이고 권세라는 말입니다. 왜냐하면 그것이 구원으로 나아가는 길이기 때문입니다.

"다른 이로써는 구원을 받을 수 없나니 천하 사람 중에 구원을 받을 만한 다른 이름을 우리에게 주신 일이 없음이라 하였더라"(행 4:12).

성인군자가 나를 구원해 주지 않습니다. 배우자가, 돈이, 지위와 명예가 나를 구원해 주지 않습니다. 오직 예수 이름으로만, 십자가 보혈로만 나의 두루마기를 빨 수 있습니다. 그런데 인생은 교만하기에 우리가 낮은 자리까지 내려가 보지 않으면 그리스도의 보혈을 경험할 수 없습니다. 잔느 귀용도 "철저한 자기 포기로 자신이 극도로 빈곤하고 무기력한 상태임을 확신할 때, 우리는 조금도 망설이지 않고 그리스도의 보혈로 풍덩 빠져든다"고 말했습니다.

에스겔 29장을 보면 하나님이 애굽을 향해 이와 같이 말씀하십니다.

"열째 해 열째 달 열두째 날에 여호와의 말씀이 내게 임하여 이르시되, 인자야 너는 애굽의 바로 왕과 온 애굽으로 얼굴을 향하고 예언하라. 너는 말하여 이르기를 주 여호와께서 이같이 말씀하시되 애굽의 바로 왕이여 내가 너를 대적하노라 너는 자기의 강들 가운데에 누운 큰 악어라 스스로 이르기를 나의 이 강은 내 것이라 내가 나를 위하여 만들었다 하는도다. 내가 갈고리로 네 아가미를 꿰고 너의 강의 고기가 네 비늘에 붙게 하고 네 비늘에 붙은 강의 모든 고기와 함께 너를 너의 강들 가운데에서 끌어내고, 너와 너의 강의 모든 고기를 들에 던지리니 네가 지면에 떨어지고 다시는 거두거나 모으지 못할 것은 내가 너를 들짐승과 공중의 새의 먹이로 주었음이라. 애굽의 모든 주민이 내가 여호와인 줄을 알리라 애굽은 본래 이스라엘 족속에게 갈대 지팡이라"(겔 29:1~6).

이 말씀의 의미가 무엇입니까? 이스라엘 백성이 400년 동안 애굽 노예로 살다가 가나안 땅에 들어와 막상 자립하니까 애굽에서의 때가 그리워집니다. 비록 그 땅 노예였어도 애굽은 잘사는 나라였잖아요. 미국이 남북전쟁 끝에 노예를 해방해 주었더니 노예들이 들고일어나 "왜 우리를 해방했는가? 주인 밑에서 사는 것이 더 좋다!" 한 것과 똑같습니다. 이스라엘이 출애굽했어도 뼛속까지 애굽의 노예가 돼서 툭하면 애굽을 의지합니다. 이에 주님이 "내가 여호와인 줄 알게 하고자 애굽을 멸망시키겠다"고 선포하시는 것이 바로 본문 내용입니다.

주님은 애굽을 큰 악어에, 이스라엘을 악어 비늘에 붙어사는 고기에 빗대십니다. 내가 악어에게 기생하는 고기라는 걸 물에 있을 때는 모릅니다. 알아도 부러 잊으려고 합니다. 이스라엘이 애굽 노예로 살며 얻은 것은 고통과 슬픔밖에 없는데도 아직 물에 있으니까 깨닫지 못합니다. 그러니 주님이 악어를 들에 던져 버리실 수밖에 없는 겁니다. 악어에 붙어사는 고기니까 함께 들로 던져질 테고, 물 한 방울 없는 들에서 숨조차 쉬기 어려워지면 비로소 자기 실체가 보이는 겁니다.

돈을 의지해서 맺어진 관계는 결코 인격적일 수 없습니다. 상대의 스펙 보고, 돈 보고 결혼하면 그 모든 게 사라질 때 결혼 관계도 끝나게 마련입니다. 돈이 있을 때는 인격적 관계라고 착각합니다. 그러나 이해타산으로 맺어졌기에 돈 떨어지고 권세를 잃으면 이혼해서 남보다 못한 관계가 되는 겁니다.

우리가 그러지 않습니까? "나는 불신결혼한 게 아니야, 언젠가는 이 악어를 구원시킬 거야" 합리화합니다. 그러면서 배우자를 전도도 못 하고, 그의 돈에 기대서 종노릇합니다. 그러나 배우자를 넘어 부모라도 예수를 믿지 않는다면, 그가 베푸는 사랑은 그저 본능적 사랑에 불과합니다. 인격적인 사랑이 아닙니다. 예수가 없는 모든 것은 썩어 버릴 갈대 지팡이입니다. 예수는 안 믿지만 내게 돈을 가져다주는 배우자를 의지합니까? 그도 갈대 지팡이입니다.

자식을 위해 집까지 팔아서 사업 자금을 대 줬는데 효도도 못 받는다고요? 당연한 일입니다. 인간은 사랑을 할 수도, 만들 수도, 지을 수도 없기 때문입니다. 내가 살 집까지 팔아서 자식 사업 자금 대 주는 게 착한 겁니까? 설령 그렇다고 해도 구원과 상관없는 착함입니다. 자녀의 장래를 망치는 착함입니다. 본능적인 사랑이 대단해 보여도 대가를 바라는 사랑이기에 무섭습니다. "내가 너한테 어떻게 해 줬는데 나에게 이럴 수 있어!" 하면서 싸우는 집이 한둘이 아니잖아요. '내가 집 팔아서 도와주었으니까 너는 나에게 잘해야 해' 하고 대가를 바라니까 날마다 억울한 겁니다.

하나님이 여호와이신 줄 알게 하고자 나를 들에 던지신 사건은 무엇입니까? 내가 비굴해지면서까지 집착하고 매달리는 애굽은 갈대 지팡이요, 허상입니다. 이것을 깨닫기까지 우리는 힘든 인생을 살 수밖에 없습니다. 각자의 들에 던져져서 물이 사라지고 돈이 사라져야 나의 두루마기를 빨게 되는 것입니다. 내가 극도로 빈곤하고 무기력한 상태라는 걸 확신할 때, 내가 아무것도 할 수 없을 때 주님의 보혈로 풍덩 뛰어들게 되는 것입니다.

저도 내가 죄인인 걸 깨닫기가 그리도 힘들었습니다. 내가 악어 비늘에 붙어 비굴하게 살아가는 고기라는 걸 훗날 깨닫기까지 산고의 고통과 들에 던져지는 아픔이 필요했습니다. 인정받는 것이 내 우상인데, 결혼 후 욕먹고 야단맞는 게 일상이었습니다. 그 이유도 몰랐습니다. 그저 "네, 네, 네" 하면 어느 날 자유의 몸이 되고 "네가 최고다"라는 말을 들을 줄 알았습니다. 그래서 시부모님이 하라는 대로 했지만 점점 몸만 아프고 인생은 시들해졌습니다. 화려한 학창 시절을 보내고 부잣집에 시집가서 겉으로는 멋있는 두루마기를 입은 듯 보였지만 속으로는 피눈물을 흘리고 있었습니다. 왜 문밖출입도 못 하고 집에서 걸레질만 하는지, 내 현실이 도무지 해석되지 않았습니다.

저는 인내 9단이라 매사 잘 참고 모든 입시에도 합격했습니다. 학창 시절 고학하며 어렵게 성장했지만 내 힘으로 상상할 수 없는 성공을 이루었습니다. 공부도 잘하고, 예의 바르고, 착하고, 믿음도 좋아 보이는 모범생 중의 모범생이었습니다. 또 집이 망했어도 일절 부모를 원망하지 않으니 이런 저보고 칭찬하지 않을 사람이 없었습니다. 그런데 결혼한 첫날부터 이해할 수 없는 고난이 시작됐습니다. 시부모님의 막무가내 명을 따라 집 밖에는 나가지 못하고, 피아노가 전공인데 피아노도 못 치고, 책도 읽지 못하고, 음악도 듣지 못했습니다. 오직 육체노동만 인정받았습니다. 평생 피아노만 친 저로서는 청소와 빨래만 하면서 하루를 꼬박 보내는 것이 고통이었습니다. 하루하루 지나기가 힘든 정도가 아니라 피가 말랐습니다. 지금까지 내 힘으로 안 된 일이 없고 힘들다는 피아노 입시를 전부 통과했는데, 제 교양으로는 이 일이 해석이 안 되는 겁니다.

평생 엄마가 돌봐 주지 않아도 독립투사처럼 씩씩하게 참고 버텨온 제가 이때부터 수없이 이혼과 자살을 생각했습니다. 내게 죄가 있다는 생각은 결코 하지 못했습니다. '나는 착하고, 믿음 좋고, 공부도 잘하고, 예의도 바른데 왜 이런 일이 생겼지?' 날마다 이런 불평만 되풀이하니까 인생이 슬프고 허무했습니다. 겉은 멋있는 두루마기를 입었는데 도대체 뭐 하는 인생입니까? 여러분 중에도 저와 같은 분이 많으리라고 생각합니다.

그런데 이 일을 시작하신 주님이 끝내시기 위해 저를 찾아오셨습니다. 도무지 죄를 깨닫지 못하는 제게 주님은 어떻게 찾아오셨을까요?

저는 어머니가 돌아가실 때 슬프지 않았습니다. 어머니가 나를 위해 해 준 게 없다고 여겼기 때문입니다. 엄마는 나를 위해 돈도, 시간도 내주지 않았고, 엄마와 함께 놀러 간 기억도 없습니다. 지금도 엄마를 떠올리면 별 추억거리가 없습니다. 어머니는 정말 이상했습니다. 초라하게 화장실 청소나 하면서 세상을 전혀 의식하지 않고 사셨는데 저는 그런 엄마가 감당이 안 됐습니다. 새벽마다 몸뻬 차림으로 교회 화장실을 청소하고 돌아오는 엄마에게서는 늘 똥 냄새가 진동했습니다. 재래식 화장실일 때니까 얼마나 냄새가 심했겠습니까. 당시 저는 한창 감수성이 예민할 때였고 주변엔 온통 부잣집 아이들뿐인데, 똥 냄새 나는 몸뻬 차림의 엄마를 길거리에서 만난다고 생각해 보세요. 무시당하기 딱 좋은 일 아니겠습니까. 당시는 잘 몰랐지만 저 또한 그런 엄마를 무시했습니다.

그런데 고된 시집살이를 겪으면서 무시 받는 게 얼마나 힘든지 알았습니다. "사람의 마음이 계획하는 바가 어려서부터 악함이라"는 말씀처럼(창 8:21) 저 역시 어려서부터 악해서 청소하고 돌아오는 엄마가 보이면 피해서 다른 길로 가곤 했습니다. 시골도 아니고 부자 동네에서 도무지 감당할 수 없는 행동을 엄마가 하는 겁니다. 그때부터 제가 인생에 대해 깊이 생각했습니다. 친구들과는 다른, 별난 인생을 살면서 엄마가 이상하다고 생각한 것 같습니다. 그래서 어머니가 기록한 수십 권의 설교노트를 가책도 없이 쓰레기통에 버렸습니다.

그런데 저도 잊은 이런 기억을 시집간 지 5년 만에 주님이 떠올리게 하셨습니다. 주님이 어머니를 예수 믿는 롤 모델로 보여 주신 겁니다. 바리새인들이 왜 예수님을 죽였습니까? 출신 배경이 어떤지 다 아는 고향 식구 나사렛 예수가 구세주랍니다. 가난한 목수의 자녀에다 처녀가 잉태하여 낳은 아들 아닙니까? 세상적으로나 도덕적으로

나 무시당해 마땅한 자가 구세주라니, 받아들일 수가 없는 겁니다. 저역시 그랬습니다. 아무리 믿음이 좋아도 똥내 나는 몸뻬 차림의 엄마, 초라한 엄마를 있는 그대로 받아들일 수가 없었습니다.

돌아보면, 엄마는 지금의 저라도 따라갈 수 없는 섬김의 삶을 사신 분입니다. 늘 화장실 청소를 도맡아 하고, 남의 집 빨래 해 주고, 예배 때마다 떡을 준비하고…… 그런 엄마가 초라하다고 자기 배 아파 낳은 딸이 갖은 무시를 한 겁니다. 그런 내 죄가 깨달아지니까 '엄마의 발끝도 못 따라가는 내가 시댁에서 무시 받는 건 당연하구나' 인정할 수밖에 없었습니다.

"집 하인이 두 주인을 섬길 수 없나니 혹 이를 미워하고 저를 사랑하거나 혹 이를 중히 여기고 저를 경히 여길 것임이라 너희는 하나님과 재물을 겸하여 섬길 수 없느니라. 바리새인들은 돈을 좋아하는 자들이라 이 모든 것을 듣고 비웃거늘. 예수께서 이르시되 너희는 사람 앞에서 스스로 옳다 하는 자들이나 너희 마음을 하나님께서 아시나니 사람 중에 높임을 받는 그것은 하나님 앞에 미움을 받는 것이니라"(눅 16:13~15).

이 구절은 주님이 불의한 청지기 비유를 들어 설교하신 후 바리새인들을 향해 하신 말씀입니다. 주님이 "하나님과 재물을 겸하여 섬길 수 없다"고 말씀하시자, 바리새인들이 돈을 좋아하므로 그 말씀을 비웃었다고 합니다. 저도 4대째 모태신앙인에다 평생 교회 반주자로 섬겼지만 돈을 좋아하여 예수님의 말씀을 비웃었습니다. 그래서 갑자기 맞은 인생의 역풍을 해석할 수 없었습니다.

주님은 속으로는 돈을 좋아하면서 겉으로는 경건을 가장하는 바리새인을 향해 "스스로 옳다 하면서 사람 중에 높임을 받는 그것이 하나님 앞에 미움을 받는 것"이라고 말씀하십니다. 저도 얼마나 스스로 옳다 했는지 모릅니다. 내 죄가 안 깨달아지니까 '착하고, 공부 잘하고, 예의 바른 내게 왜 이런 일이 왔지?'라는 생각밖에 못 했습니다. 게다가 인정받는 게 우상이었잖아요. 가난한 고학생으로 고군분투하는 저를 선생님들도 인정했습니다. 줄도 백(back)도 없는 제가 예고 강사까지 지냈습니다. 제가 얼마나 인정받았으면 모두 저를 도와줬겠습니까? 평생 사람에게 높임 받고자 수고한 인생이라고 해도 과언이 아닙니다.

저는 정말 나에게 악이라고는 없다고 생각했습니다. 내가 교만한 죄인이라는 걸 정말 몰랐습니다. 그런데 시집살이라는 틀에 던져지니까 그제야 내 죄가 보이고 인생이 해석됐습니다. 지금까지 사명을 좇아 공부하고 피아노 치고 결혼한 줄 알았는데, 실상은 야망을 좇아 공부하고 피아노 치고 결혼한 것이었습니다. 돈을 좋아하여 말씀이 들리지 않는 바리새인이 바로 저였습니다. 성령께서 제 마음을 두드리시자 제가 얼마나 교만하고 세상을 좋아하는 죄인인지 비로소 깨달아졌습니다.

이렇게 제가 성령이 함께하시는 회개를 했기에 서른 살, 난생처음 나의 더러운 두루마기를 빨았을 때부터 지금까지 제 눈에는 눈물 마를 날이 없습니다. 엄마의 인생을 생각하면 '나는 배설물 같은 인생을 살았다'라는 고백밖에 나오지 않습니다. 저는 죄가 죄인 줄도 모르는 죄인이었습니다. 여러분은 부도덕한 죄를 지은 자만 죄인이라고 여기지만, 하나님은 강도나 저 같은 죄인이나 똑같이 다루십니다. 그리스도의 보혈로 죄 사함 받지 않으면 어떤 죄인이든지 천국에 못 가는 것은 똑같다는 겁니다.

이후로 저는 배설물일 뿐인 교양을 훌훌 벗고 나의 두루마기를 빨며 생명나무로 한 걸음, 한 걸음 나아갔습니다. 내가 죄인이라고, 얼마나 돈을 좋아하는지 모른다고, 돈 벌러 교회 다녔다고, 세상에서 성공할 생각만 했다고 고백하면서 겉만 멋있어 보이는 두루마기를 날마다 빨았습니다. 그러자 구원의 역사가 일어나기 시작했습니다. 인정받으려고 "네, 네, 네" 할 때는 도리어 무시 받기만 했는데, 오로지 시부모님과 남편의 구원을 위해서 순종하니까 모두가 생명으로 인도되는 역사가 일어났습니다. 악어 비늘에 붙어살며 두려워만 하던 제게 이전에 없던 권세가 생겼습니다. 전과 똑같이 문밖출입을 못 하는 삶이었지만, 악어 비늘에 기생할 때와는 달리 날마다 두루마기를 빨며 복 있는 자, 복을 나누어 주는 자로 거듭났습니다.

마태복음의 팔복(八福) 말씀을 보면 심령이 가난한 자, 애통하는 자, 온유한 자, 의에 주리고 목마른 자, 긍휼히 여기는 자, 마음이 청결한 자, 화평하게 하는 자, 의를 위해 박해를 받은 자에게 복이 있다고 합니다(마 5:3~12). 계시록의 칠복(七福) 말씀이 말하는 복 있는 사람은 말씀을 읽고 듣고 지키는 자(계 1:3), 주 안에서 죽는 자(계 14:13), 자기의 영적 부끄러움을 보이지 않는 자(계 16:15), 어린 양의 혼인 잔치에 청함을 받은 자(계 19:9), 첫째 부활에 참여하는 자(계 20:6), 예언의 말씀을 지키는 자(계 22:7)와 본문의 자기 두루마기를 빠는 자입니다(계 22:14). 주님은 그런 사람에게 생명나무로 나아가며 성에 들어갈 권세를 주겠다고 약속하십니다. 재물 복, 자식 복, 출세의 복 등 우리가 좋아하는 복은 하나도 없습니다. 말씀을 읽고 듣고 지키는 것, 인내하다가 주 안에서 죽는 것, 구원 잔치에 청함을 받는 것이 진짜 복이랍니다. 이 땅에서 구원 받고 마지막까지 자기 두루마기를 빨다 가는 인생이 가장 복 있는 인생이라고 말합니다. 이처럼 인내의 말씀을 지키는 자에게는 시험의 때를 면하게 해 주신답니다(계 3:10).

그중 마지막 복이 자기 두루마기를 빠는 복입니다. 복 중의 복은 죄 사함을 받는 복입니다.

"여호와께서 말씀하시되 오라 우리가 서로 변론하자 너희의 죄가 주홍 같을지라도 눈과 같이 희어질 것이요 진홍같이 붉을지라도 양털같이 희게 되리라"(사 1:18).

여러분 모두에게 이 복이 임했으면 좋겠습니다. 날마다 내 죄를 보고 자기 두루마기를 빠는 복이 임하기를 바랍니다.

• 내가 빨아야 할 두루마기는 무엇입니까? 지식을 자랑하는 두루마기입니까, 인간적인 정(情)에만 집착하는 두루마기입니까, 경건주의 두루마기입니까, 착함의 두루마기입니까?

성 밖에 있는 자는 복이 없습니다

개들과 점술가들과 음행하는 자들과 살인자들과 우상 숭배자들과
및 거짓말을 좋아하며 지어내는 자는 다 성 밖에 있으리라_계 22:15

자기 두루마기를 빨며 생명나무로 나아가는 자와 달리 성 밖에
서 죄를 행하며 구원을 얻지 못하는 다섯 부류의 사람들이 있습니다.
지난 21장 8절과 27절에서도 새 예루살렘에 참여하지 못하는 자들이
등장했습니다. 그중 반복해서 언급하는 부류가 "거짓말하는 자"입니
다. 입만 열면 거짓말하는 우리의 죄 된 본성을 지적하시는 것이죠. 특
별히 본문에는 이전 구절들과 달리 "개들"이라는 단어가 첨가됐습니
다. 〈현대인의 성경〉은 이를 "개 같은 사람들"이라고 번역했습니다.

잠언에도 미련한 자를 개에 비유한 말씀이 있습니다.

"개가 그 토한 것을 도로 먹는 것같이 미련한 자는 그 미련한 것
을 거듭 행하느니라"(잠 26:11).

개의 특징이 무엇입니까? '개' 하면 우리는 예쁜 애완견을 먼저
떠올리지만 들개들을 한번 보세요. 길거리를 돌아다니며 아무 데서
나 짝짓기하고, 쓰레기통을 뒤지며 온갖 더러운 것을 먹습니다. 그러
다 상한 음식이라도 먹으면 모조리 토했다가 허기가 느껴지면 자기
가 토한 것을 도로 먹습니다. 그런데 미련한 자가 이런 개와 같다는 겁
니다. 더러운 죄와 그릇된 습관들로 고통당하고는 또다시 같은 일을
반복하는 어리석은 인생이 자기가 토한 것을 도로 먹는 개의 모습과

다름없다는 것입니다.

우리가 그러지 않습니까? 아무리 열심히 교회 다녀도 위선으로 포장하고, 음욕을 품고, 남을 미워하고, 돈과 자식을 우상처럼 숭배합니다. 후회하고 뉘우쳐도 개가 그 토한 것을 도로 먹듯 같은 죄를 반복합니다. 그리고 이 모든 악을 행하기 위해서 툭 치면 나오는 것이 거짓말입니다. 그래서 성경은 마지막까지 거짓말의 죄를 언급합니다.

"사람은 자기의 인자함으로 남에게 사모함을 받느니라 가난한 자는 거짓말하는 자보다 나으니라"(잠 19:22).

잠언 기자는 거짓말하느니 차라리 가난하게 살라고 말합니다. 이 땅에서 잘 먹고 잘살아 보겠다고 우리가 얼마나 거짓말합니까? 탈세도 거짓말하는 겁니다. 우리는 아비 마귀에게서 난 자이기에(요 8:44), 깨어서 자기 두루마기를 빨지 않으면 허구한 날 하는 일이 거짓말하는 겁니다. 예수 믿는다고 하면서 갖은 죄를 짓고 고백하지 않는 사람 역시 거짓말하는 자입니다.

성 밖에 있는 자들의 모습은 우리 모습이기도 합니다. 그런데 우리는 자기 더러움을 잘 보지 못합니다. 저도 평생 교회를 다녔지만, 악어 비늘에 기생하면서도 물에 있으니까 제가 그런 줄 몰랐습니다. 구원 받지 않았을 때, 그리스도의 보혈로 씻지 않았을 때는 내가 얼마나 하나님을 대적하는 자인지 몰랐습니다. 우상숭배나 거짓말, 음행과 같은 죄들이 나와는 상관없다고 생각했습니다. 그러다 들에 던져져 손 쓸 수 없이 빈핍한 상태가 되고서야 비로소 죄악 된 내 모습이 보였습니다. 이후로는 날마다 두루마기를 빠는데도 빨면 빨수록 더러움이 자꾸 보입니다.

몇 년 전 소천하신 한 집사님이 생전에 나누어 주신 간증입니다.

명예퇴직하며 받은 퇴직금으로 남은 빚을 다 갚고 비상금으로 이천만 원을 예치해 두었습니다. 그런데 남편이 그 돈을 주식에 투자하면 일 년치 이자를 한 달에 받을 수 있다면서 달라더군요. 남편은 주식을 끊 겠다고 여러 번 약속했지만, 일부는 정리하고 일부는 남겨 둔 상태였 습니다. 당시 사무엘상 본문을 묵상할 때였는데, 저는 남편의 부탁을 거절한 뒤 말씀으로 간곡히 권면했습니다.

"아말렉을 온전히 진멸하지 않은 사울처럼 당신이 악을 남겨 두면 하 나님이 손 보실 날이 반드시 올 것이에요(삼상 15장). 주식을 끊겠다고 고백하고서는 자꾸 끊지 못하는 건 하나님을 기만하는 일이에요."

그러나 남편은 포기하지 않았습니다. 지금 투자한 종목이 어느 선까 지 올라오면 정리하겠다면서 돈을 달라고 끊임없이 졸랐습니다. 저는 그런 남편을 볼 때마다 마음이 찜찜하고 시달리는 게 귀찮기도 해서 결국 돈을 줘 버렸습니다. 사실 '부부가 이렇게 매일 함께 큐티하는데 하나님이 우리를 불쌍히 여기셔서 대박 나게 하지 않으실까' 하는 욕 심도 있었습니다.

어떻게 됐느냐고요? 당연히(?) 주식은 휴지 조각이 됐습니다. 그러나 저는 남편을 원망할 수 없었습니다. 그보다 먼저 교회에 오고, 먼저 말 씀을 들었으면서도 남편과 전혀 다를 것 없는 제가 더 용서되지 않았 습니다. 주식으로 망하여 그동안 남편에게 생활비도 못 받고 얼마나 힘들었는데 아직도 한 가닥 미련을 버리지 못하다니……. 이런 저의 어리석음을 회개합니다. 우리를 망하게 하실 수밖에 없는 하나님의 마음이 이제야 깨달아집니다. 하나님은 정말 100% 옳으십니다.

이처럼 다시는 죄짓지 않겠다고 다짐하지만 토한 것을 도로 먹는 것이 우리 현실입니다. 두루마기를 입으로만 빠니까, 입으로만 죄인이라고 하니까 성 밖 인생을 사는 겁니다. 이 아내 집사님은 암 투병 끝에 천국에 가셨습니다. 온 식구에게 "믿음생활 잘 하라"는 믿음의 유언을 남기고, 남편 집사님을 목자까지 만들고 떠나셨습니다. 그런데 이 남편 집사님은 왜 아직 주식을 하시는 겁니까? 왜 자꾸 토한 것을 도로 먹습니까? 정말 알면서도 안 되는 일이 있다는 걸 목회하면서 절감합니다. 이분뿐만 아니라 우리들교회 개척 때부터 오신 한 의사 집사님도 여전히 주식을 못 끊고 가정을 도탄에 빠뜨리고 있습니다. 이 집사님은 부잣집 아들에다 잘생기고 의사까지 됐습니다. 그런데 맨날 한탕만 바랍니다. 이번에 대박 나면 그만두겠다는 말만 계속합니다. 정말 죄의식이 없습니다. 이 의사 집사님이나 앞에 남편 집사님이나 학벌이 좋습니다. 학벌이 좋으니까 자꾸 자기 죄를 합리화하는 겁니다.

"자기 두루마기를 빠는 자들은 복이 있다!" 이것이 성경이 말하는 마지막 복입니다. 가장 중요하니까 마지막까지 강조하는 것 아니겠습니까? 그런데 제가 이 말씀을 두 번이나 전했는데도 이분들이 말씀이 안 들립니다. 우리들교회를 좋아하고 저를 좋아하는데도 죄가 안 보입니다. 이런 분이 너무 많습니다.

그러면 자기 두루마기를 빼는, 진정한 회개의 나눔은 어떤 걸까요? 우리들교회 한 집사님의 나눔을 소개합니다.

새로운 회사에 스카우트되어 물질의 고난이 물러가는 시점에 바람의 유혹이 찾아왔습니다. 어느 노래 가사처럼 전쟁 같은 사랑이 해 보고 싶었습니다. 물질의 문제도 해결됐으니 저를 제어할 만한 것은 없다고 생각했습니다. 아내가 이상한 낌새를 맡고 제게 물었지만, 저는 거리낌 없이 거짓말을 했습니다. 아내에게 죽을죄를 지은 것입니다.

이렇게 자기 입으로 솔직히 죄를 고백하는 것이 두루마기를 빼는 나눔입니다. 또 다른 분들의 나눔도 소개합니다.

"저는 유흥업소는 좋아하지 않습니다. 그렇지만 여자는 좋아합니다. 돈과 여자와 명예를 여전히 내려놓지 못하겠습니다. 또 가족과 시간을 보내는 게 귀찮고, 어쩌다 한 번 여행 가는 정도만 즐겁습니다. 가족에게 저는 부재중 남편, 부재중 아빠입니다. 최근에 죄는 내가 지었는데 아내가 큐티 말씀을 읽어 주면서 문제를 해석해 준 일이 있었습니다. 늘 나의 구원을 위해 노력하는 아내에게 미안하고 고맙습니다."

"저는 아내에게 부모님의 기준과 잣대를 들이대며 잘잘못 따지기를 좋아합니다. '당신이 고쳐야 할 100가지 항목'이란 걸 만들어서 아내에게 준 적도 있습니다. 그러면서 저는 바깥으로 눈을 돌려 비서실 여직원과 친해지려고 애쓰기도 했습니다. 이런 이야기를 목장에서 나누었더니 목장 식구들이 벌떼같이 달려들어 저를 말리더군요. 자칫 잘못된 길로 빠질 수 있었는데 목장이 저를 붙들어 주었습니다."

저는 이런 나눔이 정말 복 있는 나눔이라고 생각합니다. 다만 혼자서는 이런 회개의 고백에 이르기가 어렵습니다. 목장에서 지체들의 두루마기 빠는 나눔을 들으면서 나의 두루마기를 빨 때, 진정 복 있는 자가 될 줄 믿습니다.

우리가 끊임없는 영적 전쟁 속에 있다는 걸 늘 상기하십시오. 그것이 계시록의 주제이기도 합니다. 예수님이 진정한 주님이신데, 내 속에 이 예수님을 반대하는 악한 세력이 존재하는 한 우리는 성도에게 속한 고난을 계속 인내해야 합니다. 회개한 죄악들을 반복해 지을 수밖에 없는 더러운 본성의 두루마기를 날마다 빨아야 합니다. 돈, 학벌, 명예, 배우자, 자식을 우상 삼고, 점술가 찾아다니고, 음행하면서 성 밖에 있습니까? 이제 자기 두루마기를 빨아야 합니다. 거짓말로 얼룩진 내 두루마기를 빨아야 합니다. 예수님의 보혈로 세탁해야 합니다.

복이 있으려면 주님이 처음과 마지막이시라는 것을 알아야 합니다. 이것이 믿음입니다. 우리 인생의 모든 일은 알파이신 하나님이 시작하셨습니다. 그렇기에 오메가이신 하나님이 속히 오셔서 끝내지 않으시면 누구도 끝낼 수 없습니다. 그러므로 사건이 해결되는 게 복이 아닙니다. 나의 거짓의 두루마기를 빠는 것이 진정한 복입니다. 사람, 돈, 명예, 권세를 우상 삼는 나의 더러운 두루마기를 빨아야 합니다. 토한 것을 도로 먹는 더러운 본성의 두루마기를 빨아야 합니다. 각종 죄를 지으면서 성 밖에 서 있습니까? 이제 주님께 손들고 나아오십시오. 나 같은 죄인도 살리시는 주님의 보혈 속으로 풍덩 빠져드십시오. 그리하여 잃었던 생명을 찾고 광명을 얻기를 바랍니다.

- 내가 성 밖에서 짓는 죄는 무엇입니까? 개가 그 토한 것을 도로 먹듯 반복하는 거짓말은 무엇입니까?
- 더러운 곳을 얼씬거리며 아무나와 짝짓기하는 개와 같은 삶을 살지는 않습니까? 술 먹고 담배 피우고 패스트푸드만 먹으면서 몸을 망치고 있지는 않습니까? 먹고 토하면서도 또 먹는 것은 무엇입니까?

나의 더러워진 두루마기를 빨고 또 빠는
산고의 고통을 통해 우리가 생명을 얻고
천국의 열두 진주 문으로 들어갈 권세를 얻습니다.

우리들 묵상과 적용

11년 전 어느 겨울날, 친한 친구가 실종되었다는 연락을 받았습니다. 그리고 다음 날 친구는 스스로 목숨을 끊은 채 발견되었습니다. 동성애자 모임에서 처음 만난 그 친구는 저와 생각하는 것도 나이도 비슷해서 우리는 금세 둘도 없는 사이가 되었습니다. 사실 친구는 세상을 떠나기 얼마 전부터 이상행동을 보여 저는 친구에게 병원에 가자고 말한 적이 있습니다. 당시는 같이 사는 파트너를 따라 믿음의 공동체에 온 지 얼마 안 되었을 때라 비록 적극적으로 복음을 전하지는 못했지만, 큐티책을 건네며 교회에 가자고 말하기도 했습니다. 하지만 친구는 저의 모든 권유를 뿌리쳤습니다.

그렇게 친구가 허망하게 가고 나서 저는 그녀를 따라가겠다며 난리를 피웠습니다. 그때 저는 다리를 다쳐 집에 혼자 있었는데, 파트너의 부탁으로 근처에 사는 집사님이 저를 돌봐 주셨습니다. 집사님은 제대로 먹지도 자지도 못하는 저를 위해 직접 죽을 쑤어 오시고, 반찬을 가져다주시며 수시로 와서 위로해 주셨습니다. 당시 목자님도 매일 울기만 하던 저를 안아 주시며 끝까지 품어 주셨습니다.

그러다 그 친구가 심한 우울증을 앓기도 했지만, 결정적으로 여자와 돈 문제 때문에 극단적인 선택을 한 것을 알게 되었습니다. 저와 파트너는 동성애자 모임에서 다시는 이런 비극이 일어나지 않도록

이 일을 잘 추스르자고 했습니다. 그런데 오히려 다른 회원들로부터 "너희가 뭔데 그 일에 나서냐"는 항의를 들었습니다. 그 일을 계기로 저와 파트너는 13년 만에 그 모임에서 나오게 되었습니다. 아마도 이런 일이 없었다면 저는 제가 주도하여 만든 그 모임에서 절대 나오지 못했을 것입니다.

이후 저는 동성애의 죄를 회개한 후 파트너와 헤어지는 적용을 하고, 지금은 목자로 섬기고 있습니다(계 22:14). 알파와 오메가이신 주님이 저의 모든 것을 아시고 믿음의 지체들을 붙여 주셔서 저를 살리셨기에, 제가 성 밖에 있지 않고 값없이 생명수를 받게 되었음을 고백합니다(계 22:13, 15). 친구의 기일이 돌아오면 상실감에 빠지기도 했지만, 지금은 믿음의 지체들과 교제하며 무엇보다 구원의 감격을 누리고 있기에 예전만큼 힘들지는 않습니다. 제가 받은 이 큰 은혜를 믿지 않는 사람들을 주께로 인도하고 지체들을 섬기는 일로 갚겠습니다. 우상을 섬기고 죄만 짓던 저를 "아멘 주 예수여 오시옵소서"라는 고백이 절로 나오게 인도하신 나의 하나님을 찬양합니다(계 22:15).

영혼의 기도

하나님 아버지, 저는 복 받은 사람이라는 말을 정말 듣고 싶었습니다. 그래서 열심히 살았고, 조금은 성공한 줄 알았습니다. 그런데 어느 날 인생이 꽉 막혀 버렸습니다. 진도가 나가지 않았습니다. 어디서부터 어떻게 잘못됐는지 도무지 해석되지 않았습니다. 그런데 이렇게 들에 던져지니까 하나님께서 제 인생의 알파요, 제 삶의 시작이시라는 것이 비로소 깨달아졌습니다. 더불어 오메가이신 하나님께서 나의 더러운 두루마기를 보여 주심으로 죄가 죄인 줄도 모르고 살던 나의 옛사람이 종말을 맞았습니다. 드디어 제가 광명으로 나아가게 됐습니다.

오래도록 교양의 두루마기를 두르고 살았으니 제가 얼마나 감추는 것이 많았겠습니까. 양파처럼 까도 까도 죄가 끝이 없이 보였습니다. 변명의 두루마기, 합리화의 두루마기, 착함의 두루마기…… 빨아야 할 두루마기가 끝이 없었습니다. 지금도 끊임없이 두루마기를 빨아도 날마다 내 죄가 보입니다. 천국 가는 그날까지 때가 없어지지 않겠지만 쉬지 않고 나의 두루마기를 빨기 원합니다.

주님, 해석되지 않는 문제를 가지고서 교회에 오시는 분들이 정말 많습니다. 해결의 실마리는 나 자신에게 있다는 걸 우리가 알게 하옵소서. 내가 두루마기를 빨면, 내 죄가 보이면 내 인생이 해석되고,

나아가 가정과 교회, 나라의 문제가 해석되고 해결될 줄 믿습니다. 우리가 불평과 원망을 접고 회개하여 복 있는 자가 되게 하옵소서. 권세를 가진 자답게 모든 사람을 주께로 인도하도록 은혜 내려 주옵소서. 우리 모두가 복 있는 인생, 사명 감당하는 인생이 되도록 주여, 역사해 주옵소서. 예수 그리스도 이름으로 기도드리옵나이다. 아멘.

아멘 주 예수여 오시옵소서

요한계시록 22장 16~21절

10

하나님 아버지, 주님이 속히 오실 때
"아멘 주 예수여 오시옵소서" 고백하는
인생 되기를 원합니다.
말씀해 주시옵소서, 듣겠습니다.

◇ ✦ ◇

여자를 너무 좋아하여 결혼한 후로도 스물세 명의 여인에게 은총(?)을 베풀었다는 어느 남자 집사님이 계십니다. 정말 중독이라 할 만한데 이분이 예수님을 만나고 이런 여자 중독이 뚝 끊어졌다고 간증하셨습니다. 그러자 다른 집사님도 "저는 집사님과는 비교도 안 되는 더한 죄인이었다"라고 고백하시며 자기 간증을 나누셨습니다. 이분 역시 헤아릴 수 없을 만큼 많은 여자를 만났답니다. 게다가 술까지 좋아해서 간이 망가질 대로 망가졌다가 아들이 간을 이식해 줘서 겨우 살아났답니다. 그러면 이제 정신을 차려야 하잖아요? 웬걸요, 그런데도 바람을 피웠다는 겁니다. 집사님은 자신이야말로 '중독 왕'이었다고 고백하셨습니다. 그러나 이분도 마침내 주님 앞에 항복하고 이제는 눈물로 회개하는 새사람이 되었습니다.

이런 중독, 저런 중독 참 많지요? 교회는 여러 중독으로 자신도, 가정도 망가뜨린 사람들을 치유하는 중독자 전문병원이 돼야 한다고 생각합니다. 주님이 속히 오실 텐데, 중독에 빠져 허우적대고 있으면 안 되잖아요. 앞서 말한 두 집사님은 한때 세상에 중독됐지만, 지금은 그보다 더 좋은 예수님을 만나 거룩한 단장을 잘하고 있습니다. 만일 주님이 내일 오신다면 여러분은 주님을 기쁨으로 맞이할 자신 있습니까? 본문을 통해 누가 "아멘 주 예수여 오시옵소서" 하며 주님 품에 안기는 자인지 살펴보겠습니다.

교회 공동체를 절대적으로 소중히 여기는 자입니다

나 예수는 교회들을 위하여 내 사자를 보내어 이것들을 너희에게
증언하게 하였노라 나는 다윗의 뿌리요 자손이니 곧 광명한 새벽
별이라 하시더라_계 22:16

주님은 "교회들"을 위해 이 말씀을 주시는 것이라고 다시 강조하
십니다. 누가 생명나무에 나아갈 자이고 누가 불 못과 성 밖에 있어 들
어오지 못하는 자인지 가늠하는 바로미터는 '교회 공동체에 속했는
가, 아닌가'입니다.

에스겔 32장에 보면 강대국 애굽과 앗수르를 가리켜 "생존하는
사람들의 세상에서 사람을 두렵게 하던 자"라고 합니다(겔 32:23). 바로
이것이 믿지 않는 자들의 목표입니다. 한 목사님은 이 세상을 '피라미
드 조직'이라고 표현하시더군요. 이 세상은 피라미드 위에 있는 한두
사람과 그들을 받치기 위해 존재하는 수많은 하부구조로 이루어졌다
는 겁니다. 한두 명을 빛내려고 수많은 하부구조 인생들이 얼마나 지
옥을 삽니까. 서로 친구라고, 공동체라고 착각하지만 세상 공동체는
교회 공동체와 가치관이 다르기에 군림하며 사람을 두렵게 하는 것
이 그 목적입니다. 이기고 또 이기려고 합니다.

그러면 주님이 교회들에 어떤 말씀을 주십니까? "나는 다윗의 뿌리요 자손이니 곧 광명한 새벽 별이라"고 다시금 자신을 소개하십니다. 다윗은 이새의 말째 아들로 아무도 알아주지 않던 자였지만 하나님이 그를 택하시고 기름 부으셔서 왕으로 삼아 주셨습니다. 주님은 이런 다윗의 뿌리이자 자손이시며, 나아가 어둠을 밝히는 새벽 별이십니다. 또한 이 말씀은 주님이 초림 때는 아무도 알아주지 않던 다윗의 자손으로 오셨지만, 재림 때는 광명한 새벽 별로 오셔서 영광의 시대를 여시겠다는 의미이기도 합니다. 지금부터 이것을 믿음으로 바라보라는 뜻이죠. "너희가 약하지만 내가 이 세상 어두움을 밝힌 것처럼 너희도 어두운 세상을 비출 수 있다" 말씀하시는 것입니다.

그런데 특별히 주님은 "사자"를 보내 이것들을 너희에게 증언하게 했다고 말씀하십니다. 이 사자의 역할이 참 중요합니다. 로마 시대처럼 과거에도 이스라엘은 바벨론의 지배 아래 살았습니다. 그런데 에스겔 3장에 보면 바로 그때에, 이스라엘이 망하고 열방이 망했을 때 에스겔에게 파수꾼의 사명이 주어집니다(겔 3:17). 하나님이 에스겔을 그분의 "사자"로 부르신 겁니다. 그리고 에스겔을 향해 "네가 만일 악인에게 일러서 그의 악한 길을 떠나 생명을 구원하게 하지 아니하면 그 악인은 그의 죄악 중에서 죽으려니와 내가 그의 피 값을 네 손에서 찾을 것"이라 말씀하십니다(겔 3:18).

그런데 주의 파수꾼으로, 주의 사자로 살기가 참 쉽지 않습니다. 파수꾼의 역할이 무엇입니까? 늘 촉각을 곤두세워서 먼 밖을 내다보고, 남들이 자는 시간에도 깨어서 망을 보아야 합니다. 너무 외로운 길입니다. 게다가 에스겔 2장에 보면, 가시와 찔레와 전갈이 에스겔을 둘러싸고 심지어 아무도 그의 말을 듣지 않을 것이랍니다. 그의 인생에 핍박과 조롱이 따른답니다.

파수꾼은 다른 사람의 번민을 들어 주면서 자기 악을 보는 사람입니다. 남의 아픔을 들어 주며 함께 아파하고, 동시에 자신의 악도 보아야 합니다. 인생은 다 죄인이기에 주님은 선지자에게도 자기 악을 보게 하십니다. 내 악을 보지 않고 옳고 그름만으로 이 길을 갈 수 없기 때문입니다. 정말 예수님을 마음에 모시지 않으면 할 수 없는 일입니다. 그런데 주님이 우리를 위해 이런 엄청난 사명을 가진 사자를 계속 보내셔서 말씀하신다는 겁니다. 계시록에는 재앙의 메시지만 있는 게 아닙니다. 이처럼 주님의 무한하신 사랑의 메시지가 곳곳에 녹아 있습니다.

주님은 사자를 통해서 "나는 알파와 오메가요 처음과 마지막이라"고 끊임없이 자신을 알려 주십니다. 재앙과 사랑의 메시지를 끊임없이 증언하십니다. 사자들이 외치는 소리야말로 구원의 노래요, 새 노래요, 자기 죄를 보는 노래입니다. 만인 제사장 시대에 이런 파수꾼들이 많이 모인 공동체라면 천국이 따로 없지 않겠습니까?

우리들교회 공동체는 비교적 파수꾼의 역할을 잘 감당하는 것 같습니다. 우리들교회 성도들은 암에 걸려도 "주님이 옳습니다" 고백하고, 부도가 나도 "아멘, 주님이 맞습니다" 고백합니다. 자녀가 속을 썩여도 "아멘, 주 예수여!" 고백합니다. 세상 공동체에서는 이런 일들을 찾아보기 어렵지요. 주님의 공동체에 속하지 못하면 사소한 고난도 해석할 수 없어 지옥을 삽니다. 그래서 공동체가 너무너무 중요합니다.

우리들교회에서 주의 사자들이 어떻게 활동⁽?⁾하고 있는지 두 분의 나눔을 소개합니다.

"저는 부도로 망했습니다. 그러나 어디 가서 내가 망했다는 이야기를 절대로 하지 않았습니다. 내가 죄인이라는 것도 인정하지 않았습니다. 내 죄 때문에 이런 일이 왔다고 인정하기 싫었습니다. 그런데 우리들교회에 온 뒤로 '내가 부도났다', '나는 죄인이다'라고 스스럼없이 고백합니다. 이렇듯 평강을 누리는 모습이 저 자신도 신기합니다. 얼마 전 아내가 세례를 받으면 차를 사 주겠다고 하길래 새 차 견적서를 아내에게 건네주었습니다. 그러자 아내가 다소곳하게 '그렇게 하세요' 하는 겁니다. 옛날에는 '해라, 말라' 말끝마다 툭툭댔는데 요즘은 '하세요, 드세요, 가세요, 오세요' 하고 예쁘게 말합니다. 아내가 예수 만나고서 정말 많이 변했습니다. 그래서 세례를 받기로 했지요. 저는 살면서 정말 많은 죄를 지었습니다. 하지만 내 죄가 얼마나 큰지는 아직 잘 깨달아지지는 않습니다. 또 말씀이 전부 와닿지도 않습니다. 그러나 신기한 일은 교회가 싫지 않다는 겁니다. 그것이 너무 좋습니다."

"저는 직장에서 독서 모임을 합니다. 중년들만 모인 수업이라 한번은 '은퇴 후 어떻게 살 것인가'라는 주제로 책을 읽고 토론한 적이 있었습니다. 문득 '우리들교회에 다니는 것이 내게는 최고의 은퇴 준비'라는 생각이 들더군요. 저의 가정은 무너질 대로 무너져 은퇴하기 전 부인과의 관계를 다시 세워야 했습니다. 그런데 우리들교회에 온 후 부부관계가 몰라보게 회복됐습니다. 이제는 아내와 함께 사는 것이 편해졌습니다. 되도록 아내가 하자는 대로 합니다. 나를 대하는 아내의 태도가 많이 달라졌기 때문입니다."

두 분 다 아내 집사님 덕에 살아나셨다고 해도 과언이 아니지요? 아내들이 먼저 자기 악을 보면서 파수꾼의 역할을 잘 감당하니까 남편들이 조금씩 하나님을 알아 갑니다. 이처럼 너나없이 파수꾼을 자처하는 우리들교회는 정말 천국 공동체라고 생각합니다. 그러나 이런 나눔도 있습니다. 지난 말씀에서 이야기한 의사지만 주식이 전공인, 일명 주식 집사님이 이런 나눔을 하셨더군요.

하나님의 존재는 믿어요. 하지만 하나님은 심술이 오백 단인 분 같습니다. 제게 심술궂게 하실 때마다 하나님답지 않다고 생각됩니다.

이렇게 하고 싶은 말을 다 하는 곳이 또 우리들교회 공동체이기도 합니다. 이런 분들도 주님이 마지막까지 길이 참으며 기다리시는 줄 믿습니다.

• 공동체에 대한 나의 생각은 어떻습니까? '교회 공동체에 속했는가, 아닌가'로 '성안에 있는지 밖에 있는지'로 나뉜다고 했습니다. 나는 목장(교회 소그룹 모임)에 참여합니까?

주님이 끝까지 "오라" 하실 때 응하는 자입니다

성령과 신부가 말씀하시기를 오라 하시는도다 듣는 자도 오라 할
것이요 목마른 자도 올 것이요 또 원하는 자는 값없이 생명수를 받
으라 하시더라_계 22:17

본문 "성령"의 원어 '토 프뉴마(τὸ πνεῦμα)'는 하나님의 영을 가리
킵니다. 지난 22장 6절에 쓰인 "선지자들의 영"은 같은 단어지만 "톤
프뉴마톤(τῶν πνευμάτων)"이라는 복수형으로 쓰였습니다. 그러니까 단
수로 쓰인 본문은 하나님의 영을, 복수로 쓰인 6절은 선지자들의 영
곧 인간의 영을 가리킨다는 말입니다. 또한 "신부"는 새 예루살렘의
표상이며 교회를 상징합니다. 그러므로 "성령과 신부가 말씀하신다"
는 것은 "성령이 주는 영감으로 교회가 말한다"라는 의미입니다.

이처럼 모든 교회가 성령을 받았으면 좋겠습니다. 성령 받지 않
고는 주님의 참된 교회가 될 수 없습니다. 오죽하면 미국에서는 "성령
받지 않고 목사 하라"는 말이 가장 심한 욕이라고 하지요. 성령을 힘
입은 교회만이 영혼 구원을 위해 그리스도의 피 묻은 복음을 가감 없
이 선포할 수 있습니다.

그러면 성령을 힘입은 교회가 마지막으로 하시는 말씀이 무엇
입니까? 바로 "오라!"입니다. 주님께 나아오는 자에게 값없이, 공짜로
생명수를 주신답니다.

성경에서 가장 많이 반복되는 단어 중 하나가 "오라"입니다.

"수고하고 무거운 짐 진 자들아 다 내게로 '오라' 내가 너희를 쉬게 하리라"(마 11:28).

이 '오라'라는 말은 성경에서 1,900번 이상 쓰였습니다. 이것은 주님이 단 한 번의 초청만으로 포기하지 않으시고 끝까지, 사랑으로 우리를 기다리신다는 의미입니다.

저도 주식 집사님에게 돌아오라고 1,900번은 더 이야기한 것 같습니다. 그때마다 그분은 "목사님, 한 번만 더 말하면 백 번입니다. 매일 제 이야기를 하시는 것 같아요" 하십니다. 매일 이분 이야기를 하는데 한 번 더 하면 백 번이라니까 1,900번 이상 맞지요? 맞습니다. 산술이 그렇게 됩니다. 그런데도 이분이 아직 돌아오지 않으시니, 어찌 보면 이것도 기적 아니겠습니까? 그러니 우리가 주님을 진정으로 만났다는 것은 더더욱 기적입니다. 제가 교회 개척 때부터 수없이 이 집사님 이야기를 해서 이제는 어디를 가도 "주식 집사님은 어떻게 됐어요?" 묻습니다. 미국에 가도, 캐나다에 가도 모두 궁금해하며 물어봅니다. 이 집사님이 세계적인 유명 인사가 됐습니다. 그러니 반드시 돌아오실 줄 믿습니다. 할렐루야.

이렇게 주님도, 저도 날마다 "오라" 하는데 사람들은 계속 거절합니다. 목장예배에 한 번만 오라고 하면 생일잔치에, 회식에, 결혼식에 가야 한다는 핑계로 오지 않습니다. 어떤 분은 집을 사야 한다면서 초청을 거절하시더군요. 재개발 지역의 집 두 채를 사신 분인데 대출금을 갚기 바쁘답니다. 게다가 부동산도 중독인지, 빚내서 한 채를 더 사려 한답니다. 그래서 목장에도, 수요예배에도 올 시간이 없다는 겁니다. 또 한 분은 "목장에 가고 싶어도 제가 사람 많은 곳은 못 가요" 하며 거절했다는데 일주일 뒤 그분을 극장에서 마주쳤다는 이야기도 들었습니다. 그래도 우리는 계속 오라고 초청해야 합니다.

오십 년 교회를 다녔어도 세례를 받지 않은 한 집사님에게 제가 수없이 강권한 끝에 그분이 십 년 전 세례를 받으셨습니다. 그러고는 다음 진도가 안 나갔습니다. 그런데 그분을 아들 결혼식에서 딱 만났습니다. 제가 이때다 싶었죠. 모든 하객이 보는 앞에서 "이제는 목자를 하시라"고 그분뿐만 아니라 아내 집사님에게도 약속을 받아 냈습니다. 할렐루야!

이런 분들의 특징이 "목사님, 한 번만 말씀하시면 백 번이에요" 하면서 제 말을 지겨워한다는 겁니다. 십자가 지시기 전 예수님은 땀이 핏방울이 되도록 기도하시는데 베드로와 제자들은 기도도 안 하면서 피곤해합니다. 마찬가지로 많은 사람이 영적인 이야기를 피곤해합니다. 그래도 저는 끈질기게 "오라, 주 예수가 너를 쉬게 하리라"고 전합니다.

그러면 누가 주님의 초청에 기꺼이 응할까요?

첫째로, 듣는 자입니다.

나의 죄 짐을 내려놓고 말씀을 듣고 주님의 초청에 응해야 합니다. 말씀이 들리는 환경이 가장 복된 환경입니다.

제가 영어로 설교하는 것도 아닌데 말씀이 안 들린다는 사람이 많습니다. 우리는 하나님의 백성이기에 주인의 음성을 들어야 하는 게 마땅한데 말씀도 자기 소견에 옳은 대로 들으니 그렇습니다. 내면이 악과 음란으로 가득 차 있어서 어떤 말씀도 안 들립니다.

우리들교회를 개척 때부터 다니신 한 부목사님의 이야기입니다. 이분이 전도사이던 시절 제 설교가 안 들리니까 주일예배 시간에, 그것도 교회 사무실에서 다른 목사님들의 설교를 줄곧 틀어 대며 들었습니다. 제 설교에 은혜 받으면서 다른 분들 설교도 들으면 얼마나 좋겠습니까? 또 집에 가서 들으면 누가 뭐라고 하겠습니까? 이런 행동은 부교역자로서 상식에 어긋나잖아요. 그래서 당시 사역을 잠시 내려놓게 했습니다.

요즘은 이분이 말씀이 들리는 것 같은데도, 얼마 전 이런 나눔을 읽었습니다. 이분이 목장 식구들이 말리는데도 두 딸을 연예인 시켜 보겠다고 모델 학원에 등록시켰다는 겁니다. 그런데 웬걸요, 그곳이 부도가 났습니다. 그래서 거기서 배운 것을 바탕으로 딸이 유치원 재롱잔치에서라도 두각을 나타내길 바랐는데, 옷이 마음에 안 든다고 공연 내내 울다가 무대를 내려오는 참극이 일어났답니다. 아이를 그런 데 보내니까 안목만 높아져서 '이것도 옷이냐' 한 것 아니겠습니까.

말씀이 들린다는 의미는 회개의 영이 임하여 모든 말씀이 내게 주시는 음성으로 들리는 것을 말합니다. 이분이 당시 사역자에서 평신도로 내려가셨는데, 그래도 교회를 떠나지 않고 잘 양육 받아서 지금은 말씀도 들리고 빚도 갚고 목사님도 되셨습니다. 할렐루야! 그러니 공동체에 붙어만 있으십시오. 말씀이 안 들린다면서 교회를 떠나면 안 됩니다.

둘째로, 목마른 자입니다.

죄에 무감각한 사람은 자신이 목마른 사실조차 깨닫지 못합니다. 아무리 먹고 마셔도 헛배만 부릅니다. 그러나 죄에서 벗어나고 싶은 사람은 목이 말라서 생명수를 갈망합니다. 주님은 이처럼 '의에 주리고 목마른 자'에게 복이 있다고 말씀하셨습니다.

"의에 주리고 목마른 자는 복이 있나니 그들이 배부를 것임이요"(마 5:6).

세상이 주는 물에 만족하지 못하고 주님이 주시는 물에 목말라 생명수를 마시는 자는 복이 있습니다. 요한복음 4장에 보면 예수께서 사마리아 여인에게 영원히 목마르지 않은 생수를 약속하시는 말씀이 나옵니다.

"예수께서 대답하여 이르시되 이 물을 마시는 자마다 다시 목마르려니와, 내가 주는 물을 마시는 자는 영원히 목마르지 아니하리니 내가 주는 물은 그 속에서 영생하도록 솟아나는 샘물이 되리라"(요 4:13~14).

여기서 "목마르다"는 것은 일시적인 현상이 아니라 계속적인 목마름을 의미합니다. 세상이 주는 물은 결코 갈증을 해소해 줄 수 없습니다. 오히려 우리를 영원히 목마르게 할 뿐입니다. 그러나 주님이 주시는 물을 마시면 단번에 갈증이 가시고 영원히 목마르지 않게 됩니다.

과거 남편에게 목이 말랐던 저는 도무지 갈증이 채워지지 않으니까 이혼해야겠다고 결심했습니다. 그래서 하루는 "나에게 말씀을 주시라"고 기도한 뒤 점치듯 성경을 펼쳤습니다. 그때 제 눈에 들어온 말씀이 바로 요한복음 4장이었습니다.

"이르시되 가서 네 남편을 불러 오라. 여자가 대답하여 이르되 나는 남편이 없나이다 예수께서 이르시되 네가 남편이 없다 하는 말이 옳도다. 너에게 남편 다섯이 있었고 지금 있는 자도 네 남편이 아니니 네 말이 참되도다"(요 4:16~18).

주님이 사마리아 여인에게 "네게 남편 다섯이 있었고 지금 있는 남편도 네 남편이 아니라" 하시는데 기분이 딱 나빴습니다. 꼭 제게 "네가 이혼하고 재혼해도 남편이 없을 거야" 하시는 것만 같았습니다. 당시 저는 색연필로 가지각색 줄을 쳐 가며 열심히 성경을 읽지만 구속사라고는 하나도 모를 때였습니다. 그럼에도 택자라서 기분이 나빴나 봅니다.

그런데 시간이 지날수록 이 말씀이 제게 점점 옳게 다가오는 겁니다. 저는 어릴 때부터 피아노를 치며 마침내 일류 대학에 붙었어도 잠시 기쁠 뿐 만족이 없었습니다. 여러 좋은 조건을 갖춘 남편을 만났지만 결혼생활에도 만족하지 못했습니다. 그렇다고 이혼하고 다른 남편을 만난다고 만족할 것 같지도 않았습니다.

돈 없는 사람이 지질해서 돈 많은 사람을 만난다고, 강퍅한 사람이 힘들어서 부드러운 사람을 만난다고, 못생긴 외모가 싫어서 예쁘고 잘생긴 사람을 만난다고 만족하겠습니까? 정말 택자라면 세상에 만족하지 못하는 것이 정상입니다. 택자이기 때문에 세상 삶이 곤고한 겁니다. 참신랑이신 예수님 외에는 무엇도 우리를 만족하게 할 수 없습니다. 예수 신랑을 만난 자는 예수님이 실체이시요, 육신의 배우자는 그림자일 뿐이라는 걸 알게 됩니다.

그러니까 이혼한다고 문제가 해결되는 게 아닙니다. 내게 말씀의 가치관이 없으니까 옳고 그름으로만 따지면서 이혼하는 겁니다. 또 내게 잘해 준다고 덜컥 재혼하고, 관계에 틈이 생기면 '네가 나에게 어떻게 그럴 수 있어?' 하면서 또다시 이혼합니다. "불행한 나와 불행한 네가 만나 서로 돕고 살자" 하지만, 그래 봤자 불행한 사람끼리 모여 불행한 우리밖에 더 됩니까? "불행한 우리끼리 상처를 보듬고 살자"는 말에 절대 속으면 안 됩니다. 영생의 물을 마신 성숙한 나와 네가 만나야 영원히 목마르지 않은, 행복한 우리가 됩니다. 그래서 반드시 신(信)결혼을 해야 합니다. 여러 육적인 생각으로 떠날 수도 있었지만, 제가 그림자인 육신의 남편에게 끝까지 순종할 수 있었던 것은 실체이신 예수님 남편을 만났기 때문입니다.

미국에 사는 어떤 예쁜 자매가 누가 보아도 못생긴 의사 청년과 결혼했답니다. 양가 모두 믿는 집안이라서 거절할 명분이 없었답니다. 그런데 결혼 후 남편에게 큰 시련이 찾아왔습니다. 백인 환자들이 동양인 의사에게 진료 받을 수 없다면서 문제를 제기한 겁니다. 그런데 남편이 이 일을 잘 극복하는 걸 넘어 주 안에서 너무도 잘 통과하는 모습을 보면서 아내가 '과연 믿음이 최고구나' 하고 반했다는 겁니다. 할렐루야!

그러고 보니 제게도 떠오르는 기억이 있습니다. 결혼할 때 시아버님이 예단에 넣을 성경을 고르라고 하시기에 제가 제일 큰 성경책을 골랐습니다. 그러자 아버님이 이러시더군요.

"쪼그만 걸 고를 줄 알았는데 야래 믿음이 있구나. 질구하겠다!"

그때 제게 무슨 믿음이 있었겠습니까? 저도 모르게 큰 성경을 골랐을 뿐인데, 근면하고 허황되지 않겠다는 말을 아버님께 들었습니다. 지금도 천국에서 '내가 며느리 하나 잘 골랐다'고 여기지 않으실까요? "야래 믿음이 있구나" 하신 말씀이 정말 맞았잖아요. 제가 좀 믿음이 있지 않습니까? 비록 결혼생활이 힘들었지만 믿음의 집안끼리 한 결혼이기에 헛되지 않았다고 생각합니다.

아마도 사마리아 여인이 용모가 뛰어났나 봅니다. 그러니 다섯 번이나 남편을 바꾸었겠지요. 영화배우 엘리자베스 테일러(Elizabeth Rosemond Taylor)도 아름다운 용모를 내세워 일곱 번이나 결혼했잖아요. 내가 너무 이혼하고 싶지만 외모가 안 따라 줍니까? 정말 감사할 조건입니다. 남자도 돈 있고 외모를 갖추면 이혼해도 여자가 줄 섭니다. 돈 없고 용모 없으면 그런 유혹에서 피할 수 있으니 얼마나 감사합니까? 또 결혼 잘해 보겠다고 얼굴을 뜯어고치는 경우도 보았습니다. 그래야만 만날 수 있는 상대라면 결혼생활이 순탄하겠습니까? 하나님이 주신 원판대로 사시기를 주님의 이름으로 축원합니다. 조금 잘 먹고 잘살겠다고 이혼, 재혼하지 말고 가정을 지키십시오. 그것이 최고의 혼수 예단인 줄 믿습니다.

"아버지께 참되게 예배하는 자들은 영과 진리로 예배할 때가 오나니 곧 이 때라 아버지께서는 자기에게 이렇게 예배하는 자들을 찾으시느니라. 하나님은 영이시니 예배하는 자가 영과 진리로 예배할지니라"(요 4:23~24).

주님을 진정으로 만난 자는 영과 진리로 예배하게 됩니다. 우리들교회는 예배를 시작하기 전에 늘 이 말씀을 선포합니다. 오늘날 전 세계 교회에서 울려 퍼지는 이 유명한 말씀을 주님이 누구에게 주셨습니까? 세례 요한도 아니요, 열두 제자도 아니요, 죄 많은 사마리아 여인에게 주셨습니다.

"여자가 물동이를 버려 두고 동네로 들어가서 사람들에게 이르되 내가 행한 모든 일을 내게 말한 사람을 와서 보라 이는 그리스도가 아니냐 하니 그들이 동네에서 나와 예수께로 오더라"(요 4:28~30).

주님이 높이신 자답게 여인은 물동이를 버리고 달려갑니다. 지금까지 내 육신의 목마름을 해결해 준 물동이, 돈과 직업을 모두 놓고 주님을 전하러 갑니다. 사람들의 눈을 피해서 정오의 뙤약볕에서 물을 길어야 했던 여인이 이제 부끄러움 없이 공동체를 향해 자기 삶을 고백하기 시작합니다. 나와 세상은 간곳없고 오직 그리스도가 나를 변화시켰다고 증거합니다.

주님이 열두 제자도 아닌 사마리아 여인에게 예배에 관한 말씀을 주셨다는 사실이 놀랍지 않습니까? "내가 그라, 내가 곧 그리스도라"는 굉장한 말씀을 비천한 여인에게 주셨습니다(요 4:26). 우리들교회는 환난당하고 빚지고 원통한 자들이 모인 교회이기에, 사마리아 여인과 같은 목마름이 있다고 생각합니다. 그래서 예배가 살아 있습니다. 치유가 일어납니다. 모두가 자기 물동이를 버려 두고 목장에서 사람을 살립니다.

셋째로, 자원하는 자입니다.

원하는 자가 주님의 초청에 응합니다. 절대 억지로 안 됩니다. 구원을 위해 자원하는 마음이 있어야 합니다. 생명의 복을 얻는 믿음의 길을 스스로 선택해야 합니다.

여호수아 24장에 보면, 죽음을 앞둔 여호수아가 이스라엘의 역사를 길게 설교한 뒤 백성에게 이와 같이 말합니다.

"만일 여호와를 섬기는 것이 너희에게 좋지 않게 보이거든 너희 조상들이 강 저쪽에서 섬기던 신들이든지 또는 너희가 거주하는 땅에 있는 아모리 족속의 신들이든지 너희가 섬길 자를 오늘 택하라 오직 나와 내 집은 여호와를 섬기겠노라"(수 24:15).

이를 쉽게 말하면 "지금까지 수많은 승리의 간증을 듣지 않았니? 이제 너희가 택하렴. 강 저쪽에서 섬기던 돈 신, 학벌 신, 성공 신, 마약 신을 섬기든지 여호와를 섬기든지 너희 마음대로 해. 나는 너희가 무엇을 택하든 여호와를 택할 거야" 하는 겁니다. 이처럼 지도자 여호수아가 스스로 여호와를 섬기기로 결단하자 그의 자원하는 마음이 백성에게도 흘러 내려갑니다.

"백성이 대답하여 이르되 우리가 결단코 여호와를 버리고 다른 신들을 섬기기를 하지 아니하오리니"(수 24:16).

그래서 지도자가 어떻게 적용하는가가 중요합니다. 담임목사와 장로와 권사, 목자들이 어떻게 적용하는가가 제일 중요합니다. 제가 저 한 사람 잘 서 있게 해 달라고 늘 기도를 요청하는 것이 결코 빈말이 아닙니다. 제가 날마다 큐티하니까 그 모습이 흘러 흘러 성도들도 날마다 큐티하지 않습니까? "큐티하세요" 말로만 권면하면 절대로 안 합니다. 제가 먼저 해야지요. 성도가 자원하여 생명을 선택하기까지 지도자의 본이 정말 중요하다고 생각합니다.

- 당장에 육신의 목마름 때문에 신자도, 불신자도 아닌 어정쩡한 삶을 살지는 않습니까? 내가 내려놓지 못한 육신의 목마름은 무엇입니까? 나는 주님에게 목마릅니까?
- 나는 말씀을 듣는 자입니까? 말씀에 목마른 자입니까? 모든 것에 자원하는 자입니까? 주님이 "오라" 하실 때 초청에 응하는 자입니까, 아닙니까?

예언의 말씀을 가감하지 않는 자입니다

18 내가 이 두루마리의 예언의 말씀을 듣는 모든 사람에게 증언하노니 만일 누구든지 이것들 외에 더하면 하나님이 이 두루마리에 기록된 재앙들을 그에게 더하실 것이요 19 만일 누구든지 이 두루마리의 예언의 말씀에서 제하여 버리면 하나님이 이 두루마리에 기록된 생명나무와 및 거룩한 성에 참여함을 제하여 버리시리라

_계 22:18~19

창세기 2장을 보면, 하나님이 천지 만물을 다 지으신 뒤 아담을 불러 이와 같이 명령하십니다.

"선악을 알게 하는 나무의 열매는 먹지 말라 네가 먹는 날에는 반드시 죽으리라"(창 2:17).

그런데 뱀이 다가와 "하나님이 참으로 너희에게 동산 모든 나무의 열매를 먹지 말라 하시더냐?" 묻자, 하와가 이 말씀에 먹지도 말고 '만지지도 말라'는 말을 첨가합니다. 또한 반드시 죽으리라는 말씀은 '죽을까 하노라'로 바꾸어 말합니다(창 3:1~3). 뱀 또한 "너희가 그것을 먹는 날에는 너희 눈이 밝아져 하나님과 같이 되리라"고 말씀을 가감하며 하와를 유혹합니다(창 3:5). 인간이 신이 될 수 있다고 말하는 겁니다. 어디서도 들을 수 없는 놀라운 소식 아닙니까? 인간이 신이 된다니요. 이단들이 주로 이렇게 교리를 전파합니다.

오늘날 전 세계적으로 유행하는 뉴에이지(New Age) 사상이 '포스트모더니즘(postmodernism)'입니다. 이 또한 결국 인간이 신이 될 수 있다고 주장하는 것입니다. 말씀을 가감하는 겁니다. 포스트모더니즘에 빠진 사람들은 마인드 컨트롤(mind control)을 통해 내가 원하는 것은 뭐든지 이룰 수 있다고 말합니다. 예수를 믿어도 자신의 악함과 죄는 돌아보지 않고 오직 성공복음에만 도취돼서 "기도만 하면 공부든, 결혼이든 뭐든지 잘할 수 있다"고 주장합니다. 자유주의 신학도 문제이지만 경건주의나 율법주의도 말씀을 가감하며 그 의미를 훼손하는 것입니다. 아마도 말씀을 적용하기 싫으니까 지나치게 경건을 강조하는 것 같습니다.

포스트모더니즘이 낳은 제일 위험한 신앙은 각자의 신앙을 추구하는 것이 아닐까 합니다. 이런 사람들은 성령이 한곳에만 있는 것은 아니지 않느냐고 하면서 말씀에 대해서도 자기 해석이 옳다고 주장합니다. "나도 신앙에 관한 이런저런 책을 다 읽었다" 하면서 남의 이야기를 전혀 듣지 않습니다. 달리 이단에 빠지는 게 아닙니다. 남과 다른 깨달음, 남은 모르는 체험 이런 것을 추구하다가 이단에 넘어가는 겁니다. 힘들어서 이단에 가기도 하겠지만, 남과 다른 특별함을 좇다가 아예 다른 데로 가 버리는 겁니다.

이단에 절대 빠지지 않을 것 같은 엘리트들이 오히려 이단에 더 잘 휩쓸리는 이유도 그렇습니다. 특별한 체험을 좋아하기 때문입니다. 특별한 게 아니라 유치한 것인데도 평범하기를 거부하는 엘리트들은 늘 다른 체험을 사모합니다. 평범한 우리는 말씀을 사모하는데, 그러고 보면 세상이 참 공평하다는 생각이 듭니다.

말씀을 의도적으로 삭제하는 사람은 많지 않습니다. 삶이 너무 힘드니까 지푸라기라도 잡고 싶은 겁니다. 그래서 어디서 직통 계시를 받았다고 하면 이단이 아니라 삼단이라도 홀립니다. '말씀이 어렵다, 복잡하다'라는 핑계를 대면서 말씀 듣기를 피하고 다른 복음에 심취됩니다. 주님이 주신 예언의 말씀은 보지 않습니다. 보지 않으니까 점점 더 알지 못하고, 알지 못해서 준비도 없이 종말과 심판을 맞습니다.

성전을 측량하라는 지난 21장 말씀을 강단에서 전한 후 하루는 한 집사님을 만나 이렇게 기도해 드렸습니다.

"주님, 성전을 측량하라고 하셨으니 집사님이 자신을 측량하여 아름다운 하나님의 성전이 되게 해 주시옵소서."

그런데 이분이 기도가 끝나고 저에게 물으시더군요.

"그런데 목사님, 하나님이 저한테 주시는 말씀은 없어요?"

이것이 우리가 흔히 하는 말입니다. "사업이 잘되겠노라, 자녀를 주겠노라" 주님이 이런 말씀은 없으셨는지 묻는 것이죠. 무엇이 좋고 나쁜지 내가 답을 정해 두고 듣고 싶은 직통 계시를 얻어 내려는 것입니다.

우리가 성경을 구속사적인 가치관으로, 차례대로 읽지 않으면 자꾸 말씀을 더하고 감하는 과오를 저지르게 됩니다. 왜냐하면 내가 눈이 밝아져서 하나님같이 되려는 게 우리의 죄 된 본성이기 때문입니다.

제가 만일 사마리아 여인에 관한 말씀을 보면서 "아니, 남편이 없다는 게 무슨 소리야. 내가 남편이 다섯이기를 해, 여섯이기를 해. 나는 남편이 한 명이잖아? 이 말씀은 사마리아 여인한테나 하시는 소리지 나와 상관없어" 했다면 지금의 저는 없었을 겁니다. 성경을 세속사로 읽으면 생명이 역사하지 않습니다. 생명 누리는 삶을 결코 살지 못합니다. 제가 남편이 둘이라서 사마리아 여인이 바로 나라고 적용했겠습니까? 십자가 구속의 원리로, 성령님이 편집하신 순서대로 가감하지 말고 성경을 읽어야 합니다. 이것이 큐티의 핵심이고, "큐티 마인드"입니다.

이것들을 증언하신 이가 이르시되 내가 진실로 속히 오리라 하시거늘 아멘 주 예수여 오시옵소서_계 22:20

늘 "어느 때까지이니까?" 묻는 우리에게 주님은 무엇이라 대답하십니까?

"내가 진실로 속히 오리라."

이것이 정답입니다. '도대체 이 일이 언제까지 계속될까요', '남편이, 자녀가 언제 돌아올까요', '우리 집 경제 상황은 언제 좋아질까요' 주님께 묻습니까? 뜬금없는 소리 같겠지만 이 모든 물음의 정답은 "내가 속히 오리라"입니다.

불신자나 영적인 것을 소홀히 하는 자, 세상적인 쾌락에 빠진 자는 주님이 오지 않기를 바랄 것입니다. 또 낙심에 빠진 사람은 이 세상을 하직하고 싶어서 주님이 빨리 오기를 바라겠지요. 이것도 저것도 영적인 태도는 아닙니다.

제가 남편의 죽음을 에스겔 말씀으로 해석 받은 간증을 전했더니, 한 권사님이 "아무리 저승이 좋아도 이승만 할까?" 하시더군요. 그러나 진실로 주님은 속히 오십니다.

"보라 내가 도둑같이 오리니 누구든지 깨어 자기 옷을 지켜 벌거벗고 다니지 아니하며 자기의 부끄러움을 보이지 아니하는 자는 복이 있도다"(계 16:15).

까무룩 잠든 사이 찾아오는 도둑같이 주님은 어느 날, 속히 오실 것입니다. 그러나 "내가 속히 오리라"는 말씀 역시 더하거나 제해서도 안 됩니다. 다미선교회 휴거 사태가 벌어진 지 어느덧 30년이 지났습니다. 이들은 시한부 종말론을 내세워 1992년 10월 28일에 예수님이 오시리라고 주장했지만, 아직 주님은 오지 않으셨지요. 다미선교회 수장이던 이장림 목사는 사기 혐의로 1년을 복역하고 출소한 뒤 사람답게 살겠다면서 '이답게'로 개명을 했답니다. 당시 경찰 집계에 의하면, 그들이 주장하는 시한부 종말론에 빠져 두 명이 스스로 목숨을 끊고, 일곱 명이 사직하고, 스물한 명이 학업을 중단하거나 가출하고, 스물네 명이 이혼과 가정불화를 겪었다고 합니다. 이들이 왜 이런 불행에 빠졌습니까? 세상 사람들은 그 이유를 모릅니다. 그러나 우리는 압니다. 바로 성경을 가감했기 때문입니다.

주 예수의 은혜가 모든 자들에게 있을지어다 아멘_계 22:21

계시록의 마지막 구절입니다. 요한은 이 책을 읽는 모든 자에게 주 예수의 은혜가 임하기를 구하는 축복의 인사로 말씀을 맺습니다. 과연 계시록은 재앙의 책이 아니라 복을 주시는 책입니다. 지난 18장에서도 "내 백성아, 거기서 나와 그의 죄에 참여하지 말고 그가 받을 재앙들을 받지 말라" 했지요(계 18:4). 구원과 심판을 이루는 데 재앙이 필수이기에 재앙 이야기를 많이 했지만, 우리에게 재앙을 받지 말라고 끊임없이 당부합니다.

그런데 누가 계시록을 무서워합니까? 이를 쉽게 설명하고자 예를 들어 보겠습니다. 우리나라는 법치국가입니다. 이 나라 안에서 살인이나 강간, 절도를 저지르면 경찰에게 체포되어 죗값을 받습니다. 그렇다고 우리나라를 무서운 나라라고 여기는 사람은 없지요. 법을 잘 지키는 사람은 경찰이 범죄자들을 잡아가 주면 감사하게 여깁니다. 내가 보호 받는다고 느낍니다. 법과 규례가 있어서 안심합니다. 반

316

면에 법을 지키지 않는 사람은 늘 불평합니다. "내가 돈 좀 훔친 게 그렇게 큰 죄인가? 굶고 사는데 한 번쯤 훔칠 수 있지. 이상한 나라 아니야? 부자들이 더 악하게 살잖아!" 하면서 법과 규례를 걸림돌처럼 여깁니다.

인간은 악하고 음란하기에 그것에 반하는 설교를 하면 불편해합니다. 제게도 "왜 어려운 계시록 설교를 하느냐"고 불평하는 분들이 있었습니다. 그러나 이것도 나라 법과 마찬가지이지요. 말씀을 잘 지키는 자에게는 하나님 나라가 좋은 나라이고, 계시록도 은혜로운 말씀일 겁니다. 내게 이유를 알 수 없고 힘든 고난이 닥쳐도 하나님이, 성경이 내 편이고 주님이 나를 보호하시리라고 믿습니다. 찬송 가사처럼 성경이 "나의 사랑하는 책"이 되고, 나를 지켜 주는 규례가 됩니다.

내가 천국 시민으로 살지 않기에 두려운 것도, 부러운 것도 많은 겁니다. 계시록은 말씀을 읽고 듣고 지키는 자, 주 안에서 죽는 자, 자기의 부끄러움을 보이지 않는 자, 어린 양의 혼인 잔치에 청함을 받은 자, 첫째 부활에 참여하는 자, 두루마리의 예언의 말씀을 지키는 자, 자기 두루마기를 빠는 자에게 복이 있다고 말합니다. 그런데 이런 하늘의 복은 싫고 이 땅의 복만 좋으니까 말씀을 교묘하게 가감합니다. 이단들이 꼭 그렇지요. 교주를 숭배하고 헌금을 많이 내면 하늘의 복을 받고, 그러지 않으면 재앙이 임한다고 하면서 진리의 말씀을 호도합니다. 암에 걸리고 부도가 나서 재앙이 아닙니다. 결국 어떤 것도 말씀으로 해석하지 못하기 때문에 재앙인 겁니다. 사소한 사건에도 "나 죽네" 하는 겁니다. 내가 이단이 아니라도, 이단에 속한 믿음을 가지고 있으니까 매사 죽을 것 같은 것이에요. 내가 천국 시민답게 살고 있다면 결코 말씀이 두렵지 않습니다. 속히 오실 주님과 천국이 기다려집니다.

계시록의 결론은 "오늘을 마지막 날처럼 여기며 살라!"입니다. 여러분은 내일 주님이 오신다면 "아멘 주 예수여 오시옵소서" 할 수 있습니까? 아니면 당황하면서 "제가 준비가 안 됐는데 일주일 후에 오시면 안 될까요? 이왕 유예기간을 주시려거든 한 달, 아니 일 년만 있다가 오세요" 난리 치거나 자포자기하겠습니까? 내일이 아니라 당장 주님이 오신다고 해도 "아멘 주 예수여 오시옵소서" 할 수 있는 여러분 되기를 바랍니다.

제가 이단에 빠진 분들을 사랑하는 마음으로 계시록 설교를 했습니다. 그런데 이렇게 한 절, 한 절 구체적으로 말씀을 전해 주어도 여전히 그분들은 말씀이 안 들립니다. 얼마나 무섭게 세뇌됐는지 모릅니다. "이단에 속한 사람을 한두 번 훈계한 후에 멀리하라" 하셨는데(딛 3:10), 사실 우리에게도 이단처럼 믿는 모습이 있지 않습니까? 이런 모든 이들을 향해 끝없이 "오라" 초청해야 합니다.

벼랑 끝 삶에서 "오라" 하시는 주님의 초청에 응해 이제는 생명의 삶을 살게 된 한 청년의 고백입니다.

어린 시절 아버지는 저를 수없이 때렸습니다. 제 옷을 벗기고 전깃줄이나 허리띠 등 손에 잡히는 대로 뭐든지 집어 두들겨 패고는 집 밖으로 쫓아내 버리기 일쑤였습니다. 자연스레 저는 어두운 아이가 되었고, 그런 저와 누구도 친구 하려 하지 않았죠. 그러다 고등학생 때 아버지가 사기죄로 구속되고 어머니는 빚쟁이들을 피해 도망치셨습니다. 저는 먹고살기 위해 중국집 배달 일을 시작했습니다. 그러나 3일 만에 무면허 운전으로 붙잡히고 말았습니다. 이후 집에 돌아와 보니 전기는 끊겼고, 먹을 것도 남아 있지 않았습니다. 그래서 이웃집에 몰래 들어가 만 원짜리 지폐 여덟 장을 훔쳐서 나왔습니다. 제가 절도범의 길을 걷게 된 게 이때부터입니다. 갈수록 범죄 행각도 대담해져서 십 년을 절도범으로 살았습니다.

그러던 중에 여자를 사귀려는 목적으로 교회에 난생처음 발을 디뎠습니다. 마음에 드는 자매에게 대시했다가 매몰차게 차였는데, "40일 작정 예배를 드리면 여자를 사귈 수 있다"는 누군가의 말에 새벽예배를 드리기 시작했습니다. 낮에는 빈집을 털고, 밤에는 폭주족으로 살다가 새벽 다섯 시에 일어나 예배당으로 향했습니다. 그러니 말씀이 들어올 리 있겠습니까. 그저 몸만 왔다 갔다 한 것이었습니다. 그런데 37일째 되던 날, 전도서 8장 말씀이 제 귀에 들어오더군요.

"악한 일에 관한 징벌이 속히 실행되지 아니하므로 인생들이 악을 행하는 데에 마음이 담대하도다"(전 8:11).

그래서일까요? 한 달 뒤, 10년 만에 처음으로 절도 행각이 발각돼 검거됐습니다. 증거 불충분으로 풀려나긴 했지만 이후 세 차례나 오토바이 사고를 겪고, 마지막 사고 때는 절벽에서 떨어지는 아찔한 순간을 맞았습니다. 그때 처음으로 공포가 느껴졌습니다. 하지만 통장 잔고가 바닥나자 개가 그 토한 것을 도로 먹는 것같이 또다시 절도를 감행했습니다(잠 26:11). 그러나 도저히 그 돈을 쓸 수 없어 고민 끝에 주인에게 전화를 걸어 사죄를 구했습니다. 한 여자분이 전화를 받았는데 그분의 마지막 말이 아직도 잊히지 않습니다.

"괜찮아요, 그럴 수 있어요. 나쁜 사람 같지 않아요. 용기 내서 살았으면 좋겠어요."

그날 얼마나 울었는지 모릅니다. 그 후로 더 이상 도둑질을 할 수 없었습니다. 이 일을 계기로 저는 마음을 고쳐먹고 보험 영업 일을 시작했습니다. 하지만 시련은 계속됐습니다. 첫 월급으로 오십만 원을 받았는데 돈을 찾으려고 보니까 통장이 압류된 상태였습니다. 알고 보니 아버지가 수억 원의 사채를 제 이름으로 빌려서 저도 모르게 신용불량자가 된 것이었습니다. 그때부터 저는 십 원 하나 뺏기지 않으려고 월급을 받는 대로 모조리 써 버렸습니다. 그러다 우리들교회에 왔고 목장의 권면을 따라 양육을 받기로 결심했습니다. 양육을 받는 중에도 고난은 계속 찾아왔습니다. 신호위반 차량에 치여 일을 쉬게 되면서 하나둘 고객들이 떨어져 나간 겁니다.

그렇게 양육 7주차에 접어든 때였습니다. 그 주 주제 말씀은 스데반이 죽어 가면서도 자신에게 돌을 던지는 군중을 위해 기도하는 본문이었습니다. 어떻게 내게 위해를 가하는 사람의 구원을 위해 기도할 수 있는지, 저는 스데반이 도무지 이해되지 않았습니다. 그러던 며칠 후 어머니와 다투고 늘 그랬듯 제가 욕을 퍼붓자 다음 날 어머니가 장문의 메시지를 보내왔습니다. 저 때문에 너무 힘들어서 죽고 싶다는 내용이었습니다. 그제야 내 죄가 보였습니다. 군중 틈에 숨어 부모님을 향해 돌을 던지고 있는 제 악을 비로소 직면하게 된 것입니다. 저는 어머니가 청소 일을 하며 제 빚을 갚아 갈 때도 유흥업소에서 수백만 원을 아무렇지 않게 썼습니다. 또 피해의식에 사로잡혀 보험 영업 일을 해서 번 돈을 전부 탕진해 버렸습니다. 이런 저 때문에 부모님의 구원이 늦춰지고 있다고 생각하니까 너무너무 회개가 되었습니다.

이후 저는 다시 일을 시작해 낮에는 보험 영업을, 밤에는 대리운전 일을 했습니다. 그런데 하루는 운전하다가 마주 오는 버스를 미처 피하지 못해 사고를 냈습니다. 설상가상 보험 적용도 되지 않아서 손해를 물어 줄 생각을 하니 잠도 오지 않았습니다. 그때 "재앙이 그치기 위해서는 내 죄를 보아야 한다. 피 흘림이 있어야 죄 사함을 받을 수 있다"는 설교 말씀이 나팔 소리같이 제 마음을 울렸습니다. 예수를 모르는 사람들도 상식이라는 테두리 안에서 최소한의 양심을 지키며 사는데, 저는 예수를 믿는다면서 제멋대로 살았습니다. 선택의 기로에서 늘 더 쉽고 편한 길만 찾았고 불법도 서슴지 않았습니다. 그러니 이 모든 죄를 사함 받으려면 고난 가운데 피 흘려야 하는 것은 당연했습니다. 이렇게 모든 일이 내 삶의 결론이라고 인정되자 제 입에서 회개가 터져 나왔습니다.

그런데 웬걸요, 다음 날 보험회사에서 연락이 왔는데 버스 승객 누구도 다치지 않았고 범퍼만 교체해 주면 된다는 겁니다. 며칠 뒤에는 새로운 직장도 얻고 신용점수도 7등급으로 회복되었습니다. 지금은 대리운전 일을 하지 않아도 감사하게 십일조를 드릴 수 있을 정도로 형편이 좋아졌습니다.

주님은 성 밖에 거하다 지옥에 갈 뻔한 저를 구원하고자 재앙을 선물로 주셨습니다. 나아가 재앙 가운데 말씀과 공동체로 단장케 하시고, 주님만이 시작과 끝인 것을 알게 해 주셨습니다. 생명의 말씀을 주셔서 토한 것을 도로 먹는 개 같은 인생에서 회개하는 인생으로 바꾸어 주신 하나님, 감사합니다.

할렐루야! 여러분, 정말 기적 같은 삶 아닙니까? 이 청년이 이 와중에 대학을 나왔답니다. 대학까지 마친 훤칠한 청년이 이런 이야기를 구태여 밝힐 필요가 없잖아요. 그런데 자신이 절도범이었다고, 악하고 음란하게 살았다고 미주알고주알 장가가지 못할 이야기만 골라서 다 했습니다. 제가 정말 거듭났냐고 물으니 확신 있게 "네"라고 대답했습니다. 누가 이런 아이들을 살립니까? 그것이 바로 교회가 할 일 아니겠습니까. 그냥 내버려 두면 백이면 백 비행 청소년이 되잖아요. "오라" 하시는 주님의 초청에 응해 이 청년의 삶이 얼마나 바뀌었는지 보세요. 말씀이 들리고, 말씀에 목마르고, 자원하여 섬기며, 무엇보다 공동체를 귀히 여깁니다. 부모님의 구원을 위해 애통하며 회개합니다. 예수님이 당장 오신대도 "아멘 주 예수여 오시옵소서" 이 청년이 제일 먼저 외칠 것 같습니다.

주님이 속히 오실 때 "아멘 주 예수여 오시옵소서" 하는 우리가 되려면 교회 공동체의 역할이 절대적입니다. 교회 공동체가 없었다면 이 청년이 어떻게 회개했겠습니까? 그러므로 우리는 끝까지 "오라!" 구원 초청을 해야 합니다.

계시록을 마치며, 무엇보다 교회 공동체를 소중히 여기는 여러분 되기를 간절히 기도합니다. 암에 걸리고 부도나고, 갖은 시련을 당한 성도들이 모였지만 이런 우리가 모여 말씀을 사모하는 공동체가 되었기 때문에 우리들교회가 여기까지 올 수 있었습니다. 교회 공동체를 귀중히 여기고, 말씀이 들리고, 말씀에 목마르고, 구원의 일에 자원하여 생명수를 얻는 여러분 되기를 원합니다. 예언의 말씀을 가감하지 않으며 "오라" 하시는 주님의 초청에 "아멘 주 예수여 오시옵소서" 화답하는 여러분 되기를 원합니다. 그리하여 다 같이 천국에서 만나기를 주님의 이름으로 축원합니다.

- 나는 어떤 때 말씀을 가감합니까? 어떤 말씀을 가감하고 있습니까?
- 내게 계시록은 무서운 책입니까, 복 있는 책입니까? 계시록 묵상을 마치며 "아멘 주 예수여 오시옵소서" 고백할 수 있겠습니까?

우리들 묵상과 적용

열심히 교회를 다니며 사역했습니다. 그러던 중 어머니가 기도 응답을 잘 받는다는 어떤 사람의 말을 듣고 사업을 시작하셨다가 망했습니다. 우리 가족은 고스란히 빚을 떠안게 됐고 저는 밤낮으로 일을 했지만 갈수록 힘들어지는 상황에 죽고만 싶었습니다. 그제야 "있으면 먹고 없으면 금식하고 죽으면 천국 가세요"라는 담임목사님의 말씀이 주님이 나를 위해 "오라" 외쳐 주시는 생명의 말씀으로 들렸습니다(계 22:17). 주님을 믿는다고 했지만 실상 내가 믿은 것은 예수와 천국의 복이 아니라 돈과 세상 복이었음이 깨달아져 회개하게 되었습니다.

그러나 오랫동안 말씀을 들으니 담임목사님의 설교가 매주 똑같은 이야기 같고 길게만 느껴졌습니다. 힘든 지체들의 이야기는 그만 듣고 싶다는 영적 교만에 치달았습니다. 그래서 교회 사무실에서 희망을 이야기하시는 다른 목사님들의 설교를 대놓고 들었습니다. 속지 않으시는 하나님은 이 사건을 드러나게 하셨고 당시 전도사였던 저는 찬양 인도를 내려놓게 됐습니다. 그렇게 마음이 곤고해지니 말씀에 갈급함이 생겼습니다. 그동안 들은 말씀과 공동체의 사랑으로 이 사건이 있어야 할 일임이 깨달아지며 회개의 영이 임하는 은혜를 경험했습니다.

이후로 말씀이 들리는 줄 알았습니다. 그런데 허무한 세상을 좇다 수치를 당하는 사건이 일어났습니다. 외모가 예쁜 두 딸의 사진을 아내가 인터넷 사이트에 올렸는데 유아 모델 학원에서 연락이 왔습니다. 어린이 모델의 수입이 좋다는 얘기를 들으니 마음이 혹했습니다. 이 일을 형식적으로 목자 모임에서 나누었는데 장로님은 절대 시키지 말라고 권면하셨습니다. 그러나 이미 내 소견에 옳은 대로 행하기로 작정했기에 들리지 않았습니다. 막상 해 보니 수입은 얼마 되지 않았습니다. 한번은 딸이 모델로 설 기회가 생겼는데 속옷 광고라 모델료는 속옷으로 준다고 해서 거절했습니다. 이후 학원은 부도가 났고 딸이 유치원 재롱잔치에서라도 장기를 뽐내기를 바랐지만 옷이 마음에 들지 않는다고 울다가 내려오는 참극만 벌어졌습니다.

세상에 목말라 어정쩡한 삶을 살던 저에게 주님은 영과 진리의 예배를 통하여 진실한 말씀을 가르쳐 주셨습니다. 그렇게 교회 공동체를 떠나지 않고 있었더니 빚도 갚게 하시고 14년 만에 사역자의 자리로 다시 불러 주셨습니다. 성공복음에 도취돼 죄가 죄인 줄도 모르고 지옥을 살다 죽을 인생이었는데, 주님과 교회 공동체의 양육 덕분에 이제는 "아멘 주 예수여 오시옵소서" 고백하게 되었습니다(계 22:20). 나의 모든 일의 인도자 되시는 하나님, 사랑합니다.

영혼의 기도

하나님 아버지, 우리들교회 공동체를 통해 어떤 수치든지 나누고 들을 수 있게 해 주셔서 감사합니다. 성도들의 간증을 들을 때마다 '저분이 어떻게 변했지?' 하고 제가 얼마나 놀라는지 모릅니다. 기다리고 기다렸더니 한 분, 한 분 다 변하여서 자기 죄를 보고 수치를 내놓으며 구원을 위해 달려가는 삶을 사십니다. 타인의 아픔을 들어 주며 자기 악과 수치를 보는 파수꾼 성도들로 교회가 넘치니 얼마나 감사한지요.

주님, 사마리아 여인처럼 저도 세상에 목말랐던 때가 있었습니다. 저의 빈 마음을 무엇으로도 채울 수 없었는데, 주님을 만나 영원히 목마르지 않은 생수를 꿀꺽꿀꺽 마신 뒤 제 목마름이 단번에, 영원히 해소되었습니다.

"하나님은 영이시니 예배하는 자가 영과 진리로 예배할지니라." 이 예배에 대한 말씀을 세례 요한도 아니요, 열두 제자도 아니요, 남편이 다섯이나 있던 사마리아 여인에게 주셨다는 것이 얼마나 감격으로 다가오는지 모르겠습니다. 지금까지 세상에 목말라 했지만, 이제는 주님을 사모하고 주님이 주시는 생수를 마시는 우리가 되도록 인도해 주옵소서. 우리가 더욱 말씀을 잘 듣고, 말씀에 목말라 하며, 구원의 일에 자원하여 섬기도록 이끌어 주옵소서. 예언의 말씀을 가감하지 않고, 어떤 때에도 "아멘 주 예수여 오시옵소서" 고백하며 주님

품에 안기는 우리가 되도록 도와주옵소서.

　　주님, 이제 계시록을 마칩니다. 우리가 진실로 종말론적인 삶을 살 수 있도록 은혜 내려 주옵소서. 도와주시고 살려 주옵소서. 예수 그리스도 이름으로 기도드리옵나이다. 아멘.

복 있는 책

초판 발행일 ㅣ 2022년 12월 21일
지은이 ㅣ 김양재

발행인 ㅣ 김양재
편집인 ㅣ 김태훈
편집장 ㅣ 정지현
편집 ㅣ 김수연 진민지 김윤현
표지 디자인 ㅣ 임지선

발행한 곳 ㅣ 큐티엠
주소 ㅣ 경기도 성남시 분당구 판교공원로2길 22, 4층 큐티엠 (우)13477
편집 문의 ㅣ 070-4635-5318 **구입 문의** ㅣ 031-707-8781
팩스 ㅣ 031-8016-3193
홈페이지 ㅣ www.qtm.or.kr **이메일** ㅣ books@qtm.or.kr
인쇄 ㅣ ㈜정현씨앤피
총판 ㅣ ㈜사랑플러스 02-3489-4300

ISBN ㅣ 979-11-92205-32-8 03230

큐티엠(QTM, Quiet Time Movement)은 '날마다 큐티'하는 말씀묵상 운동을 통해
영혼을 구원하고, 가정을 중수하고, 교회를 새롭게 하는 일에 헌신합니다.